AF347235

L'EUROPE

(Moins la France)

R.F.

A LA MÊME LIBRAIRIE

OUVRAGES POUR L'ENSEIGNEMENT PRIMAIRE SUPÉRIEUR

Rédigés conformément aux programmes du 26 juillet 1909

Cours d'Histoire, par E. Sieurin et C. Chabert.
    1re année. — Histoire de France (XVIe siècle-1789), 8e éd. avec 171 fig. 2 fr. »
    2e année. — Histoire de France (1789 fin du XIXe siècle), 7e éd. avec 132 fig. 2 fr. »
    3e année. — Le Monde au XIXe siècle, 7e édition, avec 95 figures . . . 2 fr. »

Cours d'Instruction civique, par A. Métin. 3e édit., revue. 1 fr. 50

Cours de Droit usuel, par A. Métin, 3e édition, revue . . . 1 fr. 50

Cours d'Économie politique, par A. Métin, 3e édition, revue. 1 fr. 50

Cours d'Histoire naturelle, par M. Boule, H. Lecomte et Ch. Gravier.
    1re année. — 3e édition, avec 364 figures . . . . 2 fr. 25
    2e année. — 2e édition, avec 476 fig. et 7 planches hors texte en coul. 3 fr. »
    3e année. — 2e édition, avec 488 figures . . . . 3 fr. »

12 Leçons d'Hygiène par les Drs Wurtz et H. Bourges. 2 fr. »

Cours d'Arithmétique, par H. Neveu. 5e édition . . . . . . 3 fr. »

Cours d'Algèbre, par Henri Neveu. 5e édition. 1 vol. . . . 3 fr. »

Cours de Géométrie, par H. Neveu et H. Bellenger.
    1re année. — 2e édition, avec 326 figures . . . . 2 fr. »
    2e année. — Avec 270 figures . . . . 2 fr. 50
    3e année. — Avec 363 figures . . . . 3 fr. »

Cours de Comptabilité, par G. Faure, 3e édition . . . . . 3 fr. »

Cours de Physique et de Chimie, par P. Métral, Directeur de l'École Colbert.
    Jeunes gens. *1re année.* 1 vol. avec 255 fig. . . . . . 2 fr. 50
    (couverture marron) *2e année.* 1 vol. avec 293 fig. . . . 3 fr. »
    3e année. 1 vol. avec 314 fig. . . . . 3 fr.

On vend également :
    Cours de Physique (1re 2e, 3e *années*), 1 vol. . . . . 4 fr. »
    Cours de Chimie (1re, 2e, 3e *années*), 1 vol. . . . 3 fr. 50

    Jeunes filles, *1re année,* 1 vol. avec 210 fig. . . . . . 2 fr. 50
    (couverture grise). *2e année,* 1 vol. avec 217 fig. . . . 2 fr. 25
    3e année, 1 vol. avec 168 fig. . . . . 2 fr. 25

On vend également :
    Cours de Physique (1re, 2e, 3e *années*) . . . . 3 fr. 50
    Cours de Chimie (1re, 2e, 3e *années*) . . . . 3 fr. »

Textes français (lectures et explications), avec introduction, notes et commentaires par Ch. Wever, professeur au Collège de Melun. 3e édition . . . . 3 fr. »

---

68 886. — Imprimerie Lahure, rue de Fleurus, 9, à Paris.

Cours

DE

GÉOGRAPHIE

À L'USAGE DES ÉCOLES PRIMAIRES SUPÉRIEURES

(Programmes du 26 Juillet 1909)

PAR

MARCEL DUBOIS
Professeur à la Faculté des lettres de Paris
et à l'École normale supérieure
de Sèvres.

E. SIEURIN
Professeur à l'École primaire supérieure
de Melun.

DEUXIÈME ANNÉE

L'EUROPE

(Moins la France)

2ᵉ ÉDITION

Avec 177 Cartes et Gravures

MASSON ET Cⁱᵉ, ÉDITEURS
120, BOULEVARD SAINT-GERMAIN, PARIS
1912

Tous droits de traduction
et de reproduction
réservés pour tous pays.

ENSEIGNEMENT PRIMAIRE SUPÉRIEUR

Programmes du 26 Juillet 1909.

OUVRAGES
Pour l'Enseignement de la Géographie

Cours de Géographie
Par Marcel Dubois et E. Sieurin.

1re année. — *Principaux aspects du globe. La France* (2e édition). 1 vol. in-16, cartonné toile souple, avec 224 figures.. . . . . 2 fr. 25

2e année. — *L'Europe (moins la France)* (2e édition). 1 vol. in-16, cartonné toile souple, avec 177 figures. . . . . 2 fr. 25

3e année. — *Le Monde (moins l'Europe). Le rôle de la France dans le Monde.* 1 vol. in-16 avec 239 figures . . . . 2 fr. 25

Cartes d'étude pour servir à l'enseignement de l'Histoire et de la Géographie
Par M. Dubois et E. Sieurin.

1re année. — I. *Moyen âge et Temps modernes.* II. *Principaux aspects du globe. La France.* Un atlas in-4, avec 56 cartes et 220 cartons. 14e édition entièrement refondue . . . . 2 fr. 25

2e année. — I. *Époque contemporaine.* II. *L'Europe (moins la France).* 1 atlas in-4 avec 58 cartes et 200 cartons. 13e édition entièrement refondue . . 2 fr. 25

3e année. — I. *Le Monde au XIXe siècle.* II. *Le Monde (moins l'Europe).* Un atlas in-4, avec 58 cartes et 14 cartons. 13e édition entièrement refondue. 2 fr. 25

Cahiers Sieurin

1re année. — *Principaux aspects du Globe. La France.* 1 cahier de 80 pages, 3e édition . . . . 0 fr. 75

2e année. — *L'Europe (moins la France).* 1 cahier de 80 pages, 3e édition. 0 fr. 75

3e année. — *Le Monde (moins l'Europe).* 1 cahier de 80 pages. 3e édition. 0 fr. 75

L'EUROPE

PREMIÈRE PARTIE

ÉTUDE PHYSIQUE GÉNÉRALE

CHAPITRE PREMIER

Situation

L'Europe est la plus petite partie du groupe de terres que l'on désigne sous le nom d'Ancien Continent. Délimitée d'une manière absolument arbitraire, elle tient à l'Asie par sa partie la plus large. Elle est située tout entière dans l'*hémisphère boréal*, appelé aussi *hémisphère continental*, parce qu'il contient des terres en plus grande proportion que l'hémisphère austral.

La plupart des contrées qui la composent occupent dans cet hémisphère une position moyenne entre l'équateur et le pôle. Tandis que l'Asie et l'Afrique ont une portion notable de leur territoire sous des latitudes voisines de l'équateur, l'Europe est comprise presque toute entière dans la **zone tempérée** ; le cercle polaire arctique est seulement dépassé par les parties extrêmes de la Scandinavie et de la Russie, et les régions les plus méridionales, comme la Grèce, l'Italie et l'Espagne, sont encore très éloignées du tropique du Cancer et de la zone torride.

Dimensions. — Dans ses limites factices, l'Europe est la moins considérable des trois parties de l'Ancien Continent. Elle est comprise entre le 36ᵉ degré et le 71ᵉ degré de latitude nord, entre le 13ᵉ degré de longitude ouest et le 62ᵉ degré de longitude est du méridien de Paris. Ainsi,

Fig. 1. — Situation de l'Europe dans le monde.

comme l'Asie elle-même, elle a son plus grand développement de l'est à l'ouest : elle occupe, en effet, dans ce sens une longueur de 5600 kilomètres environ, tandis que du nord au sud, du cap Nord au cap Matapan, elle mesure seulement 3900 kilomètres. C'est le fait contraire qu'on remarque dans le Nouveau Monde : les deux Amériques sont allongées du nord au sud.

La superficie de l'Europe est de 10 millions de kilomètres carrés. — L'Afrique est trois fois plus grande, l'Asie quatre fois, les deux Amériques également. Seule l'Australie lui est inférieure.

Limites. — L'Europe est limitée à l'est par l'*Asie*, dont aucune frontière naturelle ne la sépare : les monts Ourals ne sont pas, en effet, une barrière continue ; ils présentent des passages nombreux et faciles. — Au sud-est, le Caucase est une limite mieux marquée.

Entre l'Asie Mineure et la péninsule des Balkans, ce sont des *détroits* à peine larges comme des fleuves que l'on prétend prendre comme ligne de démarcation, alors que les deux rives du Bosphore et des Dardanelles ont presque toujours appartenu aux mêmes maîtres et n'ont jamais formé une frontière politique.

L'Europe est séparée de l'Afrique par une mer intérieure, la *Méditerranée*. Mais cette mer est surtout un trait d'union entre les pays qui la bordent ; d'ailleurs ce sont des détroits resserrés et peu profonds qui interposent leurs eaux entre l'Espagne et le Maroc d'une part, la Sicile et la Tunisie de l'autre.

Au contraire, l'*Atlantique* forme une séparation réelle entre l'Europe et l'Amérique du Nord. Si la Méditerranée n'a jamais arrêté, mais au contraire beaucoup favorisé les communications entre les trois parties de l'Ancien Continent, il a fallu de longs siècles pour qu'un navire européen pût aborder dans le Nouveau-Monde. Mais aujourd'hui l'Atlantique aussi unit les peuples de ses deux rives ; un désert continental est plus long, plus coûteux à franchir.

Configuration générale. — Par sa forme générale aussi bien que par sa médiocre étendue, l'Europe peut être considérée comme une péninsule de l'Asie. Dans sa partie orientale, elle est encore massive et ressemble au continent asiatique : mais à mesure qu'elle s'avance vers l'Atlantique, son épaisseur diminue ; elle s'effile de l'est à l'ouest et forme une série d'*isthmes* de moins en moins larges entre les mers du nord et celles du sud :

Des bouches de la Volga à l'Océan glacial.	2500 kilomètres.
D'Odessa au golfe de Riga	1200 —
De Trieste à Hambourg	950 —
De Gênes à Anvers.	900 —
De Bordeaux à Narbonne	400 —

Contrairement aux autres continents, qui ont une masse centrale largement étendue, l'Europe présente sa plus grande largeur non au centre, mais à son extrémité orientale, sur la frontière qui la rattache à l'Asie. C'est là que se trouvent les terres européennes les plus éloignées de toute mer : encore la distance qui les en sépare n'atteint-elle pas 800 kilomètres, alors que le centre de l'Asie est éloigné de plus de 2000 kilomètres de l'océan Indien comme du Pacifique.

Mers. — L'Europe est de tous les continents celui que les mers pénètrent le plus profondément. Baignée par deux océans, l'océan Glacial arctique et l'océan Atlantique, elle est découpée par un grand nombre de mers intérieures et de golfes secondaires que l'on peut diviser en trois catégories :

1° Les mers formées par l'*océan Glacial arctique* sur les côtes les plus septentrionales de l'Europe ;

2° Celles que l'*océan Atlantique* projette à l'intérieur des terres ;

3° L'ensemble des bassins maritimes compris sous le nom général de *Méditerranée*.

Océan Glacial arctique. — On donne pour limite à l'**océan Glacial arctique** le cercle polaire. Cependant, une des mers qu'il forme, la mer Blanche, entre la Russie et la Laponie, dépasse au sud cette limite. L'océan Glacial baigne donc une partie des côtes de Russie et de Norvège, et entoure de ses eaux à l'est les îles Vaïgatch et la Nouvelle-Zemble, à l'ouest l'archipel du Spitzberg.

On divise l'étendue européenne de l'océan Glacial arctique en plusieurs mers intérieures. A l'est, entre la péninsule asiatique des Samoïèdes et des îles de Vaïgatch et de la Nouvelle-Zemble, est l'enfoncement de la *mer de Kara*. En Europe même, entre la Péninsule de Kola, la Laponie, la Russie et la Finlande, la *mer Blanche* pénètre mieux encore le continent.

Océan Atlantique. — C'est l'**océan Atlantique** qui insinue le plus grand nombre de mers intérieures dans la masse des terres de l'Europe. qui a le plus contribué à sculpter les formes si articulées de notre continent. Du reste, les côtes d'Europe, sauf en un point, dans le golfe de Gascogne, ne sont pas immédiatement limitrophes des grandes profondeurs de l'Atlantique : jusqu'à une distance de près de 100 kilomètres des terres de France, d'Angleterre, d'Irlande et d'Écosse, il est rare que la sonde révèle des couches d'eau de plus de 300 mètres.

L'océan Atlantique forme en Europe deux séries de mers assez différentes. Celles qui entament les contrées septentrionales sont peu profondes; les autres, qu'on désigne sous le nom général de mer Méditerranée, appartiennent à un bassin mieux fermé et contenant une épaisseur d'eau plus considérable.

1° **La Manche**. — La Manche, que les Anglais appellent « Canal britannique », n'est guère qu'un fossé maritime étroit et peu profond faisant communiquer la mer du Nord avec l'Atlantique.

Pour une longueur d'environ 500 kilomètres et une largeur qui varie de 33 kilomètres dans le Pas de Calais à 350 kilomètres entre la Bretagne et la Cornouailles, les plus grandes profondeurs de la Manche ne dépassent guère 60 à 80 mètres.

2° **La mer du Nord**. — La mer du Nord, avec ses 600 000 kilomètres carrés de superficie, est plus étendue que la précédente. Elle communique en deux endroits avec les bassins océaniques : au sud-ouest par la Manche, au nord par les deux détroits qui séparent le groupe des Shetland de la Norvège et de l'Écosse ; de ce côté, elle est ouverte à l'influence de l'Atlantique et plus encore à celle de l'océan Glacial.

Sa profondeur est médiocre. Sauf sur la côte de Norvège, où l'on rencontre une fosse abrupte de 300 à 800 mètres, il est rare de trouver dans son bassin une épaisseur d'eau de 180 mètres. Son lit est incliné avec une pente assez douce du sud au nord ; les abîmes les plus considérables sont situés dans les parages des îles Shetland. Les régions les moins profondes, offrant une couche d'eau de 30 à 50 mètres au plus, existent dans le détroit qui sépare l'Angleterre de la Hollande. Là, plusieurs bancs de sable dangereux pour la navigation s'élèvent jusqu'à la surface.

3° *La mer Baltique*. — La mer Baltique, inférieure en superficie (400000 kilomètres carrés) à la précédente, est une véritable mer intérieure, ne communiquant avec les océans que par l'intermédiaire de la mer du Nord, et avec cette dernière que par des chenaux étranglés : le *Sund*, le *Grand Belt* et le *Petit Belt*, le *Kattégat* et le *Skagerrak*.

Entourée d'une bordure de rives basses pour la plupart et qui se continuent en pente douce sous les eaux, elle atteint rarement une profondeur de 200 mètres : l'épaisseur moyenne de ses eaux n'est que de 60 mètres, moins encore que dans la mer du Nord et la Manche.

4° *La mer d'Irlande*. — Un peu plus profonde que la Manche, elle communique avec l'Atlantique par le canal du Nord et le canal de Saint-Georges.

La mer de Biscaye ou *golfe de Gascogne*. — Par la mer de Biscaye ou golfe de Gascogne, l'océan Atlantique touche directement les côtes occidentales de l'Europe. Au milieu du golfe, il n'est pas rare de rencontrer des profondeurs de 3000 mètres et plus.

Méditerranée. — La **Méditerranée**, qui baigne aussi une partie de l'Asie et de l'Afrique, a été depuis la plus haute antiquité un lien plutôt qu'une séparation entre les peuples de l'Ancien Continent. Ce grand lac marin communique avec l'océan Atlantique par l'étroit chenal qui sépare le Maroc de l'Espagne, le *détroit de Gibraltar.*

La superficie de cette mer intérieure par excellence est de plus de 2 millions 1/2 de kilomètres carrés : c'est à peu près cinq fois l'espace occupé par la France.

L'étude des profondeurs marines a révélé que la Méditerranée se divise d'une manière générale en deux bassins. En effet, entre la Sicile et la Tunisie, l'épaisseur des eaux

Fig. 2. — Profondeurs de la Méditerranée.

est médiocre ; en cet endroit, on peut considérer la péninsule italique et les terres africaines qui font face à la Sicile, comme reposant sur un même piédestal sous-marin. A l'est et à l'ouest de ce seuil, existent au contraire des couches d'eau plus considérables. Nous distinguerons donc un bassin occidental de la Méditerranée et un bassin oriental.

1° *Bassin occidental.* — Le bassin occidental est lui-même divisé en deux cuvettes d'au moins 3000 mètres de profondeur : l'une est comprise entre le plateau sous-marin des îles Baléares, celui qui supporte la Corse et la Sardaigne, et la côte d'Algérie : c'est la *mer de Sardaigne* ; l'autre est dessinée à peu près à égaledistance des rivages

de Sardaigne, de Sicile et d'Italie : c'est la *mer Tyrrhénienne.*

2° *Bassin oriental.* — Cette seconde partie de la Méditerranée est plus étendue et en général plus profonde que
la précédente. Elle peut se diviser, comme la région de
l'Occident, en deux cuvettes principales. Une première fosse
s'étend en longueur entre la côte orientale de Sicile et l'île
de Crète et dépasse, en plusieurs points, une profondeur
de 4 kilomètres. Puis, entre la Crète et la côte égyptienne,
s'ouvre une nouvelle dépression de 3000 mètres environ.

Le bassin oriental de la Méditerranée se subdivise plus
nettement que le bassin occidental en mers intérieures plus
ou moins fermées. C'est d'abord la **mer Ionienne** entre
l'Italie méridionale et la péninsule hellénique ; largement
ouverte vers le pleine mer, elle a des profondeurs de 4000
mètres.

Toute différente est la **mer Adriatique**, longue et
étroite bande qui s'insinue du sud-est au nord-ouest dans
la masse continentale. Ses profondeurs sont très inférieures
à celles de la Méditerranée proprement dite.

La forme de son lit correspond au relief de ses côtes : les eaux ont
une assez grande épaisseur au large du littoral montagneux de la
péninsule des Balkans ; entre la côte d'Albanie et la péninsule de
Manfredonia, est le gouffre le plus profond, mesurant au moins
1000 mètres. Au contraire, la sonde trouve généralement le fond à
moins de 100 mètres dans la partie septentrionale du bassin adjacente
aux plaines de la Vénétie.

L'Archipel, limité à l'ouest et au nord par la péninsule
des Balkans et à l'est par la côte d'Asie Mineure, est assez
bien fermé au sud par la chaîne d'îles et d'îlots composée
de Cérigo, Cerigotto, Crète, Kassos, Karpathos et Rhodes.
Cette mer a été le théâtre du merveilleux développement de
la civilisation grecque. Les îles qui la parsèment en si
grand nombre et lui ont valu son nom sont assez voisines
les unes des autres et reposent sur un piédestal peu éloigné de la surface des flots.

La **mer de Marmara**, qui ne s'ouvre que par deux

détroits, les *Dardanelles* et le *Bosphore*, est comme une écluse entre deux mers, la Méditerranée et la mer Noire.

La **mer Noire**, la mieux dessinée des mers intérieures de l'Europe méridionale, écoule par le Bosphore le trop-plein d'eaux douces que lui apportent de grands fleuves. Sa superficie est presque égale à celle du territoire français (environ 500 000 kilomètres carrés). Ses plus grandes profondeurs, évaluées à 3 000 mètres, se rencontrent presque à égale distance des côtes d'Asie Mineure et de Russie méridionale, dans une longue et étroite cuvette qui s'étend de l'est à l'ouest, et reproduit à peu près le dessin de la côte asiatique. Les bas-fonds produits par les apports d'alluvion du Danube, du Dniester, du Dniéper et du Don, s'étendent sur une largeur de 50 à 150 kilomètres sur les côtes septentrionales : le bras de mer compris au nord d'une ligne qui joindrait Varna à Sébastopol mesure à peine 35 mètres de profondeur moyenne.

La **mer d'Azov**, à laquelle les anciens donnaient déjà le nom de marais, est de plus en plus diminuée par les alluvions fluviales; dans ce golfe, que comblent graduellement d'abondants apports du Don, les pêcheurs n'ont jamais trouvé une couche d'eau de 15 mètres.

La mer Caspienne. — Cette mer fermée était autrefois en communication avec la mer Noire et l'océan Glacial : elle composait alors, avec la mer d'Aral et la mer Noire, une Méditerranée située entre l'Europe et l'Asie. Aujourd'hui elle est située à 26 mètres au-dessous du niveau de la mer Noire, et l'évaporation lui enlève peut-être plus que ne lui fournissent les grands fleuves qui se jettent dans son bassin.

Les plus grandes profondeurs de la Caspienne (900 m.) se rencontrent au sud, où de hautes montagnes bordent ses rivages avec une chute abrupte. Au centre existe encore une fosse où la sonde plonge jusqu'à 500 mètres. Mais au nord, où les alluvions fluviales de l'Oural et de la Volga comblent graduellement le fond, il n'y a pas une épaisseur d'eau supérieure à 15 mètres.

Les marées des mers européennes. — La hauteur et la rapidité de propagation du flot de marée dans les mers européennes varient avec la profondeur et la forme plus ou moins ouverte de ces mers. Les plus fortes dénivellations dues au flux et au reflux se produisent dans la Manche et particulièrement dans la baie du *mont Saint-Michel* et sur les côtes occidentales des îles Britanniques, dans la baie de *Bristol* (12 et 15 m.). La mer du Nord reçoit plusieurs flots de marée successifs par le Pas de Calais et par le nord de la Grande-Bretagne.

Dans les mers intérieures, les marées sont très faibles; à peine $0^m,30$ dans la Baltique occidentale, $0^m,25$ à $0^m,40$ dans les ports méditerranéens. Les côtes septentrionales de l'Adriatique ont pourtant des marées plus sensibles : $0^m,90$ à Venise.

La Méditerranée, grâce à la faiblesse de ses marées, offre de très grands avantages au commerce. Le régime de ses ports est constant : les navires peuvent toujours y entrer et en sortir dans les mêmes conditions. Au contraire, dans la plupart des ports de l'Océan, de la Manche et de la mer du Nord, les grands vaisseaux n'ont accès ou libre sortie qu'à l'heure de la marée haute. Le trafic y est donc maintes fois gêné par la perte de temps qu'entraîne l'attente d'une heure propice, soit au large, soit dans les bassins d'un port.

Courants. — Toute la côte atlantique de l'Europe est baignée par les eaux chaudes que poussent les vents d'ouest et qui sont peut-être des branches du *Gulf-Stream*. Une première branche passe au nord des îles Britanniques, touche l'Islande, les îles Shetland et Féroë, atteint les côtes de Norvège et même les archipels du Spitzberg et de la Nouvelle-Zemble.

Dans les mers fermées, les courants se réduisent à des phénomènes locaux, sensibles surtout dans les détroits. Ainsi, entre la Baltique et la mer du Nord, il y a un échange d'eau qui détermine deux courants superposés dans le Sund et le Kattégat; l'eau plus douce et plus légère de la Baltique coule à la surface; l'eau plus salée de la mer du Nord pénètre par un contre-courant au-dessous du précédent.

Entre la mer Noire et la mer de Marmara se produit le même phénomène d'échange. C'est le *courant du Bosphore*, dont la vitesse est de 6 à 7 kilomètres à l'heure, dirigé de la mer Noire à la mer de Marmara, très sensible et gênant même pour les navires qui ont grand'peine à le remonter. Au-dessous de ce courant de surface règne un courant de sens inverse qui restitue de l'eau salée en échange de l'eau douce. Enfin, la Méditerranée, dont une active évaporation diminue le volume, reçoit par le courant océanique du détroit de Gibraltar la quantité d'eau destinée à rétablir son niveau.

Température. — Les mers intérieures peu profondes, comme la Manche et la mer du Nord, ou presque fermées comme la Baltique et le Méditerranée, ne peuvent recevoir les courants d'eau froide des grands fonds océaniques. La température dépend donc du climat local, et n'est point sensiblement modifiée par des échanges d'eau avec le bassin d'origine. Ainsi la Méditerranée a, dans ses eaux profondes, la même température que l'atmosphère sur ses côtes (+ 13°). On sait au contraire qu'à 1000 mètres de la surface, l'eau des océans, même dans les parages tropicaux, est à une température de + 4° seulement, et de 0° environ dans les grands abîmes.

En outre, grâce à l'influence des courants chauds qui atteignent l'Europe, nos mers du Nord sont plus tempérées, c'est-à-dire plus long-temps accessibles à la navigation que les mers d'autres pays soumises au climat continental. Ainsi, la Baltique est presque toujours navigable, tandis que la baie d'Hudson, située sous les mêmes latitudes, est à peine fréquentée pendant quelques mois. — La côte de Norvège, plus septentrionale encore, est cependant accessible régulièrement aux navires; même dans les parages du cap Nord, la mer est libre quatre mois par an.

Salinité. — La Méditerranée recevant beaucoup d'eau douce par les fleuves, mais perdant plus encore par l'évaporation, contient une forte proportion de sel (souvent 39 millièmes). La mer Noire, où débouchent de très grands fleuves, a des eaux moitié moins salées que celles de l'Océan. Dans les mers du Nord, l'évaporation est moins forte, et les eaux de fleuves abondants se jettent dans les bassins de la Baltique et de la mer du Nord. Mais la mer du Nord, mieux ouverte sur l'Atlantique, peut reconstituer en partie sa provision de sel par un mélange continuel; aussi garde-t-elle une proportion de 25 millièmes. Au contraire, dans la mer Baltique, mieux fermée, le sel ne représente plus qu'une proportion de 10 millièmes au plus, c'est-à-dire neuf fois moins que dans la mer Rouge. Plusieurs golfes y contiennent même une eau presque douce; les ondes des fleuves y disputent la place à celles de l'Océan.

Plantes et animaux. — La *Méditerranée* contient un grand nombre d'espèces caractéristiques : on y remarque surtout le *thon*, les *coraux* et les *éponges*. On pêche les coraux sur les côtes d'Italie, mais surtout en Afrique; les éponges, surtout dans l'Archipel grec. — On a observé que la Méditerranée était moins riche en espèces animales dans son bassin occidental. La Manche, la mer du Nord et la Baltique contiennent, en grande abondance, les *harengs* et les *sardines* dont la pêche fait vivre tant de millions d'hommes.

Enfin, les *mers de l'extrême Nord*, sur les limites des parages polaires, sont le domaine de la *morue* que les pêcheurs poursuivent sur les côtes d'*Islande* et des îles *Féroë*.

Mers polaires. — On peut dire qu'à latitude égale les mers d'Europe subissent moins fortement l'influence des vents froids que celles de l'Asie ou de l'Amérique.

Souvent, sans doute, les banquises qui se détachent de la masse des mers polaires sont apportées sur les côtes septentrionales de l'Europe. Ainsi, les explorateurs de nos régions de l'extrême Nord ont vu plus d'une fois en Laponie des ours blancs qu'avaient déposés, après un long voyage, des flottilles de glaçons détachés.

Mais ces banquises ne pénètrent point jusqu'aux mers intérieures du nord de l'Europe; en effet, les courants chauds déviés du Gulf-

Fig. 3. — Iceberg.

Stream leur forment une barrière. Pour cette raison, l'hiver a moins d'action en Europe qu'ailleurs sur les flots marins. Cependant, le nord de la Baltique est souvent gelé en hiver; chaque hiver, la gelée est un fait normal dans les golfes situés entre la Finlande et la Suède. On cite même des hivers du XVIe siècle pendant lesquels la Baltique aurait été gelée dans toute son étendue.

Articulation des côtes. — Le continent européen est de tous celui qui a le plus grand développement proportionnel de côtes. La ligne littorale est longue d'environ 32 000 kilomètres, dont 5800 sur l'océan Glacial, 13 500 sur l'Atlantique et ses dépendances, et 12 700 sur la Méditerranée. Ses membres péninsulaires, surtout développés au sud, représentent à peu près les cinq douzièmes de sa superficie totale.

Golfes. — Les contours de l'Europe forment un grand nombre de *golfes*, et cela influa jadis sur la civilisation de cette partie du monde.

Ceux des côtes sablonneuses de Russie, d'Allemagne, du Danemark et des Pays-Bas, sont peu profonds et de formes simples : celui de *Tcheskaia*, ouvert sur l'océan Glacial ; ceux de *Bothnie*, de *Finlande*, de *Riga* sur la Baltique, le *Zuiderzée* sur la mer du Nord appartiennent à cette catégo-

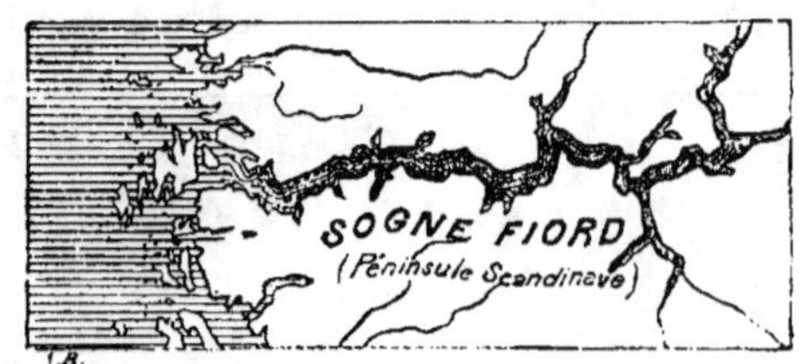

Fig. 4. — Un fiord norvégien.

rie. — Les côtes de Norvège et d'Écosse, qui se font face, offrent au contraire des golfes (*fiords* et *firths*), très pénétrants, composés d'un grand nombre de longs, étroits et profonds chenaux : tel est le *Sogne-fiord*, canal de près de 150 kilomètres de développement.

Sur l'Atlantique, on appelle souvent la mer de Biscaye *golfe de Gascogne*, mais les côtes n'y sont fortement dentelées qu'à l'extrémité des péninsules de Cornouailles, de Bretagne française et dans l'Espagne septentrionale.

Sur la Méditerranée, les golfes sont de dimensions plus petites, mais généralement mieux ramifiés à cause du voisinage des systèmes montagneux dans la région côtière. Les plus considérables sont ceux du *Lion*, de *Gênes*, de *Tarente*, d'*Otrante*, de *Corinthe*.

Caps. — Au nord, l'Europe se terminant en général par une plaine basse, les caps sont rares, peu saillants, mal articulés. Ainsi la côte russe de l'océan Glacial : les côtes russe, suédoise, danoise et allemande de la Baltique : le littoral danois, allemand, hollandais, beige et français de la mer du Nord sont des lignes monotones et régulières : comme les golfes, les saillies y sont médiocres et peu caractérisées. Mais par leurs caps proéminents et ramifiés, comme par leurs golfes mieux découpés, les côtes monta-

Fig. 5. — Hardangerfjord.
(Cliché Boulanger.)

gneuses de Norvège et d'Écosse font exception à cette loi ;
de même la péninsule rocheuse de la Bretagne française.
Aussi les caps les plus remarquables de l'Europe sur l'océan
Glacial appartiennent-ils à ces régions et aux côtes septentrionales de l'Espagne : ce sont les caps *Nord* dans un îlot

Fig. 6. — Granits du Cap Land's end (Angleterre).

situé à l'extrémité septentrionale de la péninsule scandinave ; *Land's end*, au sud-ouest de l'Angleterre ; *Saint-
Mathieu* et *Finisterre*, à l'ouest de la France et de l'Espagne.

De même le cap méditerranéen le plus souvent cité est
Matapan, promontoire rocheux de la Morée qui termine
au sud la plus dentelée des péninsules de l'Europe.

Isthmes. — L'Europe forme comme une série d'isthmes de plus en plus étroits entre les mers du Nord et celles du Sud.

Fig. 7. — Isthme de Corinthe.

Les isthmes les plus caractéristiques sont celui de *Corinthe* qui rattache la presqu'île de *Morée* à la Grèce continentale et l'isthme de *Pérékop* qui relie la *Crimée* à la Russie.

Un canal de 6 kilomètres coupe l'isthme de Corinthe. Mais cette voie ouverte entre la mer Ionienne et l'Archipel n'a que peu d'intérêt.

Détroits. — Ces couloirs, par lesquels il faut passer pour pénétrer dans les mers intérieures, ont une importance particulière en Europe, où presque tous les bassins maritimes ont sur l'Océan des ouvertures très resserrées, et où la pénétration du Continent par la mer est aussi mieux marquée que partout ailleurs.

La mer Baltique communique avec la mer du Nord par des chenaux sans largeur et peu profonds qui commandent les détroits du *Skagerrak*, du *Kattégat* et du *Sund*. Ce sont des passages difficiles à forcer. Le canal allemand de Kiel permet de les éviter.

Au contraire, la mer du Nord est moins nettement séparée de l'Océan : si le détroit du *Pas de Calais* est resserré, il reste d'autres entrées plus vastes à l'est et à l'ouest des îles Shetland entre la Norvège et l'Écosse.

Toutes les mers intérieures qui font partie de la Méditerranée n'ont d'accès sur l'Atlantique que par le *détroit de Gibraltar*, large de 14 kilomètres. — Entre les deux bassins occidental et oriental de la Méditerranée s'ouvrent deux détroits : l'un, celui de *Messine*, entre la mer Tyrrhénienne et la mer Ionienne, est aux mains de l'Italie, maîtresse du Continent et de la Sicile ; l'autre, appelé *détroit de Sicile*, beaucoup plus ouvert que le précédent, n'était jadis surveillé que par la citadelle anglaise de Malte et par la Sicile ; aujourd'hui, la France tient par Bizerte une des clefs du passage.

Le détroit ou *canal d'Otrante* donne accès de la mer Ionienne dans la mer Adriatique.

A l'orient, le passage de l'Archipel à la mer de Marmara se fait par le détroit des *Dardanelles* que les Turcs ont protégé par des forts et des batteries redoutables. De la mer de Marmara, on gagne la mer Noire par le détroit du *Bosphore*, véritable fleuve salé qui, dans sa partie la plus resserrée, se réduit à 500 mètres de largeur. Ces deux chenaux ont une importance politique et militaire de premier ordre.

Le détroit de *Kertch* ou d'*Iénikalé* fait communiquer la mer Noire avec la mer d'Azov.

Presqu'îles et îles. — L'Europe septentrionale a des presqu'îles tantôt basses et plates comme le *Jutland*, tantôt élevées et rocheuses comme la *Scandinavie*, la *Cornouaille* anglaise, la *Bretagne* française.

Comme l'Asie, l'Europe se termine au sud par trois presqu'îles : l'**Espagne**, lourde et massive comme l'Arabie ; l'**Italie**, complétée par la Sicile comme l'Inde par Ceylan ; la **péninsule des Balkans** terminée par la *Morée* comme l'Indo-Chine est terminée par la presqu'île de Malacca. — *Morée* et *Crimée* ne sont rattachées au Continent que par des isthmes très étroits.

Les principales îles européennes de l'Atlantique sont les *Lofoten* sur la côte de Norvège, les îles danoises, surtout *Seeland*, la *Grande-Bretagne* et l'*Irlande*. — Dans la Méditerranée occidentale, nous trouvons les *Baléares*, la *Corse*, la *Sardaigne* et la *Sicile* ; dans la Méditerranée orientale, les nombreuses îles de l'*Archipel*, qui sont les débris d'une vaste terre en grande partie submergée.

Action de la mer sur les côtes. — La mer a beaucoup détruit, mais beaucoup édifié sur notre Continent.

La Manche, la mer du Nord, la Baltique, sont des théâtres connus de l'action destructive des vagues. Qui ne sait l'histoire des empiétements du flot marin sur les rivages de la Hollande, les luttes des habitants pour protéger leur sol par des digues et des levées? Rappelons seulement la grande invasion marine du XIIIe siècle qui forma le *Zuiderzée* en noyant des milliers d'hommes. — On cite souvent, comme phénomène de destruction graduelle, l'île d'Helgoland qui « fond peu à peu dans les eaux comme fondrait un immense cristal de sel. » (Reclus.) Les courants de marée, les courants réguliers et les tempêtes, ont ouvert le Pas de Calais et l'élargissent sans cesse, ron-

Fig. 8. — Thorgatten. Le Jardin d'îles (Norvège).

(Cliché Boulanger)

geant les falaises, et réduisant leurs débris en sables et en galets. Ce que le flot enlève dans ces régions aux rivages de France et d'Angleterre, il le porte, grâce à l'action des courants, dans les *polders* de la Hollande.

Les *fiords* nous montrent le travail combiné des eaux océaniques et des eaux douces pris sur le fait. C'est en Scandinavie, au Spitzberg et dans les Shetland, qu'on trouve ces indentations de la côte européenne. La mer et les fleuves travaillent également au comblement de ces grandes échancrures. Les fiords, représentant la place perdue par d'anciens glaciers, s'ouvrent généralement sur les rivages de régions froides, et sur les rivages occidentaux en particulier.

Les *apports de la mer* sur les côtes basses de l'Europe sont de dimensions et de formes différentes suivant qu'ils ont été déposés par les flots d'un grand bassin océanique, ou par les mouvements moins importants des mers intérieures. Ainsi, les dunes des rivages allemands de la Baltique ou même de la Méditerranée sont loin d'être aussi considérables que celles de l'Océan. — Sur les côtes de France, dans les Landes, le flux et le reflux ont la force de mouvoir et de déplacer les

Fig. 9. — Côtes de l'île d'Helgoland.

(Communiqué par la *Société de géographie.*)

apports ; le niveau des mers intérieures changeant peu, les dunes y sont presque immobiles.

Les côtes les plus déprimées de l'Europe offrent de nombreux exemples de *flèches* et de *cordons littoraux* formés par les apports marins. Ce sont : sur la Méditerranée, en Italie les *lidi* de Venise ; en France, le littoral du Languedoc ; dans la mer Baltique, des flèches de sable (*nehrungen*) forment presque des lagunes où se jettent l'Oder et la Vistule ; sur l'Atlantique, la côte française des Landes offre un spectacle analogue.

Le travail des fleuves contribue, avec celui des eaux marines, à transformer le littoral. Il suffit de citer les deltas du Rhône, du Pô, du Danube.

Nature des côtes. — En général. les mers intérieures du nord de l'Europe sont moins profondes que celles du sud ; elles sont beaucoup plus éloignées du noyau montagneux de notre Continent et ne sont pas adjacentes à des côtes abruptes. Les rivages y sont bas et se continuent en pente douce sous les eaux. La Norvège et l'Ecosse font exception parce que la mer y baigne directement des hauteurs isolées. Mais il reste vrai qu'en général les grandes profondeurs des bassins maritimes sont plus éloignées de la ligne des côtes au nord de l'Europe qu'au sud.

Aussi les bas-fonds sont plus communs dans les mers du nord, et les côtes moins saines, comme disent les marins. Tels sont les bancs de la côte du sud-est de l'Angleterre, dont la série se prolonge fort loin dans la mer du Nord ; le détroit du Pas de Calais est encombré d'amas sablonneux du même genre. Les bas-fonds des côtes septentrionales d'Europe sont presque toujours des bancs de sable.

Dans la Méditerranée et dans ses dépendances européennes, les écueils sont plutôt des récifs rocheux. Les bas-fonds sont rares et ne se rencontrent guère que sur les isthmes sous-marins qui séparent les différentes cuvettes des mers intérieures : ainsi. on en signale un grand nombre sur le relèvement du fond marin qui existe entre la Sicile et la Tunisie et forme la limite entre les bassins occidental et oriental de la Méditerranée. Mais c'est l'exception.

Conclusion. — Le dessin des côtes européennes est donc des plus variés. Les côtes sont échancrées de nombreux golfes ; la saillie des presqu'îles est remarquable : au large, le littoral est comme complété et prolongé par des groupes d'îles grandes et petites. Il n'y a pas, comme en Afrique, raideur et inflexibilité des contours, monotonie de configuration.

Sujets de devoirs. — 1. Les isthmes européens et l'isthme français. — 2. Les détroits européens. Leur importance politique et économique. — 3. Classer les ports européens par ordre de profondeur — 4. Les estuaires et les ports intérieurs de l'Europe. — 5. Les ports de la Méditerranée et les ports de l'Atlantique.

CHAPITRE II

Le Sol

Principaux traits du relief du sol. — Le caractère
général du relief de l'Europe est la combinaison de toutes
les formes : *massifs, chaînes, plateaux* et *plaines*. Aucune
de ces formes n'a une prédominance sur les autres, tandis
qu'en Asie et en Afrique les plateaux couvrent la plus
grande superficie. Il y a comme une heureuse proportion
dans le relief de notre Continent, de même que dans les
formes déliées de ses rivages. Ici, une plaine intérieure
pénètre la masse montagneuse ; là, des collines sillonnent
la plaine et en rompent la monotonie ; plus loin, des séries
de plateaux ménagent une transition par gradins successifs
entre les hautes montagnes et l'étendue plane.

Grandes étapes de la formation du sol. — Le
relief de l'Europe est dû à trois soulèvements successifs qui
ont eu lieu, par ordre d'ancienneté, du nord au sud.

Le *soulèvement calédonien* a vu surgir l'**Ecosse** (ancienne Calédonie), la **péninsule scandinave** et la **Finlande**. Très vieilles, les montagnes de ces pays ont été
usées par les agents atmosphériques (pluies, eaux courantes, etc.) et rabotées par les glaciers ; elles sont, en général, peu élevées et affectent la forme de tables ou de croupes
arrondies.

Le *soulèvement hercynien* allait de la **Cornouailles**
anglaise au sud du **Massif central** français en passant
par la **Bretagne** ; il se développait ensuite jusqu'au
Massif bohémien par le **Morvan**, l'**Ardenne**, les
Vosges et la **Forêt Noire**. — Il a été très remanié par
les eaux, les glaciers, les éruptions volcaniques ; ses sommets sont souvent arrondis.

La *chaîne alpine* ou *méditerranéenne*, la plus récente, est aussi la mieux conservée et, par conséquent, la plus haute et la plus facile à suivre. Elle a vu naître les **Pyré-**

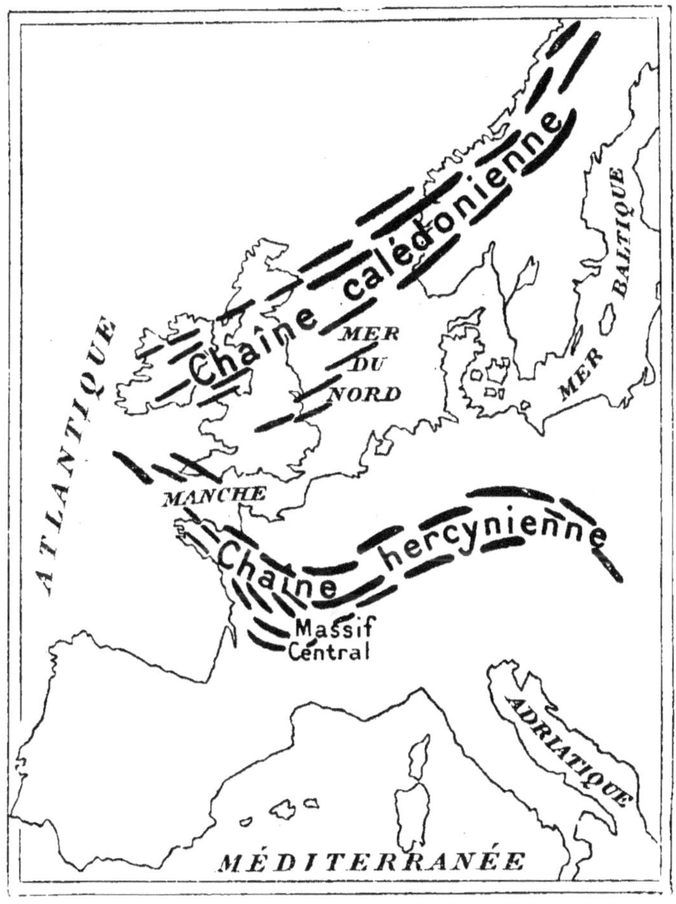

Fig. 10. — Chaîne calédonienne et chaîne hercynienne.

nées, l'**Apennin**, les **Alpes**, le **Jura**, les **Carpathes**, le **Balkan**, le **Caucase** ; les montagnes de la Sicile et du Maghreb appartiennent au même soulèvement, et la chaîne marocaine du **Rif** reparait, de l'autre côté du détroit de Gibraltar, dans la **Cordillère bétique**. — Ici, les montagnes ont gardé leurs pics aigus, leurs arêtes vives, quelquefois leurs glaciers et leurs torrents qui continuent à creuser et à entamer les lignes de faîte.

Orientation des montagnes. — En Europe comme en Asie, les grandes masses montagneuses sont alignées de *l'est* à *l'ouest*. Tous les systèmes importants de l'Europe, les Pyrénées, les Alpes, les Karpathes, suivent ce même alignement général, comme le Kouen-Lun, l'Himalaya et

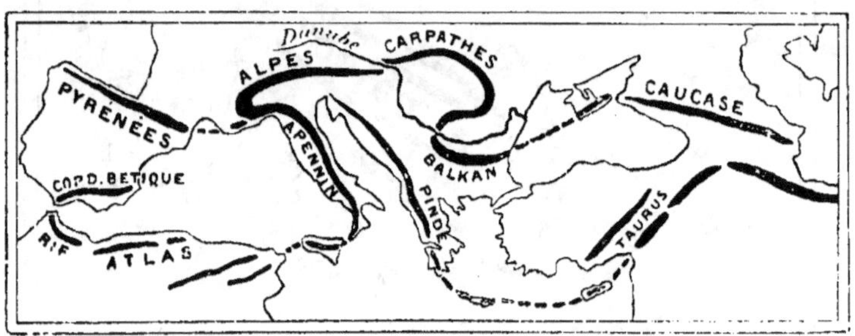

Fig. 11. — Chaîne méditerranéenne.

les monts Thian-Chan en Asie. Cette direction est prédominante dans les systèmes les plus développés de l'Ancien Continent.

Catégories de montagnes. — Les grands soulèvements de l'Europe présentent une structure très variée.

Les systèmes de notre continent sont souvent des systèmes de chaînes. Les *Alpes* sont un exemple de chaînes apparentées par leurs directions, mais indépendantes les unes des autres, se groupant en **massifs** tantôt divergents, tantôt réunis en un nœud, souvent séparés par des vallées profondes.

Les *Pyrénées* présentent, au contraire, une **chaîne** maîtresse, formant ligne continue, et flanquée de chaînes moins importantes. — Les *Apennins* comprennent tantôt une arête dominante, tantôt plusieurs arêtes limitant des plateaux intérieurs ; ce système passe de l'unité à la complication, puis revient à la simplicité. — Le *Jura* est un type parfait de montagnes à **rangées parallèles**. — Enfin, les *Alpes de Scandinavie* ne sont qu'un massif, car il ne s'y trouve point d'arête prédominante qui donne à un système montagneux une direction nette.

Points culminants. — Les sommets sont, malgré la majesté de leur aspect, des formes peu importantes dans

Fig. 12. — Le massif du Pelvoux.

(Cliché P. Moisson, communiqué par la *Société de géographie*)

l'architecture des systèmes de montagnes ; les vrais éléments d'appréciation sont l'altitude moyenne et l'agencement des vallées et des cols.

En Europe, ce sont les Alpes qui ont les sommets les plus considérables : 8 cîmes dépassent 4000 mètres ; 12 sont supérieures à 3000 ; 14 à 2000.

Dans les Pyrénées, on compte seulement 5 sommets supérieurs à 2500 mètres : il en existe autant dans les systèmes de la péninsule espagnole.

L'Apennin n'élève que 4 cîmes au-dessus de 2000 mètres.

Dans la péninsule des Balkans, on compte 5 altitudes de

montagnes supérieures à 2000 mètres, autant dans les Karpathes, 4 en Scandinavie.

Altitudes moyennes, cols. — Les systèmes dont les pics sont le plus élevés ne sont point ceux dont l'altitude moyenne est le plus considérable. La mesure des cols, c'est-à-dire le degré d'ébrèchement de la ligne de faîte, est un indice beaucoup plus sûr. Par exemple, aucun des cols alpestres n'atteint 2200 mètres, tandis que trois passages des Pyrénées sont notablement au-dessus de ce niveau. On en peut conclure que la crête des Pyrénées, beaucoup plus continue que celle des Alpes où les massifs sont isolés, est aussi d'une élévation moyenne plus constante. Un autre système européen, le Jura, dont les principaux sommets atteignent seulement 1600 à 1700 mètres, a proportionnellement des cols fort élevés; plusieurs sont au-dessus de 1000 mètres.

Vallées. — Les systèmes montagneux de l'Europe présentent des agencements de vallées très variés :

1° Les *vallées longitudinales* dans les montagnes composées de chaînes parallèles comme le Jura ; dans ces vallées, les communications sont aisées suivant le sens de la chaîne et très difficiles en ligne perpendiculaire.

2° Les *vallées longitudinales partielles* coupées par des nœuds qui réunissent les différentes chaînes. Ainsi les vallées supérieures du Rhin et du Rhône sont un même sillon interrompu par le massif du Saint-Gothard : là aboutissent les Alpes Pennines et Bernoises formant couloir d'un côté, de l'autre les Alpes Rhétiques et les Alpes de Glaris. Les vallées de l'Inn et de la Drave sont d'autres exemples aussi frappants de sillons longitudinaux.

3° Les *vallées transversales*, moins longues et d'une pente plus raide et plus irrégulière, comme celles du Tessin et de la Reuss dans les Alpes et la plupart des vallées des Pyrénées.

Il résulte de la structure des vallées des conséquences importantes pour les communications des régions européennes entre elles.

L'existence de grands couloirs longitudinaux dans le système central des Alpes rend les communications faciles de l'est à l'ouest. Non seulement les routes, mais encore les voies ferrées ont pu pénétrer le massif par ces vallées dont les pentes, œuvre de l'érosion des glaciers et des fleuves, sont ménagées par transition : telles sont les voies ferrées des vallées de la Drave et de l'Inn. Toutefois, aucune voie ne pénètre d'un bout à l'autre le massif alpestre, à cause de l'existence

Fig. 13. — Saint-Gothard.
Train sortant d'un tunnel dans la vallée de la Reuss.
(Cliché L. L.)

des nœuds terminant les vallées en cul-de-sac, mais cette communication de l'est à l'ouest est déjà assurée par les voies qui suivent la plaine extérieure du nord, ou traversent les plateaux adossés au système central.

La traversée des Alpes du nord au sud a pu se faire grâce aux mêmes ressources, à la combinaison d'une vallée longitudinale et d'une transversale. Ainsi, une voie passe successivement de la vallée transversale de l'Adige à la vallée longitudinale de l'Inn par le *Brenner*.

Enfin, l'existence de nœuds montagneux a permis à l'industrie humaine de percer les tunnels en des points où

Fig. 14. — Montagnes de l'Europe.

la montagne est moins épaisse, et d'unir ainsi les vallées. Le souterrain du *Saint-Gothard* a été perforé dans ces conditions, puis celui du *Simplon*.

On comprend qu'une chaîne continue munie de vallées transversales à pente rapide, comme les Pyrénées ou le Caucase, offre de plus grands obstacles aux communications.

Plateaux. — Le plateau massif est la forme dominante

du relief en Afrique, en Asie et en Australie. En Asie, le
système est celui de plateau à bordures surplombantes. Il
n'en est pas de même en Europe. Outre que les plateaux
européens ne constituent pas une seule masse, leur forme a
beaucoup plus de variété; il y a en Espagne un plateau

Fig. 15. — Plateau de Segovie.
(Cliché L. L.)

avec bordure, en Bavière un plateau adossé d'un seul côté
et s'unissant à la plaine par inclinaison graduelle. En un
mot, nos plateaux comme nos montagnes sont plus articulés : nulle part on ne voit en Europe de plateaux absolument fermés comme en Asie, c'est-à-dire de hautes terres
incultes et désertes.

En outre, l'érosion des fleuves les a pénétrés et façonnés;
ce ne sont point des plateaux sans écoulement. Des vallées

les pénètrent, comme en *Bavière* et, à un moindre degré, dans les deux *Castilles*.

Enfin, leur altitude moyenne est peu considérable. Les plus hautes montagnes de l'Europe ont des sommets de 4000 mètres; le plus haut plateau, celui de Castille, n'a que 700 mètres en moyenne, celui de Bavière 500. — En Asie, pour des systèmes montagneux dont les sommets dépassent 8000 mètres, on a des plateaux de 3000 et de 4000 mètres.

On peut classer les plateaux d'Europe en deux catégories :

1° Les uns tiennent plus ou moins étroitement à l'architecture du système central, comme les plateaux de Bavière, de Souabe, de Franconie, de Lorraine;

2° Les autres en sont indépendants, comme les plateaux des deux Castilles en Espagne ou le plateau granitique de Finlande.

Formes intermédiaires. — L'Europe possède aussi des systèmes de hauteurs peu caractérisées qui tiennent à la fois de la montagne et du plateau. Tels sont les soulèvements de peu d'importance qui s'élèvent comme des îlots dans la grande plaine de Russie. Les élévations que l'on appelle « hauteurs de la Russie centrale » entre le Dniéper, le Niémen et la Volga, ne peuvent pas être considérées comme un système de *montagnes*; leurs contours sont arrondis, leur largeur est à peu près la même de l'est à l'ouest et du nord au sud. Enfin, l'incertitude de leurs pentes rend bien difficile la détermination d'une ligne de faîte; cette ligne serait infiniment sinueuse. C'est une forme de relief incertaine et sans caractère. On y trouve trop de pentes pour adopter la dénomination de plateau, pas assez pour y reconnaître une montagne d'orientation bien nette.

Plaines. — L'Europe, par la disposition de ses plaines, a plus d'un point de ressemblance avec le Continent asiatique, qu'elle continue. Les plaines y occupent surtout les régions septentrionales et orientales; et de même qu'en Asie l'épaisseur de la région plate diminue à mesure qu'on s'éloigne de l'Oural dans la direction du Pacifique, ainsi les contrées basses de l'Europe sont de moins en moins larges de l'est à l'ouest. Les deux grandes plaines de l'Ancien Continent, qui n'en forment qu'une seule, ont leur plus grande largeur entre le golfe de l'Obi et la mer de Kara au nord, la mer Caspienne et le plateau de l'Iran au sud; tandis que les deux ailes de cette formation symétrique, en Europe et en Asie, se terminent en s'effilant, d'un côté par l'extrémité de la basse Sibérie sur le détroit de Behring, de l'autre par les plaines françaises sur l'océan Atlantique près de la frontière espagnole.

Aucun accident notable de relief ne sépare ces régions :

Fig. 16. — **Ensemencement dans la plaine russe.**
(Cliché de La Baume-Pluvinel, communiqué par la *Société de géographie*.)

la *plaine orientale* et *septentrionale* de l'Europe fait suite à la plaine septentrionale de l'Asie; elle est située en dehors des massifs montagneux.

La *Hongrie*, au contraire, est le type de la *plaine intérieure* complètement entourée de montagnes.

Quoique les plaines dominent en Europe, elles présentent rarement le caractère de *steppes*, comme dans le Nouveau Monde; on cite seulement ceux du sud de la Russie et la Puszta entre le Danube et la Theiss.

Dépressions. — Les dépressions les plus remarquables de l'Europe sont les *polders* de Hollande, plaines basses situées à 4 ou 5 mètres au-dessous du niveau de la haute

mer, et la plaine qui s'étend au nord de la mer Caspienne,
sur 1 200 kilomètres de longueur et 300 de largeur.

Volcanisme. — En Europe, les foyers volcaniques sont
moins puissants que dans le Nouveau Monde et que dans
les archipels de l'Asie orientale.

Les volcans les plus importants se rencontrent dans la

Fig. 17. — Photographie d'une éruption du Vésuve en 1892.

Méditerranée occidentale, autour de la cuvette de la mer
Tyrrhénienne : le *Vésuve*, le *Stromboli*, l'*Etna* qui, avec
ses 3 323 mètres, est le sommet le plus élevé des monts
méditerranéens; un autre groupe est situé dans l'*Archipel*
(Santorin).

Enfin, au nord-ouest s'ouvre le cratère islandais l'*Hékla*, et à l'extrémité sud-est sont les pitons du cap *Apchéron* sur la mer Caspienne.

Parmi les éruptions historiques, la mieux connue est celle du *Vésuve* en 79, qui détruisit trois villes, dont Pompéi, et les couvrit de laves et de cendres. — L'*Etna* eut, dans les temps modernes, 5 éruptions considérables en 1669, 1852, 1865, 1879, 1892.

Des actions volcaniques sous-marines ont été plus d'une fois observées dans les mers européennes. En 1831, s'éleva des flots, entre la Sicile et l'Afrique, la petite île que les Napolitains et les Anglais se disputèrent et qui disparut au bout de quelques mois, au moment où la querelle s'envenimait. En 1879, un navire anglais, le *Knight Templar*, fut frappé en pleine mer par une bombe volcanique projetée d'un cratère à 2 kilomètres de la surface, et faillit être coulé.

Le travail des voicans a produit, à la surface de l'Europe, un grand nombre de *fumerolles* et de *solfatares*. Les remarquables fumerolles produites par les laboratoires intérieurs des volcans sont celles de Volcano, dans la région du Vésuve, et celles de Sicile. C'est également la région italienne qui offre, en grande abondance, des sources d'acide carbonique. Les *geysers* et les sources thermales existent surtout en Islande, en Toscane et en Sicile. Les geysers d'Islande sont les plus considérables. En France, les monts d'Auvergne sont riches en sources thermales.

Tremblements de terre. — Les contrées les plus éprouvées en Europe par les tremblements paraissent être situées sur le périmètre des Alpes, en Espagne, dans l'Italie méridionale. Les secousses les plus terribles ont eu pour théâtre la péninsule Ibérique ; les trois tremblements que subit Lisbonne en 1755 détruisirent la ville en quelques secondes et tuèrent plus de 50 000 personnes : des épreuves du même genre ont frappé en 1885 l'Andalousie. Les tremblements de la Calabre en 1873 et en 1905 firent beaucoup de victimes.

Soulèvements et affaissements séculaires. — Ce sont là les phénomènes qui modifient vraiment la surface de notre Continent, bien qu'ils aient longtemps échappé par leur lenteur même à l'observation des savants. On a maintes fois raconté l'histoire si curieuse du temple de *Sérapis*, voisin de la baie de *Pouzzoles*. Les colonnes de ce monument révèlent, par le travail qu'ont produit à leur surface les eaux de la mer, l'histoire des affaissements et des soulèvements du sol sur lequel il repose. Son long séjour sous les flots est attesté par les incrustations des pholades sur trois colonnes monolithes jusqu'à 6 mètres au-dessus de la base. Construit près de la mer, ce temple s'y enfonça une première fois, porté avec le sol qui s'affaissait ; puis, il reparut

Fig. 18. — Ruines causées par le tremblement de terre d'Ischia, en 1883.

au-dessus des eaux ; aujourd'hui, il tend de nouveau à disparaître

D'autres preuves des lentes et continuelles oscillations du sol ont été recueillies. C'est en 1731 que Celsius, accompagné de Linné, s'assura du fait par des expériences sur les côtes baltiques de la *Scandinavie*. Il constata en cet endroit un soulèvement de 1^m,38 par siècle. On a prouvé que le sol de la ville de *Trondjem*, en Norvège, s'était exhaussé de 6 mètres en dix siècles. Les côtes d'*Écosse* ont révélé, comme celles de Scandinavie, le mouvement qui les soulève.

Conclusion. — Les systèmes montagneux de l'Europe ont, grâce au mélange de toutes les formes du relief, massifs, chaînes, plateaux, une articulation remarquable. L'orientation variée des vallées fluviales qui échancrent la masse montagneuse a permis d'établir des voies de communication entre le nord et le sud, l'est et l'ouest :

et quand le rempart des monts est trop continu ou trop élevé, l'épaisseur en est souvent assez médiocre pour rendre aisés l'établissement de routes et le percement de tunnels.

Les plaines ou régions médiocrement élevées, où se sont le plus développées l'agriculture et l'industrie européennes, sont réparties sur tous les points : ici ce sont les vallées des fleuves français, là le riche bassin du Pô, ailleurs la Hongrie, etc.; et cependant toutes ces régions ont pu être mises en communication par des voies de toutes sortes. Enfin les rapports se sont encore mieux établis, au prix de moindres travaux, de l'est à l'ouest à travers la vaste plaine extérieure.

Regardez au contraire une carte d'Asie. Une grande épaisseur montagneuse sépare les contrées riches arrosées par de beaux fleuves, la vallée du Gange, par exemple, des provinces que sillonne le Yang-tsé-Kiang moyen et inférieur. Quels plateaux, quels massifs énormes coupent l'Inde de la Sibérie méridionale !

Les Alpes. — *Dimensions et limites.* — Les Alpes occupent en Europe une longueur d'environ 1200 kilomètres : leur largeur varie entre 150 et 300 kilomètres : la plus petite largeur se rencontre dans les Alpes occidentales, la plus grande dans les Alpes orientales.

Les plus hauts sommets se trouvent dans la partie la moins large du système, entre le mont Blanc et le Saint-Gothard.

Il y a aussi une différence marquée entre les Alpes orientales et les Alpes occidentales. Si l'on examine les deux régions qui s'étendent à l'est et à l'ouest du Saint-Gothard, on constate qu'à l'est les sommets sont d'une élévation beaucoup moindre, mais les vallées plus hautes, tandis qu'à l'ouest les points culminants sont plus remarquables, mais les vallées beaucoup plus profondes.

Les Alpes décrivent un arc de cercle entre les deux villes de *Nice* en France et de *Vienne* en Autriche. — Elles sont limitées au sud par la *plaine du Pô*, à l'est par la *plaine hongroise*, au nord par la *plaine danubienne*, au nord-ouest par la *plaine Suisse*, à l'ouest par la *vallée du Rhône*.

Divisions. — On peut diviser l'ensemble du système en trois groupes :

1° Les *Alpes occidentales*, du col de Cadibone en Italie au mont Saint-Gothard (460 kilomètres) :

2° Les *Alpes centrales*, entre le Saint-Gothard et le pic des Trois-Seigneurs (300 kilomètres) ;

3° Les *Alpes orientales*, du pic des Trois-Seigneurs jusqu'à l'extrémité orientale du système (450 à 500 kilomètres).

Chacune de ces parties principales est subdivisée en chaînes ou en massifs dont les noms ont été adoptés depuis longtemps par l'usage.

I. Les subdivisions les plus importantes des **Alpes occidentales** sont :

1° *Alpes maritimes*, du col de Cadibone au mont Viso :

2° *Alpes Cottiennes*, du mont Viso au mont Cenis ;

3° *Alpes Grées*, du mont Cenis au mont Blanc ;

4° *Alpes Pennines*, du mont Blanc au Saint-Gothard.

II. Les **Alpes centrales** comprennent :

1° *Alpes Lépontiennes* ou *Helvétiques*, du Saint-Gothard au Septimer ;

2° *Alpes Rhétiques* et du Tyrol, du Septimer au pic des Trois-Seigneurs.

III. Les **Alpes orientales** comprennent.

1° *Alpes Noriques*, du pic des Trois-Seigneurs à Vienne ,

2° *Alpes Illyriennes*, du pic des Trois-Seigneurs au système des Balkans ; cette dernière partie se subdivise elle-même en Alpes Carniques, Juliennes et Dinariques.

Quelques autres appellations sont usitées pour les massifs intérieurs ou les chaînes latérales, telles que les *Alpes de Provence, du Dauphiné* et de *Savoie*, les Alpes *Bernoises*, les Alpes *de Bavière* et les Alpes *Cadoriques*.

Caractères généraux. — Il n'y a pas dans les Alpes de *chaîne* proprement dite : on y rencontre surtout des

massifs isolés les uns des autres par de profondes vallées, tantôt transversales, tantôt longitudinales.

Les sommets sont élevés, mais les cols sont relativement bas, et les passages assez faciles.

Les Alpes tombent brusquement sur la plaine du Pô; mais les versants ouest et nord ont des pentes beaucoup plus douces. Il est plus facile, par exemple, de passer de France en Italie que d'Italie en France.

Principaux massifs. — Les plus grands massifs des Alpes se rencontrent dans la partie centrale du système : ce sont ceux du *Saint-Gothard*, du *Finsteraarhorn*, du *mont Rose* et du *mont Blanc*: avec une altitude moyenne de plus de 2200 mètres, ils comp-

Fig. 19. — Le Mont Rose.

Cliché L. L.

ptent un grand nombre de pics supérieurs à 3000 mètres. Le point culminant est le **mont Blanc** (4810 m.), le plus haut sommet de l'Europe centrale. Mais les massifs du mont Rose (4640 m.), de la Jungfrau et du Finsteraarhorn, bien que moins élevés par leurs pics suprêmes, représentent un soulèvement plus considérable. Les élévations exceptionnelles sont beaucoup moins remarquables dans les Alpes orientales, où peu de sommets dépassent 3000 mètres.

Les *Alpes calcaires* qui flanquent les massifs granitiques des Alpes primitives ont aussi, en général, une élévation plus brusque, moins graduelle que les massifs de roches anciennes.

La limite des neiges persistantes dans les Alpes est en moyenne à 2700 mètres.

Vallées. — Les Alpes comptent des vallées de tous genres s'entre-croisant par les combinaisons les plus variées. Parmi les vallées **longitudinales** dont les pentes sont assez bien ménagées, on peut citer celles de la *Drave*, de la *Save*, de l'*Inn* et du *Rhône*. Les vallées **transversales** les mieux caractérisées sont celles du *Rhin supérieur*, de l'*Aar* et de l'*Adige*. — On remarquera que les vallées longitudinales ont un développement

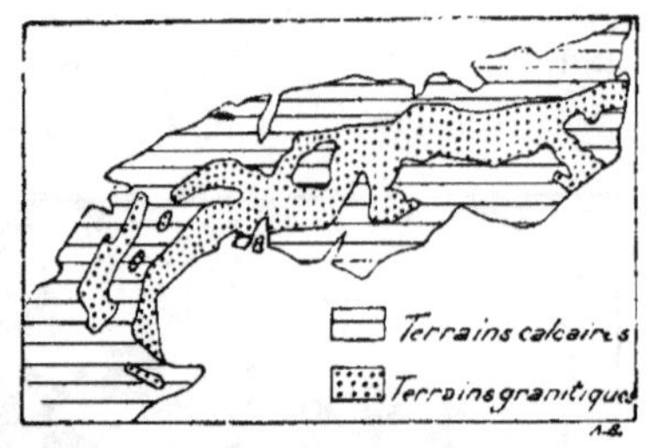

Fig. 20. — Terrains granitiques et terrains calcaires dans les Alpes.

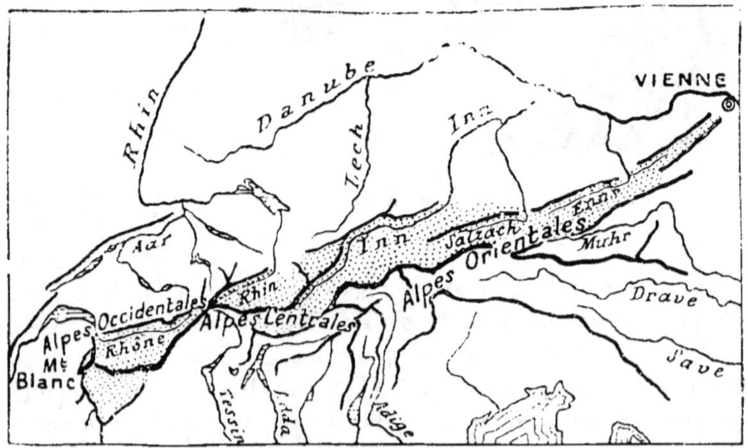

Fig. 21. — Vallée médiane des Alpes.

plus grand et plus régulier dans les Alpes orientales que dans les Alpes occidentales.

Hydrographie. — Les Alpes sont, par leurs glaciers,

le plus grand réservoir des eaux fluviales d'Europe. L'orientation de leurs vallées facilite l'accumulation des eaux sous forme de neiges ou de glaces. Les vents du sud-ouest distribuent surtout l'humidité des nuages, qu'ils amènent des régions tropicales dans les vallées qui s'ouvrent en entonnoir vers l'ouest et le sud.

De nombreux **fleuves** prennent leurs sources dans les Alpes, surtout dans la région du Saint-Gothard, très important centre hydrographique. C'est de cette région que sortent le *Rhin* et ses tributaires *Aar* et *Reuss*, le *Rhône*, le *Tessin* affluent du *Pô* qui lui-même prend sa source au Mont Viso. — L'*Inn*, la *Salzach* et l'*Enns* vont porter

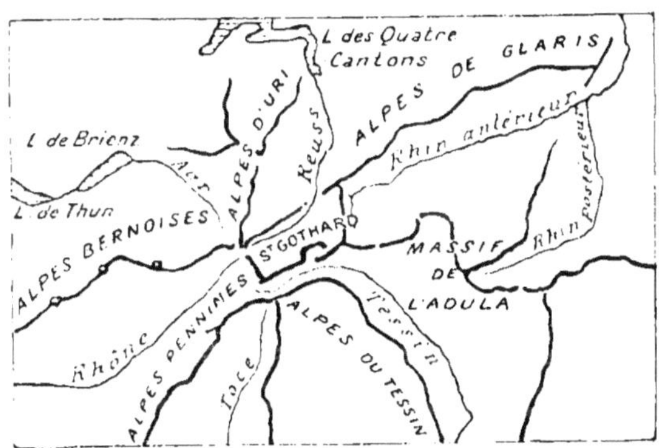

Fig. 22. — Le Saint-Gothard, centre de dispersion des eaux.

leurs eaux au Danube après avoir suivi dans leur cours supérieur un même sillon longitudinal nettement marqué.

Les **lacs** *alpestres* les plus importants se rencontrent dans les régions de plateaux et de plaines de la lisière. A cette classe appartiennent les grands lacs de *Constance* et de *Genève*, de *Neuchâtel*, de *Lucerne* et de *Zurich*, à la chute des pentes septentrionales des massifs : les lacs *Majeur*, de *Côme* et de *Garde* dans la région italienne. On les appelle plutôt lacs subalpins que lacs alpestres, à cause de leur position dans la zone préliminaire des montagnes en dehors de la région des grands massifs. Presque tous servent de régulateurs à des cours d'eau venus du cœur de la montagne. — Les hauts lacs, véritablement alpestres, sont plus nombreux que les précédents, mais beaucoup moins grands; ils sont situés à des hauteurs variant entre 2000 et 2700 mètres. Le groupe le plus remarquable est celui du *canton d'Uri*, qui compte près de cinquante petits bassins de ce genre.

Cols et passages. — Grâce à l'isolement des massifs et à la multiplicité des vallées pénétrantes, les Alpes ont pu être traversées par un grand nombre de voies, routes et chemins de fer.

Cinq *chemins de fer* traversent aujourd'hui les Alpes : 1° à l'ouest, l'Italie est unie à la France par le tunnel du **mont Cenis**, long de 13 kilomètres et percé entre les deux vallées de l'Arc et de la Doire Ripaire; 2° le tunnel du **Simplon**, long de 20 kilomètres, unit Brigue sur le Rhône à Domo d'Ossola sur la Tocé, affluent du Tessin; 3° le tunnel du **Saint-Gothard**, long de 15 kilomètres, met en communication la vallée de la Reuss et celle du Tessin, l'Europe septentrionale et l'Europe méridionale; 4° la voie du **Brenner** entre l'Inn et l'Adige unit Innspruck et Vérone; 5° à l'est, une voie ferrée relie Vienne et Trieste par le **Semmering** et le col de **Tarvis**.

Citons également la grande *voie longitudinale* qui unit la France et la Suisse à l'Autriche par le tunnel de l'**Arlberg**. — Au sud des Alpes orientales, une autre ligne longitudinale remonte la vallée de la Drave et rejoint par le col de Toblack la voie du Brenner : elle unit la ligne Vienne-Trieste à la ligne Innspruck-Vérone.

Les *routes carrossables* les plus utiles aux communications sont les suivantes :

1° A l'ouest : le col du *mont Genèvre* rejoint les vallées de la Durance et du Pô, et unit Briançon à Turin. D'autres routes franchissent les cols du *mont Cenis*, du *Petit Saint-Bernard* et du *Simplon*. La dernière de ces routes, construite sous le premier Empire, est une des plus belles de toutes les Alpes.

2° Au centre, la route du *Saint-Gothard*, rendue moins nécessaire depuis la construction du tunnel, met en rapport les vallées du Tessin et de la Reuss. Celles du *Bernardino*, du *Splügen*, du *Septimer*, ouvrent des communications entre les vallées du Tessin et de l'Adda au sud et du Rhin supérieur et de l'Inn au nord.

3° A l'est, la route du *Brenner* est la plus considérable. A partir de ce point, les cols deviennent très bas, et un grand nombre d'autres voies de communication ont pu être établies.

Peuples et États alpestres. — Différentes races ont peuplé les vallées alpestres et s'y disputent aujourd'hui l'influence. La race *slave* compte dans les vallées orientales des Alpes un peu plus de 1 million de représentants. Un pareil nombre d'*Italiens* s'est fixé dans les vallées méridionales. A l'ouest, il y a plus de 2 millions de *Français*. Enfin, au nord et au nord-ouest, les *Allemands*, au nombre de 4 millions, forment le groupe d'hommes le plus important qui vivent dans les Alpes.

Dans cette région se sont formés des *États purement alpestres*, c'est-à-dire dont le développement tient très étroitement à la structure même des Alpes. Le plus remarquable de tous est la *Suisse*, qui se composait à l'origine des hautes vallées débouchant dans la région du lac des Quatre-Cantons. — Le *duché de Savoie*, qui eut une si grande importance dans l'histoire européenne, est le groupement des populations de trois vallées des Alpes, celles de l'Arve, de l'Isère et de l'Arc.

Que de *villes* doivent leur fondation et leur prospérité au voisinage d'importantes vallées des Alpes! *Graz*, en Autriche, marque le point où la Mur débouche en plaine et sort de la vallée montagneuse; *Vérone* marque la fin de la vallée alpestre de l'Adige; *Berne* s'élève à l'endroit où l'Aar débouche dans la basse Suisse, etc.

Sujets de devoirs. — 1. Comparer le relief de l'Europe et le relief des autres continents. — 2. Montrer les rapports entre la distribution des hauteurs continentales de l'Europe et la disposition des profondeurs maritimes. — 3. Comparer les grandes plaines de l'Europe et les plaines asiatiques. — 4. Indiquer la valeur des différents systèmes de montagnes de l'Europe comme frontières politiques. — 5. Les peuples de montagne en Europe. — 6. Montrer quelles sont les grandes voies naturelles du commerce européen d'après la disposition du relief.

CHAPITRE III

Le Climat

Le climat d'une région est déterminé surtout par la quantité moyenne de *chaleur solaire* (température) et de *pluies* qu'elle reçoit.

Température.

Latitude. — L'Europe est située presque tout entière dans la **zone tempérée**. Une faible partie de ses terres, en Suède, en Norvège, en Laponie et en Russie, dépasse le cercle polaire d'environ 500 kilomètres ; au sud, ses caps les plus extrêmes, les pointes de Tarifa, Passaro et Matapan, sont éloignés de 1400 kilomètres de la zone torride.

Mais bien des conditions en dehors de la latitude influent sur le climat. C'est la *mer*, les *courants marins* et *atmosphériques*, l'*altitude*, l'*orientation des systèmes montagneux*.

Influence de la mer et des courants marins. — L'Europe est profondément pénétrée par les eaux océaniques ; l'influence adoucissante de la mer se fait donc très fortement sentir à l'ouest et au sud.

Le climat est spécialement modifié par l'action du *Gulf-Stream*. Ce courant chaud vient baigner les côtes occidentales de France et d'Angleterre ; mais le contingent le plus fort de ses eaux coule entre les îles Britanniques et l'Islande, de sorte que la côte de Norvège et une partie des côtes de Laponie et du Spitzberg, dans l'océan Polaire, sont baignées par lui et protégées des glaces, tandis que sur l'autre rivage de l'Atlantique, les *icebergs* descendent jusque dans les parages de Terre-Neuve sous le 50ᵉ et le 45ᵉ degré de latitude. On a dit très justement que « l'afflux de ces eaux tièdes du Gulf-Stream agit sur le climat comme s'il éloignait le Continent européen de la zone glaciale pour le rapprocher de l'Équateur ».

Caractère des vents. — L'Europe est située dans la zone des *vents variables* de l'hémisphère nord. Ces vents variables n'y ont point tous la même importance. Les vents du *sud-ouest*, contre-courant des alizés, prédominent dans l'Occident de l'Europe, et particulièrement dans les régions voisines des rivages de l'Atlantique. Ce sont des vents chauds et pluvieux, puisqu'ils viennent des basses latitudes de l'Atlantique : c'est aussi du sud-ouest et de l'ouest que viennent généralement les grandes perturbations atmosphériques, les *tempêtes* et les *bourrasques* signalées par la baisse du baromètre et caractérisées par le mouvement giratoire de l'air autour du centre de la dépression. Les trajectoires que suivent les tempêtes atteignant l'Europe ont leur origine dans l'Atlantique et surtout dans l'Amérique du Nord.

Le vent du *nord-est*, froid et sec, est le vent caractéristique de l'Europe orientale.

Le vent d'*est* est continental par excellence, très froid en hiver, très chaud en été, toujours dépourvu d'humidité. La Russie méridionale lui doit ses écarts excessifs de température : il fait descendre le thermomètre à — 20ᵒ en hiver et l'élève en été jusqu'à + 30ᵒ à l'ombre.

Dans la Méditerranée règnent des vents *périodiques de saison*, analogues aux moussons, sans présenter la même régularité. Ce sont les vents *étésiens* qui soufflent chaque année du nord dans l'Archipel vers les mois de juin, juillet et août.

Les différents parages de la Méditerranée ont leurs vents locaux nettement caractérisés : en Grèce, le *Vorias* (Borée), vent glacé et violent, analogue à la *Bora* du nord de l'Adriatique et au *Mistral* de la Provence.

La Suisse est exposée au *fœhn*, vent chaud et sec qui souffle du sud et amène en peu d'heures la fonte des neiges des Alpes et une crue des torrents alimentés par les glaciers.

Influence du relief. — **L'altitude** moyenne de l'Europe est peu considérable. La proportion des hautes terres accumulées en massifs ou en plateaux est trop faible pour produire autre chose que des modifications climatériques locales. Le massif alpestre, le haut plateau des deux Castilles en Espagne, n'exercent leur influence réfrigérante que sur un espace assez restreint. Il n'y a rien là de comparable à la masse des hautes terres et des plateaux de l'Asie centrale, soumise au régime continental le plus excessif du globe.

L'orientation des montagnes a en Europe une action plus considérable que leur masse. Les souffles venus de l'Atlantique ne rencontrent aucun obstacle de l'ouest à l'est, mais les péninsules méditerranéennes, et particulièrement l'Italie, sont abritées contre les vents du nord, et la Lombardie, protégée par les Alpes, jouit d'un climat privilégié, tandis que les massifs du Dauphiné, de la Savoie et de l'Oberland restent couverts de neige pendant un long hiver.

Étude des températures; lois principales. — Il résulte de la combinaison des influences continentale et maritime en Europe :

1° *Qu'à latitude égale, la température devient de plus en plus basse à mesure qu'on avance vers l'est;*

2° *Qu'à latitude égale, il y a un contraste plus grand entre les températures d'hiver et d'été dans l'Europe orientale que dans l'Europe occidentale.*

Lignes isothermes annuelles. — Les deux lignes isothermes extrêmes qui bornent l'Europe sont : au nord la ligne de 0° et au sud celle de + 20°. La première passe par le nord-est de la Russie, par le cap Nord et les caps septentrionaux de l'Islande; la seconde ne coupe l'Europe qu'à l'extrême sud de l'Espagne, vers le cap Saint-Vincent.

La température moyenne de l'Europe est indiquée par l'isotherme de + 10°. Cette ligne est, d'ailleurs, de médiocre signification car elle passe par des pays absolument différents les uns des autres. Au nord-ouest la température constante du climat maritime est souvent voisine de + 10°; au sud-est cette moyenne, forgée par la combinaison d'extrèmes chaleurs et d'extrèmes froidures est imaginaire et de nature à tromper l'esprit. C'est un sophisme que de rapprocher le doux climat anglais du climat continental de la Crimée.

Lignes isochimènes et isothères. — Les lignes isochimènes et isothères font connaître les températures d'hiver et d'été. La plus haute température d'été observée en Europe, abstraction faite de quelques cas exceptionnels, est de + 41°, au sud de la péninsule Ibérique; et la plus basse en hiver de — 50° dans la Russie septentrionale.

Les lignes isochimènes de l'Europe sont beaucoup plus relevées vers le nord que les lignes analogues de l'Asie ou de l'Amérique. Ainsi *Arkhangelsk*, située sous une latitude plus septentrionale que la ville sibérienne de Yakoutsk, ne subit jamais en hiver des froids de — 60° comme cette dernière.

De même, les lignes isothères de l'Europe sont fort abaissées vers le sud. La ligne isothère extrême du sud est celle de + 25° passant par la Morée, la Sicile et la péninsule Ibérique; celle de + 10° coupe la Russie septentrionale, la Laponie et l'Islande méridionale.

Écart des températures. — L'écart des températures va croissant à mesure que l'on s'éloigne de l'Atlantique. C'est que l'on passe du climat maritime au climat continental: cette notion est celle qui donne une juste idée du climat.

Tandis que dans les îles Britanniques l'écart observé entre les températures moyennes du mois le plus chaud et du mois le plus froid ne dépasse pas 10° ou 12°, l'écart s'élève à 22° à Berlin, à 34° à Moscou.

Astrakan, aux bouches de la Volga, présente le type

achevé du climat continental en Europe. En juillet, la chaleur y est plus forte qu'à Rome ; en hiver, le froid y est plus rigoureux qu'au cap Nord. Il y a 70 degrés de différence entre les températures extrêmes.

Marche de la température. — Il n'est pas moins important de considérer comment se fait le passage de la saison froide à la saison chaude, les durées respectives de l'hiver, du printemps, de l'été, de l'automne.

Dans l'Europe orientale, les hivers sont non seulement plus rigoureux que dans l'Europe occidentale, ils sont encore plus longs; le printemps est tardif et très court : l'automne y existe à peine. Ainsi, à Odessa le thermomètre, au 1er mars, marque encore 0°. Il n'atteint + 5° qu'après le 15 avril et monte alors très rapidement à + 22° et davantage en juillet. A Bordeaux, au contraire, le thermomètre est déjà à + 9° au 1er mars et s'élève graduellement jusqu'à + 20° en juillet. Il y a là des différences d'une importance capitale pour la végétation.

En Sicile, la température est constamment supérieure à + 10° et pendant cinq mois les chaleurs dépassent + 20° : dans les Alpes scandinaves, au contraire, les froids sont très prolongés : la température y reste plus de sept mois inférieure à 0°. Ainsi, d'un côté, c'est l'hiver qui disparaît, de l'autre c'est l'été.

Les grands hivers. — Il faut encore signaler les températures exceptionnelles que présentent certaines années.

Le climat de l'Europe occidentale est tempéré, mais non pas régulier. Une même saison peut changer de caractère d'une année à l'autre. Par exemple, les hivers de 1879 et de 1890 furent extrêmement rigoureux, ceux de 1880 et de 1889 exceptionnellement doux. Des différences analogues se présentent entre des étés successifs. On peut encore citer parmi les grands hivers du siècle ceux de 1819, 1829, 1840, 1854, 1870.

Ces hivers exceptionnels offrent ce grand intérêt pour la géographie, qu'ils donnent une impression exacte de l'extrême variabilité de notre climat du nord-ouest opposée à la régularité des climats du sud et de l'est. L'examen d'une carte des pressions barométriques permet, en effet, d'établir que dans ces hivers les vents d'est ont prédominé, repoussant loin du continent les effluves tièdes et les vapeurs de l'Océan. En pareil cas, l'Europe occidentale subit des froids analogues à ceux de la Russie ou du Canada.

Pluies.

L'Europe ne connaît point les énormes pluies des régions tropicales qui peuvent atteindre annuellement jusqu'à 15 mètres. Les vallées de notre massif alpestre les mieux exposées pour recevoir l'humidité atmosphérique, celle du

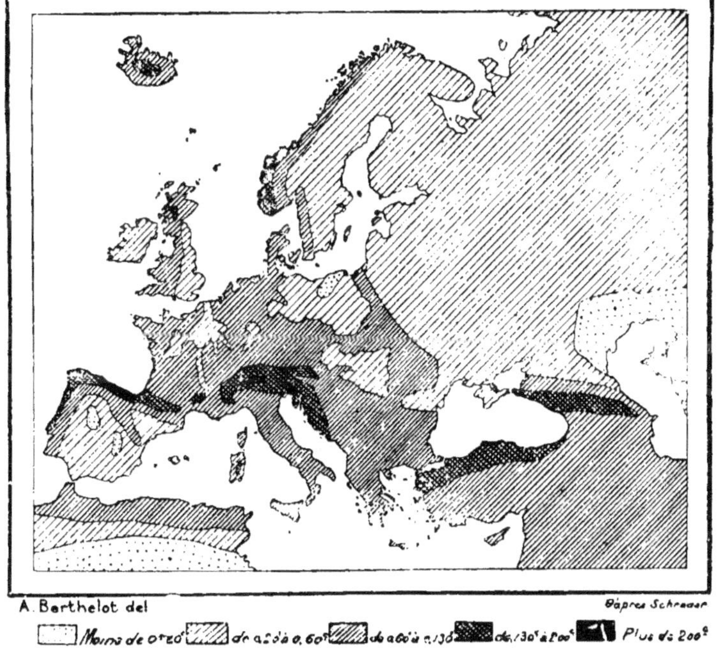

Fig. 23. — Moyenne des pluies annuelles.

Tagliamento, par exemple, sont six fois moins bien partagées. L'excès de sécheresse est également rare en Europe; il n'existe point une étendue notable de son territoire que l'absence de pluies change en désert.

Plus l'altitude d'un pays est considérable, plus il reçoit de pluies. Ce principe a été vérifié en Europe où les plaines sont moins arrosées que les montagnes; ainsi, les pays de plaine y reçoivent en moyenne 0^m,57 de pluies, et les régions montagneuses 1^m,30.

L'Europe est située en très grande partie dans la zone des *pluies d'été* : c'est le régime de l'Europe orientale et centrale. Les péninsules méditerranéennes sont soumises, dans leurs parties méridionales, au régime des *pluies d'hiver*. Entre ces deux zones s'étend une contrée de transition où règnent, soit des pluies d'automne, soit des pluies de printemps, comme dans la France septentrionale et en Angleterre.

Voici quelques exemples : Berlin, sur une quantité de 0^m,60 de pluies annuelles, en reçoit 0^m,22 en été et 0^m,13 au printemps; le reste est à peu près également réparti entre l'hiver et l'automne, qui sont les saisons les plus sèches.

C'est le contraire à Syracuse, qui, recevant seulement 0^m,417 de pluies par an, a la plus grande partie de cette humidité répartie sur l'automne (0^m,175) et l'hiver (0^m,130). Le printemps est sensiblement plus sec (0^m,108); l'été presque dépourvu de pluies (0^m.004).

La zone de transition (Modène, avec 0^m,760) est caractérisée par les fortes pluies d'automne (0^m,243) et de printemps (0^m,207); l'hiver (0^m,152) et l'été (0^m,158) sont beaucoup moins humides.

Il résulte de la combinaison et de la rencontre des influences continentale et maritime en Europe, *que la chute annuelle de pluie diminue à mesure que l'on va d'ouest en est et que le nombre des jours pluvieux diminue en même temps*. Le tableau suivant montre la gradation des deux faits :

	Jours de pluie.	Millimètres de pluie annuelle.
Irlande orientale.	210	950
Angleterre.	156	800
Ouest de la France.	152	625
Est de la France.	147	550
Allemagne centrale.	141	500
Hongrie.	111	425
Russie (Kazan).	90	350
Sibérie (Yakoutsk).	60	225

Contrées à pluies rares. — Les contrées européennes
où les pluies tombent le moins fréquemment sont les
steppes du sud-est, étendues herbeuses ou salines, qui
commencent à l'embouchure du Danube, puis se continuent au nord de la mer Noire et au sud de l'Oural. Pourtant, ce ne sont pas des régions d'une stérilité permanente,
comme les steppes de l'Asie ou les déserts du Sahara ; mais
la sécheresse peut y causer de grands ravages. Ainsi la
Crimée eut à subir, en 1832 et 1833, près de vingt mois de
sécheresse absolue. Les orages sans eau y sont très fréquents.

Action des montagnes sur les pluies. — Les montagnes arrêtent les nuages qu'apportent les vents venus de
l'Océan et déterminent ainsi, dans les régions qui les avoisinent, une répartition très différente des pluies. Le versant
qui est exposé au vent est naturellement le plus arrosé.
Ainsi, le versant des monts espagnols et portugais incliné
vers l'Atlantique, reçoit environ $0^m,70$ de pluies annuelles ;
Lisbonne en reçoit jusqu'à $0^m,95$; les plateaux sont beaucoup moins arrosés ($0^m,40$). — De même, la France occidentale est mieux partagée que la France orientale, l'Irlande
mieux que l'Angleterre.

Les régions climatériques.

Les causes diverses qui influent sur le climat d'un pays
étant examinées, on peut distinguer en Europe trois grandes
régions climatériques : deux zones maritimes, une zone
continentale :

1° *le climat océanique* ;
2° *le climat méditerranéen* ;
3° *le climat continental.*

Les deux régions maritimes sont nettement séparées par
une série de hautes terres qui déterminent des types de
climat spécial : le plateau castillan, les Pyrénées, le massif
central français, les Alpes. Toutefois, les deux zones mari-

times se touchent sur un point : dans l'isthme français, trait d'union entre les climats comme entre les mers.

1° Dans les pays de l'*Europe atlantique*, l'écart entre l'hiver et l'été est modéré. Le trait caractéristique, c'est la durée des saisons intermédiaires, printemps et automne, et la constance de l'humidité (fréquence des pluies et des brouillards).

2° La zone d'influence de la *Méditerranée* s'étend peu en profondeur; entourée de terres surchauffées qui l'assèchent, elle donne peu d'humidité à ses riverains qui ne connaissent guère que les pluies d'hiver; elle ne sauve même pas ses péninsules européennes des vents secs du désert africain.

3° Dans l'*Europe orientale*, au contraire, il y a contraste violent entre les hivers rigoureux et les étés très chauds. Ce contraste est rendu plus saisissant encore par la brièveté des saisons intermédiaires, qui disparaissent presque complètement dans la Russie orientale. Comme second trait caractéristique, il faut noter la rareté des pluies.

Une portion très limitée du continent est comprise dans le domaine du climat *hyperboréen*. La température y est glaciale et ne permet point à la civilisation de s'y développer. Ce sont des régions aussi dépourvues de végétation et aussi désertes que les plus hauts sommets alpestres.

Conclusion. — Grâce à la combinaison de toutes ces influences, grâce surtout à l'action de l'océan Atlantique (vents et courants), l'Europe jouit d'un climat proportionnellement plus doux, plus égal que les autres continents. Elle est beaucoup plus tempérée que les terres de l'hémisphère boréal situées sous la même latitude; la Norvège et le nord des îles Britanniques ont de nombreux habitants, une agriculture et une industrie prospères, à la même distance de l'équateur que le Labrador glacé et désert; la France occidentale jouit d'un climat propice, à une latitude où le Canada subit la rigueur des influences continentales. Naples est aussi proche du pôle que Pékin; cependant, la capitale chinoise connaît à la fois les étés torrides et les hivers rigoureux, et le golfe dont elle est voisine est quelquefois encombré de glaces : la ville italienne est réputée pour la douceur de son climat en toutes saisons. — Faire

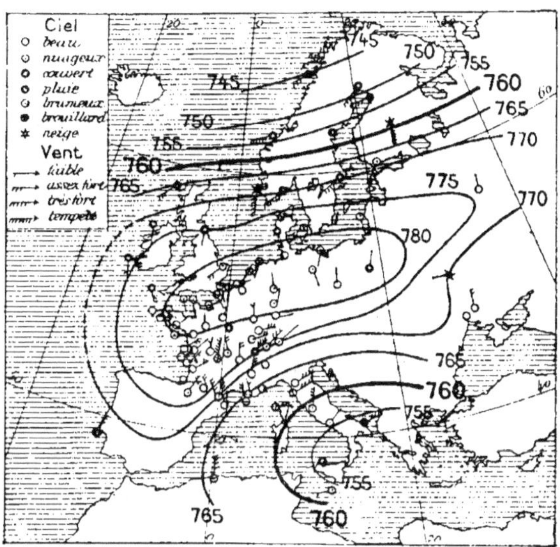

Fig. 24. — Carte synoptique du 2 février 1905.

Exemple des cartes dressées chaque jour par le Bureau central météorologique, qui donnent les lignes d'égale pression atmosphérique, l'indication des vents et l'état du ciel.

ces comparaisons, c'est dire que l'Europe jouit des avantages du climat maritime, sur une vaste étendue.

Sujets de devoirs. — 1. Montrer l'influence de l'Atlantique sur le climat de l'Europe. — 2. Décrire le climat méditerranéen. — 3. Décrire et expliquer la disposition des isothermes d'hiver en Europe. — 4. Les grandes zones climatériques de l'Europe.

CHAPITRE IV

L'hydrographie

L'Europe possède un réseau fluvial dont l'ensemble est bien formé. Elle comprend des régions arrosées en des proportions différentes par les fleuves comme par les pluies qui les alimentent. Aucune partie de l'Europe n'est remarquable comme l'Australie intérieure, l'Asie centrale, le Sahara, par l'absence des eaux courantes; à divers degrés, elle est presque partout dotée de fleuves et de rivières. Mais chacune de ses régions hydrographiques a son originalité.

Principaux centres de dispersion des eaux. — L'Europe possède, dans son massif alpestre, un des condenseurs d'eau les plus importants du globe. Il tombe chaque année, sur le *Saint-Bernard*, une épaisseur de neige de 7 à 8 mètres; on cite des années où le massif du *Grimsel* en a reçu plus de 16 mètres. Ces chutes de neige équivalent à une moyenne de pluie annuelle de 1 mètre à 1^m,50. Aussi les *glaciers alpestres*, tels que ceux de l'*Aar* ou de la *mer de Glace*, ont une épaisseur considérable; on estime que la couche du premier mesure 400 mètres de profondeur, celle du second plus de 150. Le glacier d'*Alestch*, le plus important de tous ces réservoirs, mesure environ 25 kilomètres de longueur et 100 kilomètres carrés de superficie; celui de l'Aar représente un volume de 2 milliards et demi de mètres cubes. La Suisse seule compte un millier de glaciers couvrant une superficie de 2000 kilomètres carrés; le Tyrol en renferme aussi un grand nombre.

Les *Pyrénées* comptent peu de glaciers en comparaison des Alpes. Il y a plusieurs causes à cette indigence relative. D'abord, les Pyrénées ne sont point découpées en massifs que séparent des vallées sinueuses; c'est une crête continue, moins propre à l'accumulation des névés et des glaces que les massifs largement étalés du groupe alpestre. Puis cette crête est située sous un climat plus chaud que les Alpes, où les neiges éternelles descendent moins bas. Enfin, le vent du sud-ouest n'a plus, dans la péninsule Ibérique, le même caractère d'humidité que dans l'Europe du N.-O.; il n'arrive aux Pyrénées que déchargé d'une partie de son fardeau sur les chaînes et hauts plateaux de l'Espagne. — Les glaciers pyrénéens sont tous placés au centre de la chaîne, autour de la *Maladetta*.

Les *Alpes de Scandinavie*, malgré leur altitude médiocre, ont des glaciers importants : c'est que, sous leur latitude, la limite des neiges persistantes descend jusqu'à 1200 mètres : il n'est même pas rare d'y rencontrer des glaciers à 500 mètres seulement au-dessus du niveau de la mer et même plus bas; vers le cap Nord, les flots marins touchent et fondent les glaciers. L'accumulation de glaces la plus considérable des monts de Scandinavie couvre un espace de 900 kilomètres carrés : c'est le *Justedal*.

Les glaciers qui ont le plus d'influence sur le régime des fleuves de l'Europe sont de beaucoup ceux des Alpes. *Ils alimentent quatre des plus grands fleuves de l'Europe :* le **Danube** leur emprunte ses grands affluents de droite, l'Inn, la Drave, sans en recevoir lui-même sa source; le **Rhin** et le **Rhône** plongent au cœur des glaciers par leur cours supérieur. Le **Pô**, né lui-même dans les Alpes, en reçoit encore un énorme contingent d'eau par ses affluents de gauche.

Ces glaciers jouent le rôle de *régulateurs*; au moment où les eaux pluviales sont moins abondantes ou plus rapidement enlevées par l'évaporation, ils restituent une partie du volume perdu. Certaines sources sortant des glaciers sont d'une abondance extraordinaire : ainsi l'Aar reçoit en moyenne par seconde 14 mètres cubes d'eau à la sortie des glaces, et jusqu'à 25 mètres pendant la saison chaude.

L'avantage des fleuves de glaciers de l'Europe sur les fleuves sortis de montagnes moins hautes est évident. Nos cours d'eau de France permettent de faire la comparaison : pendant les mois d'été, la Loire et la Seine subissent des

baisses considérables qui éprouvent la batellerie et l'agriculture. Le *Rhône* échappe à ces causes d'appauvrissement ;

Fig. 25. — Glacier du Rhône à son minimum le 26 août 1900.
(Collection Forel.)

en été, son glacier originaire et ceux auxquels il puise par
ses affluents des *Alpes du Valais* et des *Alpes Bernoises*

lui apportent un tribut si énorme que le lac de Genève monte souvent alors de plus de 2 mètres.

Cependant les eaux des sources situées dans la montagne en dehors de la zone des glaciers; les eaux qui sortent dans la plaine de sources ou de lacs; enfin, le produit du ruissellement pluvial, sont des aliments très importants des

Fig. 26. — Les grands fleuves européens.

fleuves européens. Ainsi, les avant-chaînes calcaires des Alpes, dont les terres perméables permettent aux sources de se former longuement dans un cours souterrain, envoient aux fleuves d'Europe un contingent considérable. Parmi les sources de pays plats, on peut citer tous les lacs qui alimentent la **Volga** naissante, sur le plateau de Valdaï. Un autre fleuve de plaine, la **Néva**, est formée dès sa source, ou plutôt n'a point de source : elle est l'émissaire du *lac Ladoga*.

Les principaux *centres de sources* des cours d'eau européens peuvent être répartis en trois groupes :

1° Les **massifs alpestres** nourrissent un groupe de quatre grands fleuves : *Rhin, Rhône, Pô, Danube.*

2° Autour des Alpes, au nord, à l'est et à l'ouest, les **montagnes secondaires** qui s'y appuient et s'y rattachent, systèmes français et allemand, Karpathes, alimentent des fleuves importants : *Vistule, Oder, Elbe, Weser, Seine, Loire.*

3° Mais le plus grand réservoir d'eaux courantes est, après les Alpes, la portion marécageuse et lacustre de la **Russie centrale** où naissent la *Duna*, le *Dniéper*, la *Néva*, la *Dvina*, le *Don* et la *Volga*, alimentés par les neiges de l'hiver.

Les péninsules méditerranéennes sont beaucoup moins bien partagées : les longues sécheresses d'été tarissent la plupart de leurs sources. Les fleuves espagnols, *Douro, Tage, Guadiana*, ont tous les caractères des *fleuves de plateaux*; ce sont aussi des *torrents*; — mais le *Guadalquivir*, qui draine la plaine d'Andalousie, est beaucoup plus utile.

Direction des pentes et lignes de partage. — Il est impossible de s'en tenir, pour la répartition des fleuves de notre Continent, à la ligne imaginaire des hauteurs qu'on avait autrefois coutume de tracer sans interruption des monts Ourals au cap Saint-Vincent. Mais on peut dire, d'une manière générale, que *les fleuves européens ont deux principales directions*. Les uns coulent vers le nord et les autres vers le sud ; les premiers sont tributaires de l'*Atlantique* et des mers intérieures du nord ; les autres, de la *Méditerranée* et de ses dépendances.

La *plaine orientale* ou *russe*, limitée par le cours du Dniéper, du Boug, de la Vistule, et par la dépression des marais de Pinsk, n'offre point une ligne bien nette de séparation entre les tributaires de la Baltique et de l'océan Glacial d'une part, et ceux de la mer Noire et de la Caspienne de l'autre. Le *faîte de la Russie septentrionale* est une barrière mince et peu élevée entre les domaines fluviaux de la Dvina et les affluents de gauche de la Volga. Le *plateau de Valdaï* est plutôt un centre de dispersion des eaux qu'une ligne de séparation. Le trait saillant des systèmes fluviaux de cette vaste région de plaines est précisément la facilité des communications d'un fleuve à l'autre.

L'*Europe centrale* a-t-elle du moins, grâce au massif des Alpes et à ses dépendances, des Karpathes et des montagnes de France, une ligne de partage bien tranchée entre les versants septentrional et méridional? Pas davantage. La ligne qui passerait par les principaux massifs alpestres et serait continuée par les Karpathes ne saurait être regardée comme une délimitation entre les deux versants. En effet, le *Danube*, cette artère longitudinale de l'Europe, échappe à une classification de ce genre : il s'est frayé une route entre les Alpes et les Karpathes. Que devient la prétendue ligne de partage?

Bassins. — Les bassins (et nous entendons par ce mot *bassin* la surface drainée par un fleuve et par ses affluents) les plus étendus en Europe sont ceux des fleuves de la plaine orientale, où le continent est le plus large et la pente moins nettement marquée. Ainsi, au premier rang est la **Volga**, qui est supérieure aux autres fleuves d'Europe. Pour une longueur de cours de 3 680 kilomètres, elle draine plus de *trois fois l'étendue de la France*. — Vient ensuite le **Danube**, fleuve de plaine dans son cours inférieur, et très développé par ses affluents de Hongrie et de Roumanie, la Theiss et le Pruth, dans les régions planes de l'Europe. Cependant il n'est pas comparable à la Volga, n'ayant que 800 000 kilomètres carrés de superficie de bassin pour 2 888 kilomètres de longueur. La Volga a une superficie de bassin double pour une longueur de cours supérieure à peine d'un tiers. — Dans la même contrée plate du sud-est de l'Europe, le *Dniéper* et le *Don* ont des domaines d'une superficie égale à celle de la France.

Longueur et volume. — On a calculé que l'Europe possède environ 230 000 cours d'eau d'une longueur supérieure à 2 kilomètres. Un seul, la *Volga*, dépasse 3000 kilomètres; le Danube et le Dniéper viennent ensuite; 11 sont longs de plus de 1000 kilomètres; 17 de plus de 500.

Moins arrosée que les pays de climat tropical maritime ou de moussons, l'Europe a des fleuves d'un moindre volume. Auprès de l'Amazone, dont le débit moyen est de 80 000 mètres cubes par seconde, du Congo (60 000 m. cubes), du Rio de la Plata (42 000 m. cubes) et du Yangtsé-Kiang (20 000 m. cubes), le plus abondant de nos cours d'eau, le *Danube* (9000 m. cubes), est d'importance secondaire. La *Volga* est de valeur moindre encore.

Après ces deux magnifiques cours d'eau, les plus majestueux de notre Continent, viennent deux fleuves de plaine, la *Néva* (3000 m. cubes) et le *Dniéper* (2800 m. cubes), puis seulement en troisième ligne les cours d'eau issus des Alpes, le *Rhin* (2000 m. cubes), le *Rhône* et le *Pô* (1700 à 1800 m. cubes). — En temps de crue, le Danube double son débit, le Rhône devient sept fois plus abondant.

Régime. — Les fleuves de l'Europe *orientale*, gelés en hiver, subissent chaque année une crue importante à la fin du printemps. — Les *fleuves alpestres*, alimentés par les glaciers, ont des crues moins régulières, mais encore très considérables en été. — Les fleuves de l'*Europe occidentale*, nourris par des pluies fréquentes et douces, sont assez réguliers; — ceux de l'*Europe méditerranéenne*, vrais torrents, gonflent ou s'assèchent avec une égale rapidité; mais ils ont beaucoup plus d'eau en hiver qu'en été.

Navigabilité. — Les deux conditions essentielles de la navigation fluviale étant l'abondance des eaux et la médiocrité des pentes, il est évident que les fleuves de plaine distribués à l'est, au nord et au nord-ouest de l'Europe sont les plus accessibles à la navigation. Ainsi, dans la plaine russe, la **Volga** forme avec ses affluents un réseau navigable de plus de 12 000 kilomètres; citons, à l'autre extrémité du Continent, l'**Escaut** et le *cours inférieur* de la **Seine** et de la **Tamise**. Le **Danube**, par la masse de ses eaux, autant que par la direction de son cours, est aussi une précieuse voie de navigation.

Si l'on compare entre eux les fleuves de l'Europe accessibles à la navigation, on remarque donc la supériorité des cours d'eau dont la plus grande partie est située en plaine. Au premier rang, la *Volga*, navigable presque à sa source, offre aux communications $\frac{16}{17}$ de sa longueur; le *Danube* ($\frac{11}{12}$), le *Dniéper*, l'*Escaut*, la *Vistule* ($\frac{9}{10}$), la *Seine* ($\frac{4}{5}$), sont aussi très accessibles à la navigation; au second rang, doivent être cités les fleuves dont le cours supérieur appartient aux montagnes, le *Rhin* et le *Rhône*; les deux tiers seulement de leurs chenaux sont utilisés. — Les cours d'eau encaissés dans des plateaux, dont ils franchissent les pentes par des rapides offrent une proportion beaucoup moindre encore : c'est le cas de plusieurs des fleuves de la péninsule Ibérique, du *Tage* et du *Douro*, navigables à peine sur un quart de leur cours, et dans la péninsule italique, du *Tibre*, seulement sur un dixième.

Il faut aussi tenir compte des irrégularités du débit et des interruptions qu'entraînent pour la navigation les *sécheresses* ou les *gelées*. Les fleuves méditerranéens roulent trop peu d'eau en été pour porter bateau. Les fleuves russes, si utiles au contraire en été, sont pris par les glaces pendant plusieurs mois chaque hiver. Le Danube, quoique s'écoulant vers le sud-est, traverse des pays à climat de plus en plus continental et reste gelé pendant deux mois dans presque tout son cours. Seules les rivières de l'Europe occidentale, c'est-à-dire les plus petites, comme l'Escaut, la Tamise et la Seine, permettent un trafic à peu près continu.

Travail des fleuves. — L'érosion des fleuves modifie sans cesse leur lit, leurs rives et leurs embouchures. Les fleuves rapides et sujets à de fortes crues, comme le *Rhin*, le *Danube*, le *Pô*, construisent de nombreuses îles dès qu'ils arrivent en plaine, et un **delta** à leur embouchure. Les fleuves plus réguliers et plus lents des plaines baignées par l'Atlantique et la mer du Nord se terminent, au contraire, par des **estuaires** accessibles à la grande navigation : Seine, Escaut, Tamise, Elbe.

Le Danube. — Bien plus par ses affluents de droite

Fig. 27. — **Le Danube de Weltenburg à Kelheim (Bavière).**
(Cliché L. L.)

que par ses sources, le Danube est un fleuve alpestre. Il prend sa source à 800 mètres d'altitude dans la Forêt-Noire et se jette dans la mer Noire après un cours de 2850 kilomètres. Son débit moyen est de 9000 mètres cubes par seconde. — Il traverse l'Europe de l'ouest à l'est en coupant divers bassins.

1° *Bassin bavarois.* — Dans ce bassin, le Danube décrit une courbe dont Ratisbonne occupe le sommet. Il reçoit sur sa rive gauche l'Altmuhl, sur sa rive droite le Lech, l'Isar et l'Inn. — Il en sort à Passau.

2° *Bassins autrichiens.* — Dans le bassin de Linz, le Danube reçoit la Traun et l'Enns ; dans le Marchfeld, il passe à Vienne et reçoit la March ou Morawa.

3° *Bassin hongrois.* — Jusqu'à Waitzen, le Danube coule de l'ouest à l'est ; mais, en ce point, les contreforts des Karpathes l'obligent à se diriger du nord au sud. Ses grands affluents vont maintenant lui imprimer leur direction : la Drave, de l'ouest à l'est ; la Theiss, du nord au sud : la Save, de l'ouest à l'est jusqu'aux Portes de Fer.

Le bassin hongrois est très plat ; le Danube y devient très large, embrasse des îles et décrit des méandres ; il inonde souvent ses rives, qui sont marécageuses.

Il arrose Budapest, Péterwardein, Belgrade. — Il reçoit des Alpes la Drave et la Save, de la plaine hongroise la Theiss.

De Waitzen aux Portes de Fer. le Danube ne descend que de 21 mètres.

4° *Bassin roumain.* — Le Danube pénètre dans le bassin roumain par le défilé des Portes de Fer, long de 100 kilomètres ; à l'endroit le plus resserré, près d'Orsova, le fleuve n'a plus que 112 mètres de large : il en avait 500 auparavant ; mais sa profondeur, qui était de 14 mètres, atteint 60 mètres, et sa vitesse 28 mètres à la seconde.

D'importants travaux, terminés en 1896, ont permis aux bateaux d'utiliser le passage.

Le Danube passe ensuite entre la rive haute et salubre de Bulgarie où se trouvent les villes de Widdin, Routschouk, Silistrie, et la rive basse, marécageuse, malsaine et déserte de Roumanie.

Il reçoit à droite le Timok et l'Isker : à gauche, l'Aluta, le Sereth et le Pruth.

Le Danube se jette dans la mer Noire par trois bouches : Kilia, Sulina, Saint-Georges. La bouche de Sulina est seule navigable : elle a 6 à 7 mètres de profondeur. — Le delta a 2750 kilomètres carrés ; il est presque entièrement couvert de roseaux.

Grande voie naturelle d'Europe en Asie, le Danube a été la route suivie par les invasions des Barbares en Occident ; en même temps que la route suivie par les Européens pour aller combattre les Barbares.

C'est une importante voie internationale de commerce ; la navigation commence à Ratisbonne.

Le Rhin — Le Rhin est un grand chemin historique et économique perpendiculaire à l'axe général de l'Europe.

Il mesure 750 kilomètres en ligne droite, plus de 1300 avec les sinuosités. Il est tour à tour suisse, allemand et hollandais.

On peut diviser son cours en quatre parties : 1° de sa source à Bâle ; 2° de Bâle à Bingen ; 3° de Bingen à Bonn ; 4° de Bonn à la mer.

1° Dans son cours supérieur, le Rhin draine les deux tiers de la Suisse. Il naît au Saint-Gothard, traverse le lac de Constance, passe à Schaffhouse (chutes), reçoit l'Aar grossi lui-même de la Reuss et de la Limmat. A cause des glaciers alpestres, l'Aar a plus d'eau que le Rhin.

Jusqu'à Bâle, le Rhin est un torrent, à cause de la rapidité de la pente et de l'inégalité du débit.

2° De Bâle (248 m.) à Bingen (78 m.), le Rhin coule dans la belle plaine de l'Alsace, entre la Forêt-Noire et les Vosges. — De Bâle à Strasbourg (137 m.), le fleuve est encore rapide ; ensuite il est beaucoup plus lent. Il embrasse de nombreuses et vastes îles ; sa largeur varie de 250 à 500 mètres. La navigation devient très active. — Sur sa rive gauche, il reçoit l'Ill grossie des torrents vosgiens ; sur sa rive droite, le Neckar et le Main.

3° De Bingen à Bonn, le Rhin coule entre de hautes

murailles schisteuses : le Hunsruck-Taunus et l'Eifel-Westerwald sont perpendiculaires au fleuve, c'est la *trouée héroïque*. — A Coblentz se jette la Moselle ; sur la rive droite la Lahn et la Sieg.

4° De Bonn à la mer, le Rhin traverse une vaste plaine basse. A droite se trouve le pays minier de la Ruhr, à gauche le grand centre industriel de Crefeld.

Près d'Emmerick, le Rhin entre en Hollande. Il se divise

Fig. 28. — Le Rhin : Le Chat et la Lurlei.

(Cliché L. L.)

en trois bras principaux : le Vaal, qui emporte les deux tiers des eaux ; le Lech, l'Yssel, qui va se jeter dans le Zuiderzée. Le Lech envoie le Vieux Rhin dans la mer du Nord : ce n'est guère qu'un ruisseau.

Le débit moyen du Rhin est de 2000 mètres cubes à

la seconde; mais, en temps de crue, il va jusqu'à 10 000.

Le Rhin est la voie directe entre la mer du Nord et l'Europe centrale. Sur ses bords sont des villes remarquables : Bâle, Mannheim, Mayenne, Cologne, Rotterdam.

Depuis 1870, l'Allemagne a dépensé plus de 400 millions pour régulariser le cours du Rhin; le tonnage a plus que décuplé. Mannheim a des quais et des bassins très étendus; son tonnage atteint 6 millions de tonnes : celui de Ruhrort-Duisbourg dépasse 13 millions : son mouvement est plus important que celui de Marseille.

Lacs. — L'Europe ne possède point de bassins lacustres comparables à ceux de l'Amérique du Nord. Les lacs sont de proportions moins grandioses, mais ils sont très nombreux. Souvent on les divise en deux catégories : lacs de montagne et lacs de plaine.

Les lacs de montagne et les *lacs alpestres* en particulier, ne sont point tous disposés de même dans l'ensemble du système orographique. Les uns, et ce sont les plus petits, sont contenus dans les bassins des régions les plus élevées de la montagne : leurs eaux sont gelées

Fig. 29. — Superficie comparée des lacs de Genève, Ladoga et Supérieur.

pendant plusieurs mois. Les autres, parmi lesquels les lacs de *Constance*, de *Genève*, et les lacs italiens : *Majeur*, de *Côme*, sont situés dans les chaînes calcaires, à l'entrée du système montagneux.

Les lacs de plaine sont surtout nombreux au nord et au nord-est de l'Europe. Le Mecklembourg en compte plus de trois cents; en *Finlande*, le sol *granitique* est couvert d'un chapelet continu de lacs communiquant entre eux. En Suède, le système fluvial est déjà mieux formé et l'écoulement plus régulier : l'eau a trouvé une pente normale et a créé son lit. — En Russie, les lacs sont plus isolés, de

formes mieux définies, bien qu'un grand nombre d'entre
eux restent encore en communication. — Le même progrès
d'asséchement du sol peut s'observer en Hongrie, où le lac
Balaton est le reste d'une plus grande étendue lacustre.

Ajoutons à ces deux grandes catégories celle des *lacs*

Fig 3o. — Côme. Le 2ᵉ bassin du Lac.
(Cliché L. L.).

volcaniques, beaucoup moins nombreux d'ailleurs : nous
en avons des exemples en France (Auvergne).

Par leur superficie, les lacs européens ne sont point
parmi les plus importants du globe. Le plus grand de nos
lacs, le *Ladoga* (18 000 kilomètres carrés), n'est pas tout à
fait l'égal du lac canadien d'Ontario, et il représente à peine
un quart du lac Supérieur.

Les lacs les plus importants pour le régime des cours d'eau européens sont : les grands lacs russes, qui donnent naissance à des fleuves considérables, puis les lacs des avant-chaînes alpestres, ceux de Constance et de Genève qui servent de *régulateurs* aux torrents dont s'alimentent le Rhin et le Rhône. Grâce aux premiers, les fleuves de plaine, abondants dès leur naissance, sont rapidement accessibles à la navigation; grâce aux seconds, les crues terribles qu'amènerait une fonte très rapide des glaciers sont évitées, par leur répartition sur une vaste surface.

Conclusion. — Après les deux Amériques, l'Europe est le Continent le mieux doté de voies navigables. L'Asie possède de plus beaux et plus longs sillons fluviaux, le Yang-tsé-Kiang, le Gange, l'Iraouaddy, les fleuves sibériens; mais ce sont des voies coupées et isolées les unes des autres par de grandes masses montagneuses. L'Europe est plus solidaire. On n'y compte point une surabondance de torrents au lit rocheux et mal frayé, de fleuves franchissant par des cataractes les pentes des plateaux.

Le bienfait de ses voies fluviales complète celui de ses mers. Le Danube ajoute ainsi par les eaux de son cours inférieur, larges et profondes, aux commodités que donnait déjà l'entaille de la mer Noire. Enfin, à l'intérieur même de notre Continent, la moyenne et la petite batellerie ont leurs artères, la Volga, le Danube, le Rhin, la Seine, etc. Dans des contrées comme la Hollande, la Belgique et la Flandre française, les eaux douces répandues en innombrables canaux, grâce à la faiblesse des pentes, multiplient la facilité des communications.

Sujets de devoirs. — 1. Comparer les fleuves de l'Europe aux grands fleuves d'Asie et d'Amérique. — 2. Les glaciers. — 3. Les fleuves à crues périodiques en Europe. Indiquer les saisons pendant lesquelles se produisent leurs inondations. — 4. Classer les fleuves européens d'après les facilités qu'ils offrent à la batellerie et à la navigation maritime. — 5. Décrire les estuaires des principaux fleuves. — 6. Les deltas. — 7. Décrire les lacs alpestres. — 8. Comparer les lacs suédois et finlandais aux grands lacs canadiens.

CHAPITRE V

Les ressources naturelles

Régions minières. — L'Europe n'est point le continent le plus favorisé par l'accumulation dans son sol des minéraux nécessaires à l'industrie ou des métaux précieux. Mais les progrès prodigieux de sa civilisation et le développement des sciences lui ont permis de devancer d'autres régions beaucoup plus riches par l'emploi méthodique et intelligent de ses ressources restreintes.

Houille. — La quantité de **houille** que renferme le sous-sol de l'Europe est bien petite en comparaison des amas dont on a constaté la présence en *Chine* et aux *États-*

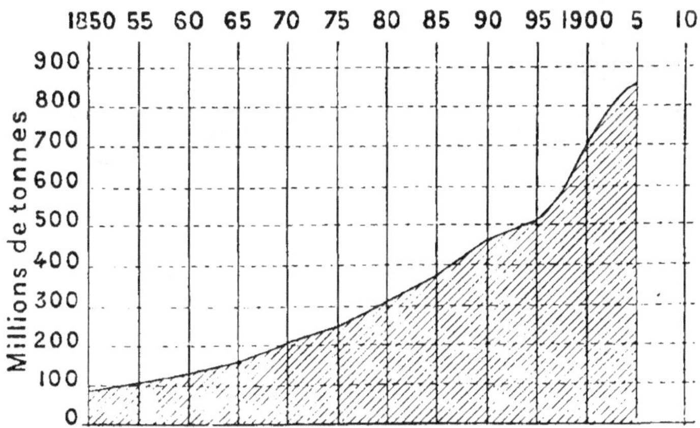

Fig. 31. — Production de la houille dans le monde entier depuis 1850.

Unis. Cette partie de l'Amérique possède des bassins houillers dont un seul, le bassin apalachien, est environ dix fois plus puissant que tous les bassins d'Angleterre réunis. La

Chine est encore plus riche dans ses provinces centrales et septentrionales. — Mais l'exploitation de ces mines gigantesques étant peu avancée, sauf aux Etats-Unis, l'Europe garde l'avantage. On extrait actuellement de ses houillères environ 450 millions de tonnes de combustible. La *Grande-Bretagne* est au premier rang et en fournit à elle seule plus de la moitié (272 millions de tonnes); viennent ensuite l'*Allemagne* (200), puis la *France*, la *Belgique* et l'*Autriche-Hongrie*.

Pétrole. — Le **pétrole** est très abondant dans le Caucase: la production de la Russie n'est dépassée que par celle des États-Unis.

Fer. — L'Europe possède des minerais de **fer** d'une très grande richesse. Les mines de fer y sont surtout exploi-

Fig. 32. — Production comparée du minerai de fer.

tées dans le voisinage des houillères, où on peut les traiter plus économiquement.

La production du minerai brut en Europe dépasse 75 millions de tonnes par an ; 20 millions proviennent de l'*Allemagne*, 16 de l'*Angleterre*, 10 de la *France*, 9 de l'*Espagne*; viennent ensuite la *Belgique*, l'*Autriche*, la *Russie*, la *Suède*. Seuls les États-Unis d'Amérique, avec leurs 54 millions de tonnes, sont en mesure de faire concurrence à l'industrie européenne des fers.

L'Europe est non seulement bien dotée par la nature, mais la supériorité que lui donnent la science et l'industrie se fait encore mieux sentir. Elle envoie ses produits métallurgiques, charpentes, navires, machines, outils, armes, dans toutes les parties du monde.

Cuivre, plomb. — L'*Espagne* occupe le premier rang en Europe pour la production du **cuivre** avec ses mines de Rio-Tinto; mais sa production métallurgique (30 000 tonnes) est loin d'absorber tout le minerai brut qui sort de son sol; une grande partie est travaillée par l'industrie anglaise qui garde le premier rang; au second rang se place l'*Allemagne*; puis vient la *Russie*, qui a développé cette exploitation dans l'Oural.

Mais l'Europe tire des autres parties du monde une grande portion du minerai qu'elle traite. Les *États-Unis* et le *Chili* en expédient vers les centres industriels de notre continent, et, en particulier, vers *Swansea* (pays de Galles).

L'Europe produit annuellement 500 000 tonnes de **plomb** dont 264 000 sont la part de l'*Espagne*. Au second rang se place l'*Allemagne* avec 150 000 tonnes. L'Angleterre, la France, la Belgique, l'Italie, la Grèce viennent ensuite.

Étain, zinc, mercure, platine, etc. — L'**étain** fut exploité en Europe dès la plus haute antiquité : les Phéniciens, puis les Grecs de Marseille allaient le chercher dans les mines de Cornouailles; il leur était nécessaire pour la fabrication des objets de bronze. Aujourd'hui encore l'*Angleterre* possède le principal gisement de ce métal; sur l'ensemble de la production européenne, elle fournit plus de 15 000 tonnes. Le reste est produit par l'*Allemagne*, la *Suède*, l'*Espagne* et l'*Autriche-Hongrie*.

L'Europe produit plus de 1 200 000 tonnes de minerai de **zinc**, dont 700 000 sortent des exploitations *allemandes*; les principales mines sont ensuite celles de l'*Espagne*, de l'*Italie*, de la *France*, de la *Belgique* et de la *Sardaigne*.

La plus riche mine de **mercure** est située en *Espagne* (*Almaden*), où la production dépasse 850 tonnes; la plus considérable est ensuite celle d'*Idria* en Autriche-Hongrie.

L'Allemagne (mines du Palatinat) et l'Italie en fournissent de moindres quantités.

Le **platine**, métal d'une très grande valeur, ne se rencontre en Europe que dans la région de l'Oural, qui en fournit annuellement de 5 à 6000 kilos valant environ 10 millions de francs.

Métaux précieux. — L'exploitation annuelle ne fournit guère que 20 tonnes d'**or**, extrait du sol de la *Russie* et de l'*Autriche-Hongrie*, 170 tonnes d'**argent** venant d'Espagne, de Grèce, de Russie, d'Allemagne, etc. Mais, à part les États-Unis, les gisements de métaux précieux situés hors d'Europe sont la propriété coloniale d'États européens.

Sel, soufre. — L'Europe exploite le **sel**, soit dans des mines comme celles de *Wielicza* (près de Cracovie), de *Lorraine* et de *Franche-Comté*, soit dans des marais salants (côtes de l'Océan et de la Méditerranée en France).

Le **soufre** est produit presque exclusivement par l'*Italie*, qui exploite près de 500 soufrières en Sicile.

Conclusion sur la production minérale. — Le continent européen est donc pauvre en métaux précieux, mais assez richement doté des produits minéraux utiles à l'industrie.

Grandes zones de végétation. — La zone tempérée de l'Europe se prolongeant, grâce aux influences océaniques, beaucoup plus au nord que dans l'Asie et l'Amérique septentrionale, les végétaux qui caractérisent les régions de la zone tempérée ont sur notre continent un domaine très large du nord au sud : les céréales et la vigne se récoltent encore en Europe sous les latitudes où ces plantes ne poussent plus ni en Asie ni en Amérique.

L'altitude moyenne de l'Europe est peu considérable ; il n'y a donc pas de ce fait des surfaces importantes de son territoire dépourvues de toute culture. Enfin, la répartition assez bien proportionnée de l'humidité empêche l'existence de surfaces désertes.

Les végétaux européens ne sont pas de croissance aussi

rapide que ceux des pays tropicaux; mais ils sont très variés.

Répartition de la végétation. — L'Europe septentrionale présente d'abord les végétaux communs aux régions voisines des pôles, *mousses*, *lichens*, de chétifs arbrisseaux, tels que le *rhododendron* et le *saule nain.*

Puis viennent les **forêts** composées, dans l'Europe septentrionale, de *bouleaux*, de *pins*, de *sapins*, de *mélèzes*, arbres qu'on ne retrouve plus dans l'Europe centrale et méridionale que sur les pentes des hautes montagnes; les forêts de l'Europe centrale présentent le *frêne*, l'*érable*, le *tilleul*, le *chêne* le *peuplier*, le *châtaignier*; les vergers nous montrent le *poirier*, le *noyer*, le *pommier*, le *cerisier.* — L'Europe centrale est aussi la grande région des **céréales** et de la **vigne**.

Mais sur les rives de la Méditerranée, la végétation est fort différente; dans les forêts, moins vastes qu'au nord, paraissent les arbres à feuillage toujours vert : le *chêne vert*, le *chêne-liège*, le *pin parasol*, le *cyprès*, l'*if*, le *platane*, le *sycomore*, le *myrte*, les *lentisques*, le *laurier-rose*; dans les vergers, le *figuier*, l'*oranger*, le *citronnier*, le *mûrier*; l'*olivier* est un arbre essentiellement méditerranéen; parmi les céréales prennent place le *maïs* et le *riz.*

Principales ressources agricoles. — 1° *Exploitation forestière.* — Les plus grandes étendues de **forêts** avoisinent la zone subpolaire : la *Russie* y compte jusqu'à 200 millions d'hectares de forêts, la *presqu'île scandinave* plus de 23 millions.

Dans l'Europe centrale, les forêts couvrent surtout les régions montagneuses des *Alpes* et des *Karpathes* où se rencontrent les mêmes conditions climatériques que dans le voisinage de la zone subpolaire : plus de 18 millions d'hectares.

Dans l'Europe méridionale, c'est aussi l'élévation du sol en massifs montagneux qui explique l'existence de forêts considérables; les arbres y occupent à peu près le même espace que dans l'Europe centrale, sur les hauts plateaux et les chaînes de l'Espagne, sur les sommets du haut Apennin, et dans les *Balkans.*

L'Europe occidentale, pays de cultures savantes, ne compte plus que 2 millions d'hectares de forêts.

2° *Céréales.* — La culture des **céréales** est une des plus importantes de l'Europe; sa production annuelle dépasse 1 milliard 700 millions d'hectolitres. La *Russie* seule, avec ses grandes plaines et ses terres noires, en produit plus du tiers (650 millions); viennent ensuite la *France* et l'Allemagne (300 millions); puis l'Autriche-Hongrie (180 millions), l'Angleterre (150 millions).

Les principales terres à **blé** sont : au premier rang celles de *France*, qui produisent chaque année près de 120 millions d'hectolitres, et celles de la *Russie méridionale* (200 millions d'hectolitres), ensuite celles d'Italie, de Hongrie, de Roumanie, de Turquie et d'Angleterre méridionale.

Le **seigle** croît dans les terres plus pauvres et plus froides de l'Allemagne du Nord, des Pays-Bas et de la haute Autriche; l'**orge** et l'**avoine** sont les céréales caractéristiques de l'Europe septentrionale, de l'Allemagne du Nord, du Danemark et de la péninsule scandinave.

Les péninsules de l'Europe méridionale, avec un climat plus chaud, mais des terres plus maigres et plus élevées, cultivent le **maïs** et le **millet**.

3° Parmi les *cultures industrielles*, les plus importantes sont celles de la **pomme de terre** et de la **betterave**. La pomme de terre prospère surtout dans les terres de l'*Allemagne du Nord*, des provinces baltiques de la *Russie*, de l'Autriche et de la France, des îles Britanniques, de la Belgique et de la Hollande, c'est-à-dire dans les *terres sablonneuses* et moins riches que les champs à céréales.

Les principaux pays producteurs de *betterave* sont : au premier rang l'*Allemagne* et l'*Autriche-Hongrie*, au second la France et la Russie.

4° *Vigne.* — La culture arborescente la plus remarquable de l'Europe est celle de la **vigne**. La limite septentrionale au delà de laquelle le raisin parvient difficilement à maturité est à peu près marquée par le 52ᵉ degré de latitude; et même à l'est, où le climat est continental, la culture n'en est plus rémunératrice au delà du 47ᵉ; ainsi, dans la région viticole au centre de laquelle se trouve Astrakan, on est forcé d'enterrer les vignes pendant l'hiver pour les protéger contre les gelées. Le premier rang parmi les pays producteurs de vin appartient à la *France*; ensuite les régions les mieux dotées sont l'*Italie*, l'*Espagne*, la *Hongrie* et le *Portugal*.

Animaux de l'Europe. — Les contrées les plus septentrionales de l'Europe présentent les animaux ordinaires de ces pays, *phoque, morse, ours blanc, renard polaire, loutre de mer, martre, zibeline, hermine, renne*; comme oiseaux, le *plongeon*, le *goéland*, le *pingouin*, la *mouette*, le *pétrel*.

Cependant, dans le reste de l'Europe, les différences de climat, sauf entre la plaine et la montagne, ne sont, en général, pas assez marquées pour que les animaux ne puissent passer d'un pays à un autre. Aussi retrouve t-on à peu près partout les mêmes espèces; parmi les carnassiers, l'*ours brun*, le *lynx*, le *renard*, le *loup*, la *belette*, la *loutre*, la *fouine*; parmi les pachydermes, le *sanglier*; comme ruminants, le *cerf*, le *chevreuil*, le *daim*; parmi les rongeurs, le *lièvre*, l'*écureuil*, le *lapin*; comme oiseaux, le *milan*, l'*épervier*, la *perdrix*, le *geai*, le *corbeau*, l'*alouette*, le *faisan*. Les reptiles les plus répandus sont la *vipère* et la *couleuvre*. Aux régions méditerranéennes appartiennent la *martre de Sardaigne*, la *chèvre sauvage de Crète*, le *mouflon*. On ne trouve que dans les régions montagneuses le *bouquetin*, la *marmotte*, le *chamois*, l'*aigle* et le *gypaète barbu*.

Fig. 33. — **Cerf mâle.**

Principales ressources animales. — 1° *Pêches.* — Une exploitation trop avide a fait perdre à l'homme une partie des ressources que lui offrait la faune des mers européennes. Les *baleines* et les *phoques*

des mers glaciales, pourchassés sans mesure, ont presque complètement disparu des parages accessibles à la navigation ordinaire. Les
marins pêchent surtout aujourd'hui les *morues* et les *harengs* dans
les mers du Nord, les *sardines* et les *maquereaux* sur les côtes de
l'Europe occidentale, les *thons* dans la Méditerranée, les *esturgeons*
dans la mer d'Azov et dans la Caspienne. Le *corail* se rencontre sur
certains récifs des côtes d'Italie, et les *éponges* dans les parages de l'Archipel grec.

2° *Animaux domes-tiques.* — La civilisa-tion de l'Europe a fait disparaître en grande partie sa faune d'ani-maux sauvages. L'éle-vage des animaux do-mestiques est devenu une des grandes res-sources des nations agri-coles de notre continent.

Fig. 34. — Ours blanc.

Les *chevaux* (36 millions) et les *bœufs* (90 millions) sont élevés en
Russie, en *Allemagne*, en *France*, en *Autriche-Hongrie* et en *Angleterre*; l'Europe méridionale est moins bien partagée à cet égard que
les plaines de l'orient, du centre et de l'occident. Les *moutons* (200 millions) sont nombreux en Russie, en France, en Allemagne, en Autriche-
Hongrie et en Espagne.

Vers à soie. — L'élevage des vers à soie est des plus importants
pour l'industrie européenne; l'Italie, la France, l'Autriche-Hongrie,
l'Espagne s'y adonnent avec succès. Cependant l'Europe ne se suffit
pas et importe beaucoup de soie brute de la Chine et du Japon.

Sujets de devoirs. — 1. Classer les États européens d'après leur
richesse minière et montrer les effets de l'abondance de la houille en
Angleterre, en Allemagne et en Belgique. — 2. Nommer et décrire les
principaux centres miniers de l'Europe. — 3. Décrire la végétation
méditerranéenne et expliquer, par le climat, ses caractères et sa distribution en Europe. — 4. Les forêts de l'Europe et les forêts du Canada.
— 5. Nommer les pays d'élevage en Europe. — 6. Expliquer par le
climat et la nature du sol la distribution des céréales en Europe. —
Quels sont les pays qui nourrissent l'Europe? — Quels sont ceux qui
ne se suffisent pas à eux-mêmes? — 7. Expliquer la distribution des
arbres fruitiers et de la vigne. — 8. Quels sont les pays qui vivent de
la pêche?

DEUXIÈME PARTIE

GÉOGRAPHIE RÉGIONALE

CHAPITRE PREMIER

Le Royaume-Uni de Grande-Bretagne et d'Irlande

Géographie physique.

Situation. — Les îles Britanniques, ou Royaume-Uni d'***Angleterre***, d'***Écosse*** et d'***Irlande***, couvrent une superficie de 315 000 kilomètres carrés, c'est-à-dire à peine la trentième partie de l'Europe. Outre les deux îles de Grande-Bretagne et d'Irlande, l'archipel comprend les groupes des *Hébrides*, des *Orcades* et des *Shetland* au nord, *Man* et *Anglesey* dans la mer d'Irlande, les Sorlingues ou *Scilly* au sud-ouest, l'île de *Wight* au sud, enfin *Guernesey* et *Jersey* sur la côte de France.

L'Angleterre a retiré de grands avantages de sa **situation insulaire**. Elle n'a pas eu, comme la plupart des peuples européens, à combattre pour son indépendance; elle n'a pas eu ses frontières à défendre contre de belliqueux voisins, et elle a pu consacrer à développer sa richesse le temps que les autres perdaient à protéger leur territoire. — D'ailleurs la mer est partout présente: — les rivières sont courtes, mais leurs larges estuaires, remontés par la marée, permettent aux navires d'arriver jusqu'au cœur du pays; — les côtes, bien découpées, présentent de nombreux abris ; — tout permettait donc à l'Angleterre de devenir une puissance maritime, commerciale et coloniale.

L'Écosse occupe 79 000 kilomètres carrés, l'Irlande 84 000, l'Angleterre avec le pays de Galles 151 000.

Configuration générale. — Allongée du sud au nord sur une longueur de 900 kilomètres, la Grande-Bretagne présente des largeurs décroissantes et forme une série d'isthmes de plus en plus étroits entre les golfes qui la pénètrent :

200 kilomètres entre la Severn et la Tamise ;
125 kilomètres entre la Mersey et l'Humber ;
60 kilomètres entre la Clyde et le golfe du Forth.

Relief du sol. — Les montagnes de la Grande-Bretagne n'ont qu'une *altitude médiocre* : aucun sommet n'y atteint 1400 mètres.

L'*Écosse* se distingue nettement du reste des Iles Britanniques par son sol plus accidenté et plus pauvre. Elle est presque entièrement couverte de montagnes (*Highlands*, hautes terres) qui ne laissent entre elles qu'une plaine peu étendue, une sorte de large vallée, le *Strathmore*, entre le Forth et la Clyde. C'est dans cette dépression (*Lowlands*, basses-terres) que s'est concentrée toute l'activité industrielle et que se groupe la majeure partie de la population écossaise, grâce à la richesse de cette bande de terre en houille et en fer.

Les montagnes de l'Écosse peuvent se diviser en trois groupes :

1° L'*Écosse septentrionale* forme un plateau d'une hauteur moyenne de 300 mètres, dont les archipels voisins, les Hébrides, les Orcades, les Shetland sont des morceaux détachés.

Il est limité au sud par une coupure étroite et profonde, le *Glenmore* (grande vallée), que suit le canal Calédonien.

2° Au centre, les **Grampians**, massif dont le point culminant, le *Ben Nevis* (1325 m.), est presque constamment couronné de nuages.

3° Au sud du Strathmore, les **Cheviots**, inférieurs à 900 mètres.

L'**Angleterre** n'offre de montagnes comparables à celles d'Écosse qu'à l'ouest :

1° Dans les monts du *Cumberland* et les médiocres hauteurs de la chaîne Pennine.

2° Dans les monts du **pays de Galles** ; le nom de ce pays indique bien le rôle historique de ses montagnes,

Fig. 35. — Côtes des îles Shetland.

(Cliché Saisset, communiqué par la *Société de Géographie*.)

dernier asile des races celtiques pourchassées par les envahisseurs anglo-saxons. — Le point culminant du pays de Galles, le *Snowdon* (*Mont neigeux*), atteint 1094 mètres.

Le sud et l'est de l'Angleterre sont des *pays de plaines* : les terres basses des bords du Wash rappellent la Flandre ; la haute plaine du Weald se termine sur la Manche par des falaises abruptes comme notre haute Normandie : au sud-ouest, le pays de Devon et la Cornouailles ressemblent à la

Bretagne par leur sol accidenté et par les formes découpées de leur littoral.

Le contraste que présente l'Angleterre entre l'ouest et l'est se retrouve en **Irlande** entre le pourtour et l'intérieur,

Fig. 36. — Paysage des tourbières d'Irlande.

entre les hauteurs qui la bordent et la plaine marécageuse qui s'étend au centre. En effet, les hauteurs les plus considérables sont réparties aux angles du quadrilatère irlandais ; au nord, les monts *Donegal*, *Sperrin* et *Mourne* ; au sud les *monts de Kerry* renferment le sommet le plus élevé de l'Irlande, le *Carrantuohill* (1040 m.).

Climat. — En Angleterre, tout concourt à produire un climat *doux* et *tempéré* : l'altitude moyenne du sol est peu considérable, et la mer, qui n'est éloignée d'aucun point de plus de 100 kilomètres, exerce partout son influence modératrice. La température moyenne de l'hiver à Londres

Fig. 37. — L'Irlande.

est de + 4°, celle de l'été + 15°. L'Écosse est à peine plus froide que l'Angleterre : hiver + 3° à Édimbourg, été + 14°.

L'Irlande doit à l'humidité surabondante que lui apportent les nuées venues du sud-ouest et aux eaux du *Gulf-Stream* une température encore plus douce. Elle n'a ni été ni hiver ; elle ne connaît qu'un long printemps suivi d'un long automne.

Pluies. — Les Iles Britanniques sont la région de l'Europe la mieux exposée aux influences pluvieuses de l'Océan. Aussi toutes les parties de l'Irlande et, en Angleterre, la péninsule de Cornouailles, reçoivent environ 1 mètre de pluies annuelles ; la quantité est moindre de moitié environ sur la côte orientale d'Angleterre (0ᵐ,50 à 0ᵐ,70). On a mesuré, dans certains districts montagneux du nord-ouest et de l'ouest, jusqu'à 2, 3, et même 4ᵐ,80 de précipitations annuelles. Ce sont les pluies les plus considérables de l'Europe occidentale.

Avec l'abondance des pluies, le trait caractéristique du climat britannique, c'est la fréquence des *brouillards*, qu'épaissit encore la fumée des usines.

Fleuves et lacs. — Les cours d'eau d'une île longue

Fig. 38. — La Tamise à Londres.
(Cliché L. L.)

et étroite comme la Grande-Bretagne ne peuvent pas être

très développés; les plus considérables coulent en Angleterre dans la plaine de l'est et du sud-est.

La **Tamise** naît dans les collines des Cotswolds. A
Londres, à 110 kilomètres de la mer, elle mesure déjà de
300 à 400 mètres de largeur; à Greenwich, 550 mètres; à
son embouchure, elle s'étale dans un estuaire large de 7 à
8 kilomètres. Son cours inférieur est profond à partir de

Fig. 59. — Lac Katrine (Ecosse).

(Cliché L. L.)

Londres (4 mètres à marée basse) et la marée élève encore
son niveau de plusieurs mètres. C'est un des fleuves les
moins longs de l'Europe (345 kilomètres), mais, comme
l'Escaut, c'est un des plus utiles à la navigation.

La *Tyne* ne mériterait pas d'être citée, si les dragages
et les habiles endiguements des ingénieurs anglais n'avaient

transformé cette petite rivière en un canal profond qui a fait la fortune de *Newcastle*, le port du charbon.

A l'ouest de l'Angleterre, la **Severn** (340 kilom.), née dans les monts du pays de Galles, se jette dans le canal de Bristol par un bel estuaire dont les marées soulèvent le niveau de plus de 12 mètres.

Les fleuves écossais, abondants mais rapides, s'écoulent pour la plupart vers la mer du Nord. Le plus considérable d'entre eux est le *Tay*, qui roule trois fois plus d'eau que la Tamise ; à son embouchure se sont développées les villes de Perth et Dundee. Le plus utile est la **Clyde**, qui baigne Glasgow.

L'Irlande possède, dans sa partie centrale, le fleuve de pays plat le plus caractérisé, le **Shannon**, navigable presque à sa source, comme l'Escaut ; il draine une région marécageuse et lacustre.

Si les fleuves anglais sont courts, ils sont fort utiles parce qu'ils sont facilement remontés par la marée ; leurs estuaires sont larges et profonds ; ils rendent de grands services.

Les *lacs* sont nombreux et pittoresques dans la haute Écosse ; le plus grand est le *Loch Lomond* ; le *Loch Ness* est célèbre par ses cascades grandioses. — L'Angleterre en compte un grand nombre de plus petits dans le pays de Galles. — L'Irlande a, dans les monts Kerry, au sud-ouest, son groupe célèbre des lacs de *Killarney*.

Côtes. — Les côtes des Iles Britanniques sont parmi les plus découpées de toute l'Europe ; elles offrent un développement d'environ 10 500 kilomètres, dont 7300 pour la Grande-Bretagne et 3200 pour l'Irlande. Aucune ville anglaise n'est éloignée de la mer de plus de 100 kilomètres.

La côte méridionale de l'Angleterre, entre les caps *Land's End* (comparez le terme français Finistère) et *South Foreland*, est en général haute et escarpée ; mais tandis qu'à l'ouest, depuis le cap Land's End jusqu'à l'île de *Wight*, des rochers de granit ou de gneiss se dressent à pic au-dessous de la mer et dessinent, comme dans notre

Bretagne d'innombrables petites baies qui abritent autant de ports de pêche, à l'est, en face de la Normandie, ce sont des falaises crayeuses, interrompues çà et là de plages basses.

L'Angleterre a sur ce littoral de la Manche deux grands ports de guerre, *Plymouth* et *Portsmouth,* ce dernier abrité par l'île de Wight, comme le port de commerce *Southampton.*

Les blanches falaises de *Folkestone* et de *Douvres* domi-

Fig. 40. — **Rocher de Shakespeare à Douvres.**
(Cliché L. L.)

nent le Pas de Calais et se prolongent vers le nord jusqu'au cap *North-Foreland* et à l'embouchure de la Tamise.

Presque tout le littoral de la mer du Nord est plat et déprimé comme en Belgique et en Hollande; la mer qui le baigne est peu profonde; de grands bancs de sable s'étendent presque sans interruption entre l'Angleterre et le continent. Du large, l'œil n'aperçoit plus de falaises qui s'élèvent brusquement sur le rivage; on croit voir, au contraire, les villes riveraines du *Wash* surgir des eaux, tant la surface des terres est basse et plate comme l'Océan. Les caps ne présentent que de faibles saillies ; les golfes ne sont que des estuaires, comme l'Humber, et les bons ports sont situés sur les fleuves, comme Newcastle sur la Tyne.

Les falaises reparaissent par endroits, comme au cap Flamborough ; et en *Écosse* la mer baigne les montagnes, et la côte devient découpée et accidentée. De profondes baies creusées dans les schistes et les grès reçoivent les fleuves écossais et rappellent, par leur forme comme par leur nom, les fiords norvégiens. Ce sont les *firths* du *Forth*, du *Tay*, du *Murray*.

Au nord, l'Écosse se termine par deux saillies nettement dessinées : le cap *Duncansby* et le cap *Wrath*, et se prolonge par les îles et les récifs des *Orcades*, entre lesquels la mer se précipite en courants violents.

A l'ouest, le littoral écossais est encore plus élevé et plus découpé ; les grosses lames des tempêtes venues du sud-ouest et l'action du Gulf-Stream ont déchiqueté cette côte où les roches volcaniques et granitiques s'entremêlent. Les firths y sont plus nombreux et plus étroits (exemple : le *firth de Lorn*, réuni par le canal Calédonien au *firth de Murray*). — Au large se dressent les Hébrides, granitiques et montagneuses.

Un promontoire long de 100 kilomètres, large de 12 seulement, le *Cantire*, marque le point de plus grand rapprochement entre la Grande-Bretagne et l'Irlande (20 kilomètres) : le *canal du Nord*.

La mer d'Irlande, dont l'île de *Man* occupe le centre, forme encore de nombreuses indentations dans le littoral britannique ; les principales sont le firth écossais de la *Clyde*, au fond duquel est le port de *Glasgow*, le firth de *Solway* et l'estuaire de la *Mersey*, qui ouvre un des principaux ports du monde, *Liverpool*, le grand entrepôt du coton.

Au sud de la mer d'Irlande, la côte s'élève de nouveau ; les montagnes du pays de Galles présentent, sur le *canal Saint-George*, un littoral rocheux et escarpé où s'ouvre la grande baie de *Cardigan*. Mais ses principaux ports sont situés sur le canal de *Bristol*, large golfe prolongé par l'estuaire de la Severn jusqu'à 150 kilomètres dans l'intérieur des terres. Les marées y atteignent 15 mètres de hauteur. Là se succèdent les ports de Swansea, *Cardiff*, Bristol,

Fig. 41. — Colonnades de Fingal (Ile de Staffa).

(Communiqué par la *Société de Géographie*)

où les navires de tous pays vont chercher du charbon pour compléter leur chargement.

L'*Irlande* est beaucoup plus massive dans ses contours que la Grande-Bretagne. Son littoral oriental n'offre que des baies peu étendues, comme celle de Dublin. Les côtes ne sont élevées et découpées qu'au nord-est, en face du Cantire, au sud-ouest, où six baies profondes s'insèrent entre les presqu'îles montagneuses du Kerry. Une des articulations les plus remarquables du littoral irlandais est le port de *Cork*.

Il ne faut pas oublier que si les Anglais ont trouvé d'inestimables avantages dans l'articulation naturelle des côtes britanniques, ils y ont encore ajouté par de nombreux et utiles travaux. Quelques-uns de leurs ports les plus fréquentés sont des créations artificielles ; tels sont, par exemple, Newcastle sur la Tyne, Glasgow sur la Clyde, Manchester, rendu accessible aux navires par un canal maritime.

Géographie économique.

Le nom seul de la Grande-Bretagne évoque aujourd'hui l'idée d'une richesse économique extraordinaire, d'une *agriculture* méthodique et savante, d'une *industrie* prodigieusement active, d'un *commerce* universel par son étendue et par son objet.

Agriculture. — La richesse agricole de l'Angleterre a précédé de longue date sa puissance industrielle.

Ses comtés de l'*Est* et du *Sud-Est* rivalisent avec la Hollande, la Flandre et la Normandie pour l'élevage comme pour la culture des céréales.

L'Irlande produit cinq fois moins que l'Angleterre et l'Écosse, trop montagneuse et trop froide, donne à peine la moitié de ce que fournit l'Irlande.

Sur un sol d'une surface restreinte, on récolte 150 millions d'hectolitres de *céréales*, surtout de l'avoine (40 millions), moins de froment (35) et d'orge (36) ; l'Irlande cultive les *pommes de terre* et le *lin*.

Les gras pâturages de l'Angleterre nourrissent de nombreux troupeaux de races excellentes ; plus de 11 millions de bêtes à cornes (*Durham*), 2 millions de chevaux, 29 millions de moutons (*Cheviot* et *South-Down*).

Les marins anglais prennent une grande part aux *pêches* de la mer du Nord, où ils vont chercher le *saumon*, la *morue* et le *hareng*.

L'Angleterre, à l'opposé de la France, est un pays de *grande culture* : la majeure partie des terres est concentrée entre les mains d'un petit nombre de propriétaires qui les font exploiter par des fermiers. Les fermes elles-mêmes sont plus étendues d'ordinaire qu'en France. Le travail de la terre se fait en grand comme l'industrie, avec des capitaux considérables, des méthodes perfectionnées et à l'aide de machines nombreuses.

Mais l'Irlande, qui est restée dans la situation d'un pays conquis, a subi jusqu'à nos jours tous les inconvénients de la grande propriété sans en connaître les avantages. Là, on peut voir le contraste le plus attristant entre l'étendue démesurée des grands domaines et l'exiguïté des fermes qui ne suffisent pas à nourrir leurs fermiers. L'Irlande presque tout entière est aux mains de 14 000 propriétaires anglais qui vivent du travail de 3 millions et demi de paysans irlandais. On voit des *Landlords* posséder à eux seuls 10 fois plus de terres que les 36 000 petits propriétaires irlandais réunis.

Fig. 42. — Une ferme en Irlande.

(Cliché L. L.)

La situation précaire du tenancier irlandais au xix⁰ siècle lui faisait envier le sort des serfs du moyen âge, assurés du moins de mourir sur leur glèbe. — En 1903, le gouvernement anglais s'est enfin décidé à intervenir et à racheter aux landlords leurs domaines, pour les revendre aux paysans irlandais qui deviendront propriétaires après le payement de 60 annuités. Cette réforme généreuse, qui nécessite un capital de deux milliards et demi, est la meilleure affaire qu'ait jamais entreprise le peuple anglais : elle paraît appelée à doubler la population et à quadrupler la valeur du sol de l'Irlande pacifiée, rendant ainsi à l'Angleterre plus qu'elle ne lui aura coûté.

Industrie. — La principale richesse de l'Angleterre est dans l'exploitation de son sous-sol. L'Angleterre est le pays de la *houille* et du *fer*.

La houille. — Toutes les grandes villes anglaises, sauf

Londres, se sont élevées au XIXe siècle près des mines de
houille qui alimentent leurs innombrables usines. Ces
mines, au nombre de 3500, occupent près de 900 000 ouvriers et *fournissent 270 millions de tonnes de charbon,
c'est-à-dire 8 fois plus qu'en France.* Cette production représente une valeur de 3 milliards de francs.

Les principaux bassins houillers, qui déterminent les
**grandes régions in-
dustrielles,** sont les
suivants.

1° Le plus important
est au nord, dans les
comtés de *Durham* et
de *Northumberland*;
ce bassin à lui seul fournit plus de charbon que
toutes les mines de
France réunies, soit
48 millions de tonnes
(France 35).

2° Le *bassin de York-
shire* donne 29 millions
de tonnes.

3° Les divers bassins
du Centre et notamment
celui du *Staffordshire*
fournissent 50 millions
de tonnes.

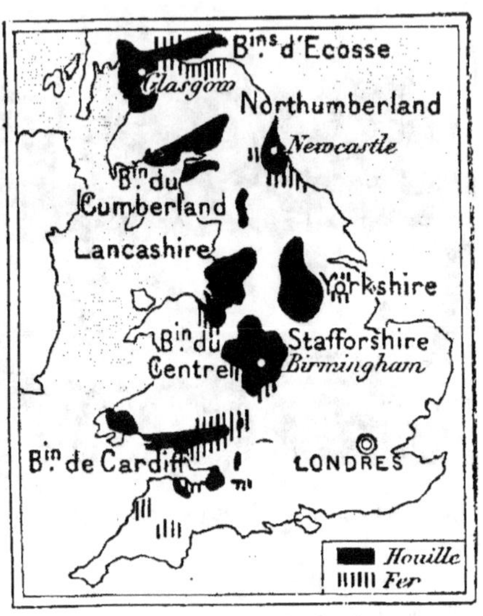

Fig. 43. — La houille et le fer
en Angleterre.

4° Le *bassin du Lancashire* est séparé de celui du
Yorkshire par la chaîne Pennine. Sa production atteint
25 millions de tonnes.

5° Le *bassin du Pays de Galles* ou de *Cardiff* donne
45 millions de tonnes; une partie est exportée par Cardiff.
Le centre de l'extraction est Merthyr Tydfil.

6° Les *bassins d'Écosse* ont fait la fortune de Glasgow.
La production est de 35 millions de tonnes.

L'Irlande ne possède que de la tourbe.

L'Angleterre exporte plus de 55 millions de tonnes de charbon.

Le fer. — L'Angleterre et l'Ecosse sont presque aussi riches en **fer** qu'en charbon et leurs mines de fer se trouvent précisément réparties dans le voisinage des mines de houille, ce qui double les bénéfices de l'exploitation. La production s'élève à 16 millions de tonnes de minerai brut donnant 8 millions de tonnes de fer qui représentent une valeur de plus de 700 millions de francs.

Le *cuivre* du pays de Cornouailles est maintenant loin de suffire à la consommation des manufactures de *Swansea* et est de plus en plus suppléé par le minerai du Chili.

Le *plomb*, souvent mêlé d'argent, abonde dans les comtés du Nord; l'*étain* et le *zinc* sont encore exploités en *Cornouailles*.

Richement pourvue de houille et de métaux, l'Angleterre est devenue le foyer le plus intense de l'activité industrielle. L'emplacement géographique des hauts fourneaux a été rigoureusement déterminé, puisque mines de fer et mines de houille se trouvent dans les mêmes régions.

Grands centres industriels. — Les hauts fourneaux pour la transformation du minerai de fer en **fonte**, puis en **acier**, se comptent maintenant par milliers et se groupent surtout à *Birmingham* et à *Sheffield*, les deux grands centres métallurgiques de l'Angleterre. De là sortent les machines, les rails de chemin de fer et les objets métalliques de tous genres dont l'exportation enrichit le pays.

On peut encore citer les hauts fourneaux du *Yorkshire* et du *Cumberland*, ceux de *Merthyr-Tydfil* dans le Pays de Galles.

Glasgow aussi a ses hauts fourneaux et ses chantiers de *constructions navales*.

Les minerais de cuivre sont traités dans les usines de *Swansea*. Swansea est la ville du cuivre.

Les industries de la *filature* et du *tissage* sont aussi prospères que la métallurgie.

Manchester est la cité du **coton**, comme Birmingham

est la cité du fer. Le coton importé d'Amérique par Liverpool est travaillé dans 2500 manufactures par des milliers de métiers qui font tourner près de 50 millions de broches. Cette puissante industrie occupe plus de 500 000 ouvriers ou ouvrières, et produit des filés et des cotonnades d'une valeur totale de plus de 2 milliards et demi.

Le **lin** est filé et tissé à Manchester et à *Belfast*, dont les

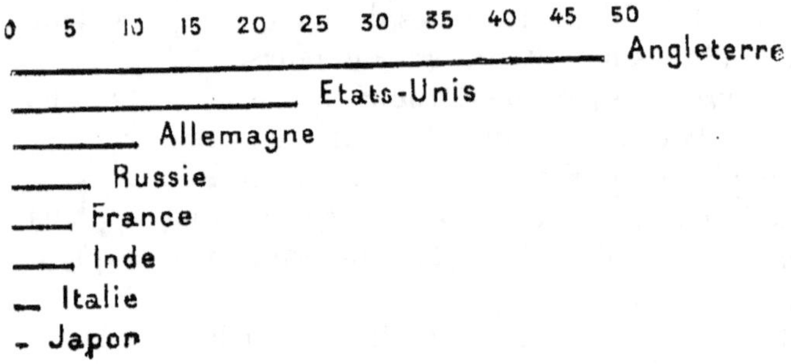

Fig. 44. — Coton. — Pays manufacturiers
(en millions de broches).

toiles sont réputées. — La **laine** que procure l'Australie est travaillée dans 1800 manufactures de draps à *Leeds*, *Bradford* et Londres.

Les voies de communication. — Le Royaume-Uni est merveilleusement outillé pour transporter sur son sol et au loin dans toutes les directions les produits de son industrie.

Et, là encore, sa richesse houillère lui assure le premier rang par le bon marché du combustible. C'est en Angleterre qu'a été construit le premier chemin de fer ainsi que la première locomotive, précisément pour le transport du charbon.

Aujourd'hui, la longueur des voies ferrées dépasse 37 000 kilomètres. La circulation des voyageurs et des marchandises est quatre fois plus active qu'en France.

Le réseau, d'une complexité prodigieuse en Angleterre,

est beaucoup plus lâche en Écosse et en Irlande. Il y a autant de centres que de grands ports et de grands districts industriels. Autour de villes comme Londres, Liverpool, Manchester, Birmingham, la circulation est inouïe.

Fig. 45. — Port de Douvres.

(Cliché L. L.).

Canaux. — Les Iles Britanniques possèdent 6500 kilomètres de *voies navigables*, rivières ou canaux. Dans les pays dépourvus de relief, Angleterre et Irlande, on a pu creuser nombre de canaux qui font communiquer les versants opposés, la Tamise et la Severn, l'Humber et la Mersey.

L'Écosse a les canaux de la *Clyde au Forth* et le canal *calédonien*, qui utilisent deux dépressions très marquées et des lacs. Le canal calédonien peut porter des navires de fort tonnage.

L'Irlande donnait encore plus de facilité que l'Angleterre à l'établissement des canaux. Dans ces plaines basses et humides, l'œuvre du creusement n'a pas exigé de grands frais. Son *Grand-Canal*, le plus long du Royaume-Uni

(310 kil.), mène de Dublin à Limerick par le Shannon ; le *Canal royal* (156 kil.) assure plus au nord, en partant également de Dublin, les communications entre la mer d'Irlande et l'Atlantique à travers la plaine centrale.

Un canal maritime à grande section, ouvert de Liverpool à Manchester, a fait de cette dernière ville un port accessible aux cargo-boats.

Marine marchande. — Principaux ports. — La marine marchande de l'Angleterre est encore sans rivale. Avec ses 11 000 navires à vapeur, jaugeant 9 500 000 tonnes et ses 10 500 voiliers d'une jauge de 1 600 000 tonneaux, elle possède une puissance de transport 10 fois plus grande que la marine marchande de la France et supérieure même à la totalité des navires de l'Europe continentale.

Fig. 46. — Docks de Liverpool.
(Cliché L. L.)

Les ports anglais sont également les premiers du monde. **Londres** seule, avec un mouvement de 20 millions de tonneaux, reçoit ou expédie autant de marchandises que tous les grands ports français de l'Atlantique. **Liverpool** (15 millions de tonneaux), *Cardiff, Newcastle, Hull, Douvres, Glasgow, Southampton*, sont, après Londres, les ports les plus actifs des Iles Britanniques.

L'Angleterre a devancé toutes les autres nations pour

l'établissement de *câbles* sous-marins qui unissent toutes les parties de son immense empire et lui assurent comme le monopole des communications télégraphiques du globe.

Commerce extérieur. — Le commerce extérieur des Iles Britanniques représente une valeur de plus de 16 milliards et demi à l'importation et de 13 à l'exportation.

L'Angleterre **importe** surtout des produits alimentaires : *blé, sucre, bestiaux, vins* ; puis les matières nécessaires à son industrie textile : *coton, laine, soie* ; enfin les métaux.

Elle **exporte** ses produits manufacturés : en premier lieu ses cotons filés et ses pièces de *cotonnades*, pour près de 3 milliards, ses *lainages* pour 760 millions ; en seconde ligne, les produits de son industrie métallurgique, *rails, machines, navires, coutellerie*, pour plus de 1 milliard ; enfin le *charbon*, pour plus de 1 milliard.

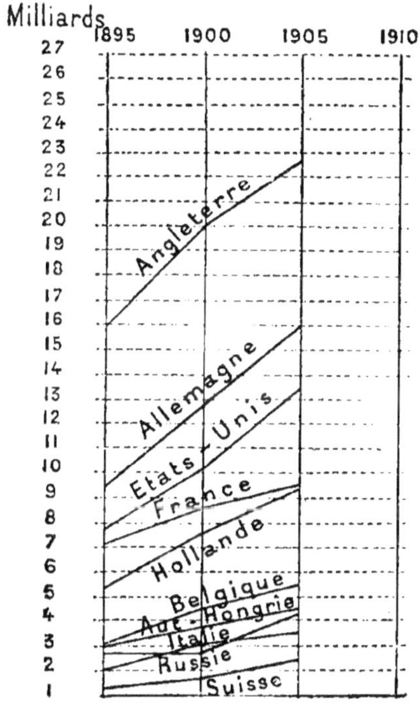

Fig. 47. — Le mouvement commercial dans les principaux pays du monde.

Les pays avec lesquels l'Angleterrre fait le plus d'échanges sont ses colonies, surtout l'*Inde* (blé) et l'*Australie* (laines), les *Etats-Unis* ; elle leur achète (3200 millions) le coton brut, le blé, le pétrole, et leur vend (pour 700 millions) ses machines et ses tissus.

Puis vient au second rang la *France*, qui lui vend ses

blés, ses vins, ses fruits, ses soieries et ses articles de luxe pour une somme de 1 200 millions, deux fois 1/2 plus élevée que celle des produits qu'elle achète en Angleterre ; les achats de la France aux colonies anglaises et les bénéfices prélevés par la marine britannique dans nos ports comblent largement la différence.

Les principaux clients du commerce anglais sont ensuite, par ordre d'importance, l'Allemagne, la Hollande, la Russie, la Belgique, l'Espagne, la Chine, le Brésil, l'Italie et l'Égypte.

Le paupérisme. — L'Angleterre est un pays très riche ; mais la richesse est très inégalement distribuée ; elle est entre les mains d'un petit nombre, gros propriétaires ou grands industriels ; la masse des ouvriers est très pauvre, souvent même très misérable ; elle se contente de la nourriture la plus grossière et vit dans les plus abjects taudis. — Dans les grandes villes surtout est née une maladie nouvelle, le **paupérisme**, c'est-à-dire la misère à l'état épidémique ; les paupérisés ne font rien pour sortir de leur malheureuse condition ; ils vivent le plus souvent dans des quartiers spéciaux.

Géographie politique.

Races. — Les Iles Britanniques furent peuplées à l'origine par des populations *celtiques*. La race et les langues celtiques ou gaéliques se sont conservées en partie dans l'*Irlande*, le pays de *Galles*, la Cornouailles et l'*Ecosse*. En tout, il y a encore un peu plus de 2 millions d'habitants parlant les langues celtiques. — Mais dans les autres parties du royaume, le mélange entre les anciens Bretons et les envahisseurs *anglo-saxons* a été complet ; au xie siècle, la *conquête normande* apporta à l'Angleterre un nouvel élément ethnographique et transforma profondément la langue anglaise en introduisant parmi ses mots germaniques un grand nombre de locutions françaises.

Le peuple anglais. — Le caractère du peuple anglais est un mélange de *qualités* et de *défauts* qui font sa force.

C'est d'abord un *orgueil* patriotique immense : le sentiment de la nationalité est très vif : jamais l'Anglais n'oublie son origine, il l'affiche à chaque instant, et, à cause de cela même, il perd souvent « la notion de l'obstacle ».

C'est ensuite l'esprit d'*invention* et d'*initiative*; à la passion des aventures, l'Anglais joint un génie entreprenant, un esprit pratique, un sens rassis qui lui assurent la supériorité sur bien d'autres peuples, surtout quand ces qualités se trouvent renforcées par l'endurance, la ténacité, l'opiniâtreté.

Mais il arrive que ces vertus dégénèrent parfois en égoïsme, en âpreté au gain, et en trop prompts recours à la violence.

Organisation politique. — Le Royaume-Uni de Grande-Bretagne et d'Irlande est peuplé de 45 millions d'habitants, dont 36 millions pour l'Angleterre et le pays de Galles, 4 500 000 pour l'Ecosse et 4 500 000 pour l'Irlande. C'est une moyenne de 132 habitants par kilomètre carré. La région la plus peuplée est l'Angleterre, où la densité dépasse 233 par kilomètre carré. La moins peuplée est l'Irlande, qui n'a que 52 habitants au kilomètre carré ; l'Ecosse en a 58.

L'Irlande. — L'Angleterre est un des pays d'Europe où la population s'est accrue le plus rapidement; depuis le commencement du siècle, elle a plus que triplé dans l'Angleterre proprement dite, et plus que doublé en Ecosse. Par contre, l'Irlande, l' « île sœur », frappée tour à tour par la famine et par les vexations des Anglais, a vu sa population diminuer avec une effrayante rapidité. La mort, l'émigration et les enrôlements militaires l'ont fait tomber de plus de 8 millions d'habitants en 1841, à 4 450 000 en 1901. C'est le seul pays d'Europe qui soit moins peuplé aujourd'hui qu'en 1801. C'est aussi un des pays qui envoient le plus d'émigrants en Amérique et en Australie. Sur les 200 000 émigrants qui partent chaque année des ports du royaume, 65 000, et souvent plus, sont des Irlandais.

Il y a, en Angleterre, une **religion** d'État : le *rite anglican* qui, avec le *presbytérianisme écossais*, a le plus grand nombre d'adhérents; il y a plus de 20 millions de protestants en Grande-Bretagne, dont 14 millions d'anglicans : on compte près de 10 millions de dissidents appartenant à des confessions diverses. Enfin, l'*Irlande* est presque exclusivement *catholique* romaine (4 millions).

Le **gouvernement** est une *monarchie constitutionnelle*. Le prince, roi ou reine, a le pouvoir exécutif. — Le *Parlement*, composé de la Chambre des *Lords* et de la Chambre des *Communes*, a le pouvoir législatif.

Le *budget*, malgré une dette de 18 milliards, est en équilibre.

L'**armée** *permanente* anglaise comprend environ 44000 hommes recrutés surtout en Irlande et dans les pays pauvres de l'Écosse. Plus de la moitié de cet effectif est répartie dans l'Inde et les colonies. La défense du territoire est en outre assurée dans la métropole par des milices et des corps de volontaires, dans les colonies par des troupes indigènes que dirigent des officiers anglais. Mais l'armée de terre n'est point la force véritable du Royaume-Uni; à cet égard, il est notablement inférieur aux grandes puissances européennes. La guerre contre les Boers a montré la faiblesse de cette armée.

La **marine** est la principale ressource du peuple anglais en cas de danger. Ses flottes de guerre comptent environ 880 navires, dont la construction a coûté plus de deux milliards. Les équipages forment un total de 125 000 matelots.

Divisions administratives. — Le Royaume-Uni comprend *quatre parties* : l'**Angleterre et le pays de Galles**, l'**Écosse**, l'**Irlande**, les **îles**.

Chacune de ces quatre parties est subdivisée en *comtés*, sauf l'île Man, et les îles anglo-normandes : Aurigny, Guernesey, Jersey. L'Angleterre se compose de cinquante-deux comtés, y compris ceux du pays de Galles; l'Écosse de trente-trois et l'Irlande de trente-deux. Chaque comté est administré par un *lord-lieutenant*.

Londres est la capitale du Royaume-Uni; mais l'Écosse et l'Irlande ont également leurs capitales : *Edimbourg* et *Dublin*.

Les grandes villes. — La Grande-Bretagne est le pays du monde qui compte le plus de grandes villes. En Angleterre, la population urbaine est aujourd'hui plus nombreuse de moitié que celle des campagnes. Ce phénomène est un signe manifeste de l'importance de la vie industrielle dans ce pays. Les principales villes sont :

Londres (4 760 000 hab., 7 millions avec les faubourgs), la ville la plus peuplée du monde. C'est aussi la plus vaste :

Fig. 48. — Londres. Le Stock-Exchange.
(Cliché L. L.)

elle s'étend sur une superficie quatre fois plus grande que celle de Paris. Située sur la Tamise, à 110 kilomètres de la mer, elle possède une admirable organisation commerciale : les *docks* pour les marchandises des provenances les plus diverses s'alignent le long des quais et des bassins sur une étendue de plusieurs kilomètres. Des lignes régulières de paquebots la mettent en relation avec toutes les parties du monde, surtout avec l'Inde et les États-Unis.

Liverpool (750 000 hab.) est, après Londres, le centre le plus actif des relations maritimes et commerciales de l'Angleterre. Ses docks remplis de balles de *coton*, ses bassins, ses chantiers de construction sont connus dans le monde entier.

Manchester (650 000 hab.) compte en réalité plus de 700 000 individus avec Salford. C'est peut-être la ville manufacturière la plus active de l'univers. Son industrie des cotonnades lui a valu ce développement prodigieux en moins d'un siècle. Le canal maritime de Manchester a fait de cette grande cité un nouveau port de mer.

Fig. 49. — Edimbourg.

(Cliché L. L.)

Birmingham (550 000 hab.) est le centre des districts métallurgiques les plus importants d'Angleterre.

Leeds (470 000 hab.) est la capitale industrielle de la laine.

Sheffield (450 000 hab.) est fameuse dans le monde entier pour sa coutellerie.

Citons encore *Bristol* (370 000 hab.), port du canal de

ce nom; *Bradford* (290 000 hab.) avec ses manufactures de tissus de laine; *Hull* (260 000 hab.), port de la ville de Leeds; *Stocke-on-Trent* (152 000 hab.), où se fabrique une grande partie des poteries exportées par l'Angleterre; *Newcastle* (270 000 hab.), le port du charbon; *Portsmouth* (210 000 hab.), le grand port militaire.

En Écosse, la capitale **Édimbourg** (345 000 hab. avec son port *Leith*) n'est pas la ville la plus peuplée, mais c'est un des centres savants du Royaume-Uni et elle renferme les principaux monuments de l'histoire d'Ecosse.

Beaucoup plus importante est **Glasgow** (850 000 hab.), la plus grande ville commerciale et industrielle de l'Écosse. Ses chantiers de construction pour navires à vapeur sont les premiers du monde.

L'Irlande, au contraire de la Grande-Bretagne, est restée un pays agricole et compte peu de grandes villes : avec **Dublin**, sa capitale (373 000 habitants), les plus peuplées sont *Belfast* (350 000 hab.) et *Cork* (75 000 hab.).

Fig. 5o. — Gibraltar.
(Cliché L. L.)

L'expansion anglaise. — Colonies. — L'empire colonial conquis par l'Angleterre en moins de deux siècles s'étend aujourd'hui dans toutes les parties du monde et sous tous les climats.

Il couvre environ 30 millions de kilomètres carrés, c'est-à-dire près de 100 *fois la superficie des Iles Britanniques,* et est peuplé de plus de 395 millions d'individus,

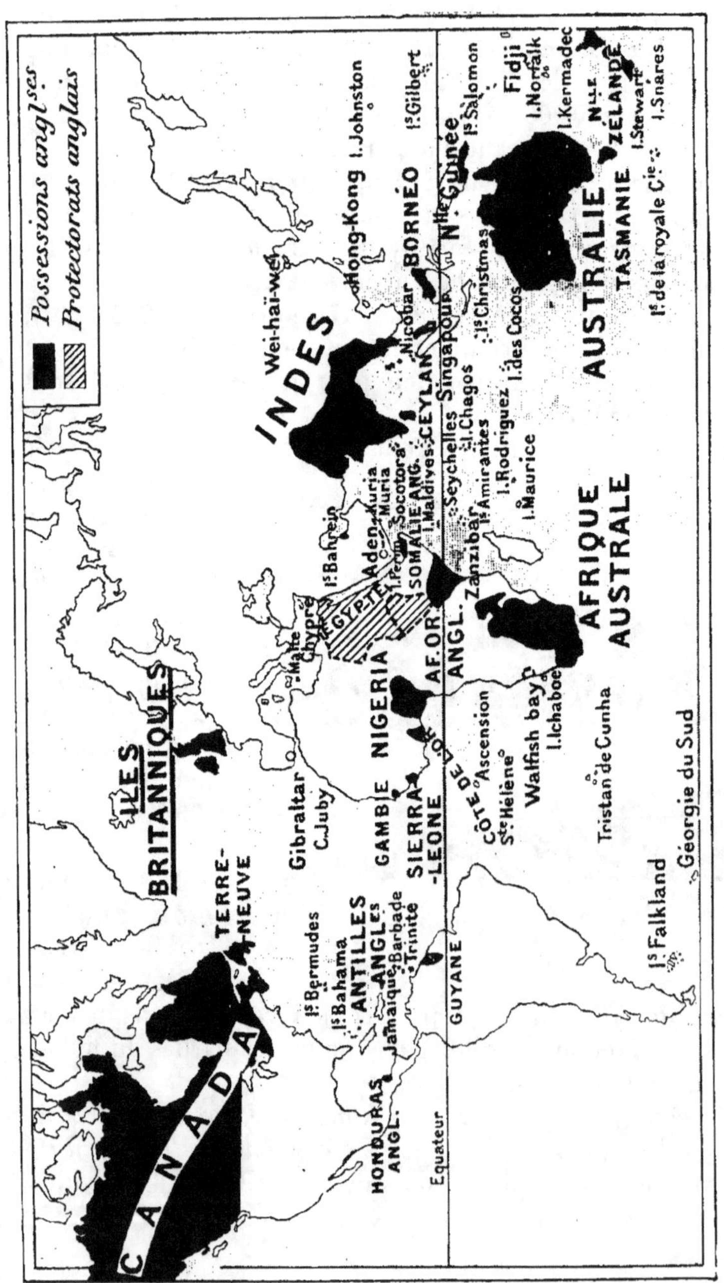

Fig. 51. — Les colonies anglaises.

soit près du quart de l'humanité. Les **Indes** seules comptent sur ce total pour 295 millions.

Nous signalerons seulement ici l'importance géographique des positions des colonies anglaises. Seul en Europe, le Royaume-Uni a des colonies et des postes qui surveillent même les mers dont il est le plus éloigné. — Dans la Manche, ce sont les *îles anglo-normandes* épiant les mouvements qui peuvent se produire sur la côte française. —

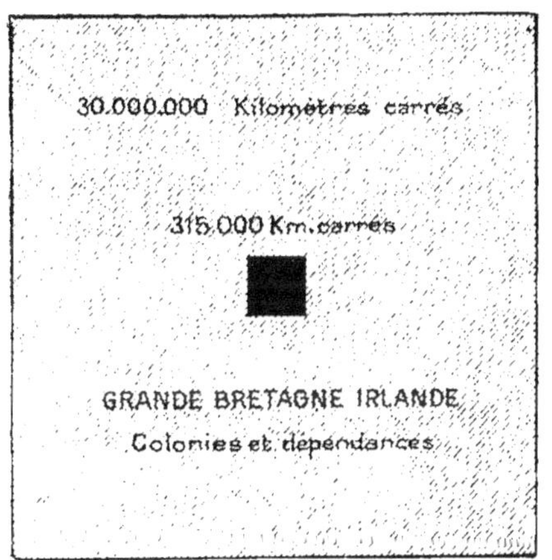

Fig. 52. — Superficie comparée de l'Angleterre et de ses colonies.

Gibraltar commande le passage de l'Océan à la Méditerranée, *Malte* celui de la Méditerranée occidentale à la Méditerranée orientale. — En Asie, c'est *Chypre*, poste admirablement placé à proximité de l'Asie Mineure, de la Syrie et de l'Égypte. — L'occupation de l'*Égypte* par les troupes britanniques menace la liberté si précieuse du canal de Suez. —

Sur la route des Indes, de l'Indo-Chine et de l'Extrême-Orient, on rencontre, sur tous les points de passage nécessaires ou importants, autant de citadelles anglaises, *Aden*, *Périm*, dans le détroit de Bab-el-Mandeb, *Pointe-de-Galles* et *Colombo* à l'extrémité méridionale de l'Inde, *Singapour*, la clef du détroit de Malacca, *Hong-Kong* sur la côte méridionale de Chine, *Weï-haï-Weï* sur le golfe de Petchili.

La route par le cap de Bonne-Espérance est aussi bien surveillée par les comptoirs de *Sénégambie* et de *Guinée*, les îles *Ascension* et *Sainte-Hélène*, l'**Afrique australe**, l'île *Maurice*, les *Seychelles*, les *Amirantes*, *Zanzibar*.

Mais garder la route des Indes n'est plus le seul rêve des Anglais. En Afrique comme en Asie, le peuple le mieux pourvu de colonies s'empresse encore de devancer les nouveaux venus de l'expansion coloniale : à chaque pas en avant fait par la France ou par l'Allemagne, l'Angleterre en fait deux. — A l'Hindoustan, elle a annexé la *Birmanie*. — En Afrique, elle s'est taillé un empire plus étendu, sinon aussi riche que l'Inde : 1° dans l'*Afrique australe* depuis le Cap jusqu'aux lacs Nyassa et Tanganika ; 2° dans l'*Afrique orientale*, depuis le littoral de l'océan Indien jusqu'au Nil supérieur ; 3° dans les vastes domaines de la *Nigeria*; 4° dans le Soudan oriental et tout le pays du Haut Nil.

En Amérique, une grande partie du continent septentrional, le **Dominion of Canada**, colonie formée par des Français et où tant de milliers de Français vivent encore avec leur langue et leurs usages, dépend de la couronne d'Angleterre. — Dans la mer des *Antilles*, la *Jamaïque* et le *Honduras anglais* gagneront une nouvelle valeur quand l'isthme de Panama sera percé. — Enfin l'**Australie** forme, sous le nom de « Commonwealth of Australia », une confédération qui en fait un véritable État fédératif indépendant.

Le rêve des hommes d'État anglais est actuellement l'**impérialisme**, c'est-à-dire la réunion de toutes les forces que représentent les colonies anglaises en un Empire, dont les différentes parties, bien que jouissant d'une autonomie très large pour leur administration intérieure, seraient unies à la métropole pour la confraternité d'armes, la solidarité économique et le commun désir de dominer le monde.

Conclusion. — La suprématie commerciale de l'Angleterre est due à ses ressources minérales, à sa puissance maritime et coloniale, et surtout à l'esprit d'entreprise qui distingue ses habitants comme son gouvernement. Non seulement elle a de bons ports, mais elle sait se les réserver ; non seulement elle a de riches colonies, mais elle sait s'en assurer l'exploitation privilégiée.

Sujets de devoirs. — 1. Le Pas de Calais. — 2. La Tamise et Londres. — 3. Les mines en Angleterre. — 4. Décrire Liverpool, Manchester, Birmingham, Glasgow. — 5. La marine marchande de l'Angleterre. — 6. L'Irlande et le peuple irlandais. — 7. Les Anglais dans la Méditerranée.

CHAPITRE II

Les États scandinaves

NORVÈGE ET SUÈDE

Géographie physique.

Situation et dimensions. — Les royaumes maintenant séparés de Suède et Norvège ont une superficie de 776 000 kilomètres carrés, dont 326 000 pour la Norvège et 450 000 pour la Suède.

La péninsule scandinave est baignée au nord par l'océan Glacial arctique, à l'ouest par l'océan Atlantique, à l'est par la Baltique. La frontière du côté de la Finlande, qui dépend de l'empire russe, est marquée par la Tornéa, qui se jette dans le golfe de Bothnie.

Relief. — Le massif que l'on appelle *Alpes de Scandinavie* couvre la plus grande partie de la péninsule. Ce n'est point une chaîne, mais un enchevêtrement de massifs, qui s'étendent du nord-est au sud-ouest sur une longueur d'environ 1800 kilomètres ; la plus grande largeur est de plus de 400 kilomètres. La hauteur moyenne est d'environ 1200 mètres.— Ces montagnes sont beaucoup plus proches de la côte occidentale que de la côte orientale.

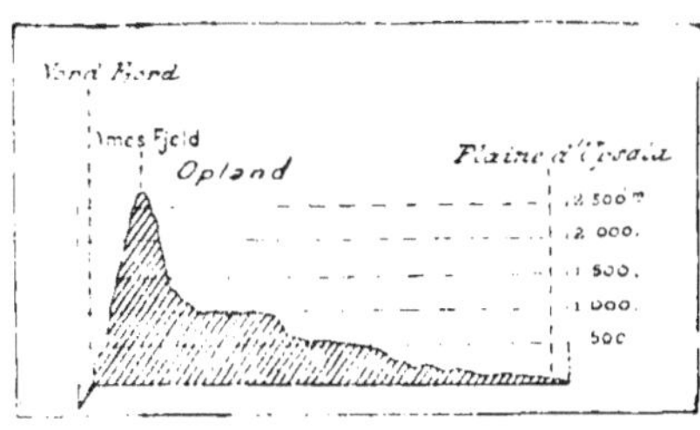

Fig. 53.

Coupe des Alpes scandinaves.

C'est dans la partie septentrionale du système que l'on

rencontre les alignements les mieux caractérisés et se rapprochant le plus de ce que l'on appelle une chaîne. Ce sont les *monts Kiölen*.

Au sud, on distingue deux vastes tables rocheuses : 1° les *Dovre-Field* entre le Sogne-fiord et le fiord de Trondhjem ; le point culminant, le mont *Sneehattan*, mesure 2560 mètres ; 2° les *Lange-field* entre le Sogne-fiord et le fiord de Christiania, avec un sommet qui dépasse 2400 mètres. C'est la transformation des glaciers en fiords qui a amené cette division

Fig. 54. — **Suède : Montagnes de Maushozarne.**
(Cliché L. L.)

et formé une séparation réelle dans cet empâtement montagneux du sud-ouest.

Les régions de *plaines* sont situées au sud-est, en Suède ; de plus, une lisière littorale de faible élévation borde le golfe de Bothnie ; au centre de la plaine du sud-ast s'élève un petit plateau lacustre, le *Gotaland*.

Climat. — Le climat de la Scandinavie est singulièrement adouci, malgré la latitude boréale de ce pays, par l'**influence océanique**. Le climat continental ne règne que dans la partie nord-est de la Suède et rappelle beaucoup celui de la Russie septentrionale. Mais dans la Suède méridionale et dans toute la Norvège, les vents d'ouest et les vapeurs du *Gulf-Stream* tempèrent le climat. La température moyenne de la Norvège est de + 5°, c'est-à-dire supérieure d'environ 20° à celle que lui assignerait sa latitude en Europe. Un des traits caractéristiques du climat de ces hautes latitudes, c'est la *longueur des nuits d'hiver.*

Pluies. — La Norvège, bien exposée aux vents humides du sud-ouest, est arrosée de pluies abondantes; dans la province de Bergen, la plus avancée vers l'Atlantique, il tombe en moyenne près de 1 mètre de pluie par an. Au contraire, en Suède, la plaine littorale du golfe de Bothnie et les

Fig. 55. — Le Lyngenfjord.

(Cliché Boulanger).

pentes orientales du plateau, auquel le vent d'ouest ne peut parvenir à cause de l'écran des Alpes scandinaves, sont peu arrosées.

Les *glaciers* des Alpes de Scandinavie sont parmi les plus considérables de l'Europe; on cite, entre tous, le *Justedal*, au nord du Sogne-fiord.

Hydrographie. — Les fleuves de la péninsule scandinave ne peuvent avoir un bien long développement; ceux qui se jettent dans l'océan Glacial et dans l'Atlantique des-

cendent à la mer par une série de gradins formant des
rapides et des cascades, et tombent souvent dans les flots
plutôt qu'ils ne s'y rendent. — En Suède, les cours d'eau
sont plus longs, mais encore mal formés; les eaux courantes sortent d'un lac pour rentrer dans un autre.

Les principaux fleuves sont le *Glommen* et la *Gota*, qui
se jettent dans le Skager-Rak et le Kattégat, le *Dal* et la

Fig. 56. — **Lerfossen.** 2ᵉ cataracte.
(Cliché Boulanger).

Tornéa, qui vont au golfe de Bothnie. Les nombreuses
cascades que forment ces cours d'eau rapides sont des forces
dont l'industrie a su profiter pour établir des moulins, des
scieries, etc.

Les **lacs** sont nombreux en Suède; les plus vastes et les
plus profonds sont le *Wener*, le *Wetter* et le *Mölar*.

Le premier a une superficie de plus de 5000 kilomètres
carrés; il a pour émissaire la Gota et un canal l'unit,
d'autre part, au lac Wetter et à la mer Baltique.

Côtes. — La côte de Norvège est la plus découpée qui soit en Europe; c'est là que se rencontrent les **fiords** les plus nombreux et les mieux caractérisés. Au nord et à l'ouest, les montagnes plongent à pic dans la mer et forment un littoral très escarpé. Les plus profonds de ces golfes sont : le *Porsanger-fiord* sur la côte septentrionale au sud-est du cap Nord, le *fiord de Trondhjem*, enfin le

Fig. 57. — **Aalesund**.
(Cliché G. de la Sablière, communiqué par la *Société de géographie*).

Sogne-fiord, qui creuse la côte sur un espace de plus de 150 kilomètres à l'ouest. Les rochers qui tombent dans la mer sur ce littoral norvégien dominent les flots d'une hauteur de 350 à 1400 mètres. De nombreux groupes d'îles rocheuses et escarpées comme la côte la bordent sur toute cette étendue: le plus important de ces archipels est le groupe des *Lofoten* au nord-ouest.

La côte suédoise est moins élevée et moins découpée;

cependant elle est encore bordée de falaises sur une grande partie de son étendue, et de nombreuses îles s'élèvent au large ; celles de *Gotland* et d'*Aland* sont parmi les parties les plus riches de la Suède.

Géographie politique.

Population. — La population est de 5 370 000 habitants pour la Suède et 2 330 000 pour la Norvège, ce qui donne

Fig. 58. — Hutte lapone (Tromso).

(Cliché G. de la Sablière, communiqué par la *Société de géographie*).

seulement une moyenne kilométrique de 12 habitants pour la Suède, de 7 pour la Norvège.

Les *Scandinaves* appartiennent presque tous à la *race germanique*. Au nord, il y a quelques Finnois et des Lapons. La religion dominante est le *luthéranisme*.

L'union de la Suède et de la Norvège ne datait que de 1814 ; elle a été rompue en 1905 ; chacun des deux pays a sa capitale et son parlement, composé de deux Chambres.

La Suède est divisée en 24 préfectures réparties en trois grands gouvernements : le *Norrland*, la *Suède* proprement dite et la *Gothie*.

En Norvège, les 17 bailliages sont répartis entre 6 diocèses.

Les Scandinaves, si célèbres au moyen âge par leur hardiesse, ces Normands qui parcoururent tout l'Atlantique jusqu'au Groenland et jusqu'en Amérique, ne possèdent pas aujourd'hui de colonies.

Villes. — La péninsule scandinave compte trois villes dont la population dépasse 100 000 habitants : **Stockholm** (333 000 hab.), capitale de la Suède, bâtie sur des îlots à l'entrée du lac Mölar ; c'est un des meilleurs ports de la mer Baltique.

Christiania, la capitale de la Norvège, compte 230 000 habitants. — Une ville de Suède est presque aussi importante : c'est le port de *Goteborg* (160 000 hab.).

Cinq autres villes seulement dépassent le chiffre de 25 000 habitants : *Malmö, Norrköping, Gèfle*, en Suède ; et *Bergen, Trondhjem* en Norvège.

La ville suédoise d'*Upsala* est justement célèbre par son Université.

Géographie économique.

Agriculture. — L'**agriculture** dispose d'une toute petite étendue de terre ; l'altitude du pays, couvert d'un énorme massif granitique, en empêche le développement. Les céréales, avoine, orge et seigle, ne donnent qu'une production de 40 millions d'hectolitres dans les provinces du sud-est ; le rendement des pommes de terre est à peu près le même.

Les pâturages couvrent une surface plus grande que les terres de culture ; aussi élève-t-on en Suède plus de 3 200 000 bêtes à cornes. Dans le sud, on fabrique beaucoup de *beurre*. Les rennes (200 000) sont la bête de somme de la partie septentrionale.

L'agriculture dans le sud de la Suède. — A cause de la douceur de son climat et de son sol peu accidenté, la partie méridionale de la Suède a une agriculture prospère. C'est la région des céréales, blé et avoine, qui mûrissent très rapidement; la culture des pommes de terre y est l'objet de soins très particuliers; la betterave, le houblon et le lin y

Fig. 59. — **Campement de Samoyèdes.**
(Cliché Leizinger, communiqué par la *Société de géographie*.)

réussissent également. On y élève de grands chevaux et des bêtes à cornes de petite taille, mais excellentes laitières.

Forêts. — La péninsule possède près de 20 millions d'hectares de **forêts**, soit plus du quart de la superficie totale; c'est une de ses richesses naturelles dont elle sait le mieux profiter pour développer son industrie et son commerce. Plus de 3000 scieries utilisent les chutes d'eau et débitent madriers, planches, allumettes, etc. La Suède vend chaque année pour 200 millions de bois brut ou transformé en pâte à papier.

Industrie. — La Suède a peu de houille, mais beaucoup de **fer**; la montagne de Gellivara pourra approvisionner le pays pendant des siècles; on a construit en 1903 une voie ferrée, l'*express lapon* de Luléa à Narvik, qui permet une exploitation plus active et qui facilite la création d'industries dans une région où les chutes d'eau sont très nombreuses. On exploite encore le fer à Danemora, le *cuivre* à Fahlun. Aussi l'**industrie** de la Suède est active. La Dalécarlie a des forges très importantes. On travaille les gants, les fourrures, les dentelles. On exporte du bois, du fer et du beurre.

La principale industrie de la Norvège est celle du *bois*; viennent ensuite la construction des machines et la fabrication des étoffes.

Pêche. — La **pêche** est un revenu important, surtout pour les Norvégiens : 130 000 pêcheurs prennent chaque année pour plus de 60 millions de francs de poissons. La morue abonde dans les eaux côtières du nord, le hareng dans le sud: on pêche la morue dans les environs des îles Lofoten, on capture le hareng dans la mer du Nord en été et en automne. — Les phoques, les morses et les baleines sont poursuivis par les pêcheurs de Hammerfest et de Tromsoë dont les barques s'aventurent au loin sur l'océan Glacial.

Commerce. — Les *voies de communication* sont encore peu nombreuses; on compte 15 000 kilomètres de chemin de fer dont 12 500 pour la Suède: ils desservent surtout les parties méridionales. Mais, presque toutes les grandes villes sont situées au bord de la mer, et les fiords en Norvège, les lacs et les canaux de la Suède méridionale donnent de grandes facilités au commerce.

La *marine* scandinave est une des plus importantes du monde par le nombre de ses navires et de ses matelots.

Cependant le **commerce** est peu considérable et dépasse

à peine pour la Suède 900 millions d'achats et 700 millions

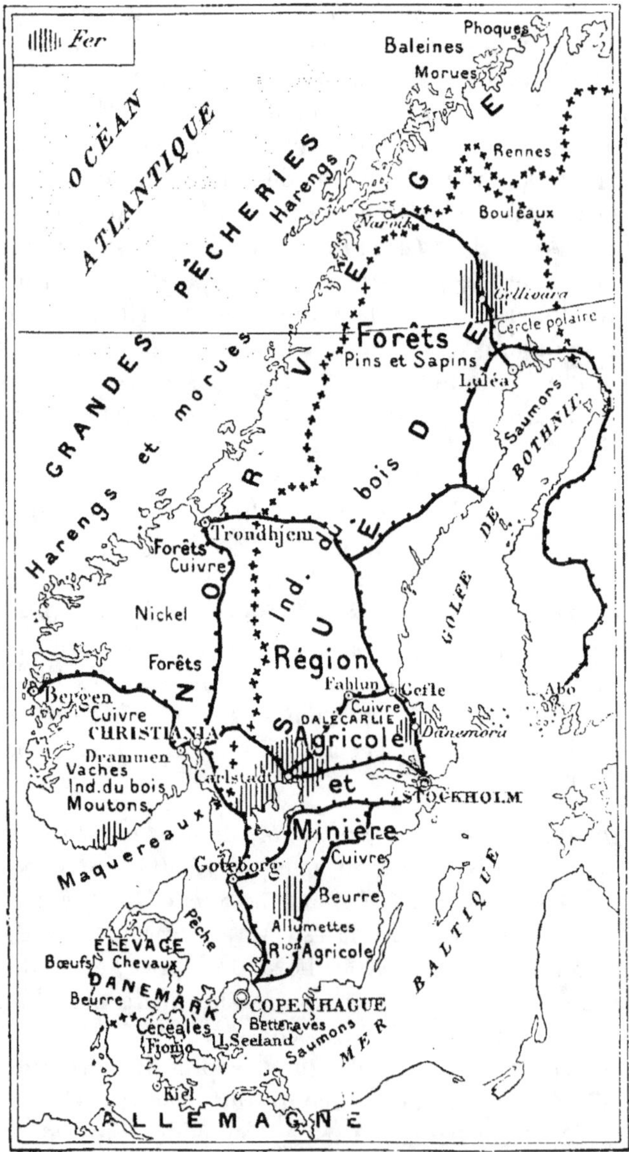

Fig. 60. — La Scandinavie.

de ventes, pour la Norvège 300 millions de ventes et 470 millions d'achats. Les navires suédois transportent beaucoup plus les marchandises étrangères que les produits du sol et des industries nationales. Suède et Norvège vendent des bois bruts ou travaillés, des fontes et des fers; elles achètent surtout des denrées alimentaires.

La plus grande partie des échanges se fait avec l'*Angleterre*. La France prend peu de part à ce commerce. L'Allemagne et même le Danemark ont plus d'importance que notre pays sur les marchés scandinaves.

DANEMARK

Situation et dimensions. — Le Danemark, depuis les événements de 1864 qui lui ont enlevé le Schleswig et le Holstein, n'a plus qu'une superficie de 39 000 kilomètres carrés; mais sa ***situation entre la mer du Nord et la Baltique*** et la possession des détroits qui font communiquer ces deux mers, lui donnent une importance bien supérieure à son étendue.

Fig. 61. — Le Danemark.

Il comprend la péninsule du *Jutland*, les trois grandes îles de *Seeland,* de *Fionie,* de *Laaland,* et l'archipel qui les entoure ; — il possède aussi l'île *Bornholm,* et, dans l'Atlantique, l'*Islande,* les îles *Færoë,* le *Groenland :* — enfin trois des *Antilles : Sainte-Croix, Saint-Thomas* et *Saint-Jean.*

Condition physique. — Le sol du Danemark est généralement plat et ressemble à la plaine de l'Allemagne du Nord, dont la péninsule n'est qu'un appendice.

Les collines les plus élevées du Jutland ne dépassent pas 172 mètres.

La péninsule et les îles danoises jouissent d'un **climat** tempéré si l'on considère leur latitude ; l'influence de l'Océan y est prédominante. La température moyenne à Copenhague est supérieure à + 8°. Mais on cite de très grandes variations dans le régime des hivers ; il est arrivé que les glaces obstruaient les détroits du Sund, du Grand-Belt et du Petit-Belt. — Les vents d'ouest, qui dominent, y versent des pluies abondantes.

Fig. 62. — Lanstrup. Les Marais.
(Cliché L. L.)

Les **cours d'eau** ne peuvent pas avoir une grande longueur dans cette péninsule petite et profondément entaillée : les plus importants s'écoulent vers l'ouest, dans les fiords et les lagunes. Les *marécages* et les eaux stagnantes couvrent encore une surface considérable.

La **côte** du Jutland, basse et bordée de dunes, est découpée de lagunes et de fiords. Ses plus profondes découpures sont le *Liim-fiord* et l'*Ise-fiord*, le premier au nord du Jutland, le second dans l'île de Seeland.

Le Danemark tire son importance des *détroits* qui séparent ses îles : le *Petit-Belt* entre le Jutland et l'île Fionie n'a que 650 mètres de largeur ; le *Grand-Belt* entre Fionie et Seeland est plus large, mais ne présente que des profondeurs insuffisantes ; le *Sund*, le détroit par excellence, ouvre entre Seeland et la Suède méridionale la véritable voie entre la Baltique et la mer du Nord. Large seulement de 4 kilomètres en sa partie la plus resserrée, il est dominé par la citadelle de Copenhague.

Autrefois, tout navire qui franchissait le Sund devait mouiller à Elseneur et acquitter des droits de douane. Le 1er avril 1857, ce tribut, contre lequel protestaient toutes les puissances, fut aboli moyennant une indemnité de 85 millions de francs.

Condition politique. — Le Danemark proprement dit est peuplé de 2 600 000 habitants, soit 66 par kilomètre carré.

Les Danois sont de race *teutonique*, mais plus proches parents des Scandinaves que les Allemands, leurs adversaires. — La plupart professent le protestantisme *luthérien*.

Fig. 63. — Copenhague Le port franc.

(Cliché L. L.)

Le *gouvernement* est une monarchie héréditaire et constitutionnelle. — L'*armée* permanente comprend 14 000 hommes et pourrait être portée à 60 000 hommes en temps de guerre. La *flotte*, assez considérable, compte 45 vapeurs de guerre montés par 2000 marins éprouvés.

La capitale, **Copenhague**, est la seule grande ville. Elle a 427000 habitants, soit le sixième de la population du royaume.

Sa position dans l'île de Sceland, qui commande le Sund, la fait appeler la Constantinople du Nord. C'est à la fois un grand port militaire et le siège d'un commerce très actif. Le gouvernement danois y a ouvert un *port franc* en 1894; admirablement outillé, il attire beaucoup de navires et ne cesse de progresser.

On peut encore citer *Odense* dans Fionie et *Aalborg* dans le Jutland.

Après Copenhague, les principaux ports sont Aarhus et Esbierg.

Productions. — Le Danemark est dépourvu de ressources minérales; mais *l'agriculture* et *l'élevage* sont prospères dans ce petit pays, de faible relief et abondamment arrosé.

Son sol donne plus de *céréales* que n'en peuvent consommer les habitants; sur ce territoire restreint, on compte plus de 1 600 000 bêtes à cornes et plus de 400 000 chevaux. C'est en proportion le pays d'Europe le mieux doté à cet égard avec la Belgique et la Hollande. On y trouve aussi beaucoup de volailles.

La véritable industrie du Danemark est celle du *lait*; l'exportation du beurre atteint 80 000 tonnes; on le trouve aux Halles de Paris, sur les marchés de Londres; il est expédié jusqu'en Amérique, aux Antilles surtout. Ces merveilleux résultats sont obtenus par une qualité exceptionnelle et l'organisation des *laiteries coopératives*.

Les marins danois se livrent à la *pêche* de la *morue*, dans les parages de l'Islande et des îles Færoé.

L'industrie est surtout *agricole*; les usines les plus nombreuses en Danemark sont les raffineries de sucre, les distilleries et les brasseries. Dans toutes les campagnes on fabrique du **beurre** et du fromage. Cependant, *Copenhague* a des *chantiers de constructions* navales et quelques fonderies.

La *marine* danoise est assez considérable et fait une bonne partie du cabotage de la mer Baltique; elle compte 3200 voiliers et 430 navires à vapeur, presque autant que la Russie, trois fois plus que la Grèce.

Commerce. — Le *commerce extérieur* dépasse 1 milliard à l'importation et 750 millions à l'exportation. Le Danemark envoie ses œufs, son beurre et ses viandes aux pays scandinaves, à l'Allemagne et à l'Angleterre. Il en reçoit des céréales, de la houille et des minerais de fer. La Norvège lui envoie les bois qui font défaut à son territoire. — La *France* ne prend qu'une part insignifiante à ce commerce.

Conclusion. — Bien que situés dans une région froide, en dehors des grandes voies internationales du monde, avec un sol souvent rebelle à la culture, les États scandinaves n'en tiennent pas moins une place très honorable, même au point de vue économique. Leurs habitants, laborieux et avisés, cultivateurs, marins ou éleveurs, ont su admirablement tirer parti de pays peu favorisés par la nature. — Ajoutons, à leur honneur, que l'instruction primaire est très développée chez eux; elle est gratuite et obligatoire pour les enfants de sept à quatorze ans; aussi, peu de contrées en Europe comptent moins d'illettrés. — Les Scandinaves ont un goût très prononcé pour les expéditions aventureuses : il suffit de rappeler les noms des Norvégiens Nansen et Amundsen et des Suédois Nordenskiold et Andrée.

Sujets de devoirs. — 1. Décrire les côtes norvégiennes et les fiords. — 2. Les pêcheries norvégiennes. — 3. Stockholm. — 4. Les droits danois; leur importance stratégique et commerciale. — Indiquer les conséquences politiques et économiques qui résultent pour le Danemark de l'ouverture du canal allemand de Kiel. — 5. Comparer les ressources économiques du Danemark, de la Hollande et de l'Irlande. — Copenhague.

CHAPITRE III

Le royaume des Pays-Bas

Géographie physique.

Situation et dimensions. — Le royaume de Hollande ou des Pays-Bas (*Nederland*) est borné au nord et à l'ouest par la mer du Nord, au sud par la Belgique, à l'est par l'Allemagne. — Il couvre une superficie de 33 000 kilomètres carrés, c'est-à-dire supérieure d'un huitième à celle de la Belgique, et à peine égale à celle d'une province française comme la Bretagne.

Relief du sol. — La Hollande est le type des *pays de plaine*. Son sol, d'une platitude presque absolue, ne laisse apparaître aucune des roches primitives.

La pierre manque et la plupart des édifices sont construits en briques. La majeure partie des Pays-Bas (Nord-Holland, Sud-Holland et Zélande) est formée d'alluvions et ne présente, comme accidents de terrain, que les dunes sablonneuses du littoral. Certaines régions, plus basses que les autres de quelques mètres, se trouvent au-dessous du niveau de la haute mer et seraient inondées à chaque marée sans les hautes et larges **digues** qui les protègent contre le flot. Tels sont les riches **polders** de Zélande et de l'ancien lac desséché de Haarlem ; les polders sont donc le résultat du travail de l'homme, qui a découpé en rectangles ces terres basses et fertiles ; ce qui frappe le visiteur, c'est la parfaite régularité de ces parcelles si bien cultivées.

Ailleurs, le sol est couvert de tourbières, comme les marais de *Bourtange* et de *Peel*.

Climat. — Le climat de la Hollande est *tempéré*, mais déjà moins clément qu'en Belgique ou dans l'Angleterre méridionale. L'hiver est assez rigoureux pour geler chaque année, pendant deux ou trois mois, le grand canal qui unit le Helder à Amsterdam ; et même le Zuiderzée est quelquefois pris par les glaces. Moyenne hivernale à Amsterdam : 2°,5 ; moyenne de l'été : 18°.

Pluies. — Les Pays-Bas sont soumis, comme la Belgique, au régime des vents océaniques. Ils reçoivent donc des *pluies* abondantes d'une moyenne de 0^m,70 ; il pleut surtout en été.

Fleuves. — La Hollande est le pays de l'Europe le plus riche en eaux courantes ; son territoire entier forme

Fig. 64. — **Les quais de la Meuse à Rotterdam.**

(Cliché L. L.)

comme un vaste *delta*, le delta commun de l'Escaut, de la Meuse et du Rhin.

Le **Rhin**, large à son entrée en Hollande de 670 mètres

et profond de 4 mètres, commence à se diviser au village de Pannerden, à quelque distance de la frontière de Prusse, en deux bras, le *Waal* et le *Rhin inférieur*. Ce dernier se subdivise lui-même : une partie de ses eaux s'écoule vers le Zuiderzée par l'*Yssel* et la *Vecht*, tandis que le *Lek* coule vers l'ouest et va se mêler au Waal et à la Meuse.

En réalité, ou devrait considérer la Meuse comme un affluent du Rhin, tant leurs eaux se mélangent dans la région deltaïque. La **Meuse** (Maas) est entrée définitivement en plaine au moment où elle arrose Maestricht. A partir de Venloo, elle suit la même direction que le Rhin, avec lequel elle communique en deux points, au Fort Saint-André et à Gorkum.

Dans la région du delta, elle se divise en 3 branches, dont la plus importante, la *Nouvelle Meuse*, baigne le grand port de Rotterdam.

La Hollande possède aussi les *bouches de l'Escaut*, le *Hont* ou l'Escaut occidental, et l'Escaut oriental : entre ces deux bras de mer larges de plusieurs kilomètres, sont comprises quelques îles de la *Zélande*.

Littoral. — Les côtes des Pays-Bas sont basses comme celles de la Belgique, mais bien plus découpées. La mer pénètre entre de nombreuses îles et mêle ses flots aux eaux profondes des fleuves. Aussi presque toutes les villes de Hollande sont des ports.

Mais si la mer enrichit la Hollande par la pêche et le commerce, elle menace chaque jour ces terres déprimées, défendues par les digues. On sait qu'à plusieurs reprises, les flots ayant rompu la faible barrière des dunes sablonneuses qui s'étendaient autrefois des bouches de la Meuse au Weser, de vastes régions ont été noyées avec des milliers d'habitants. La plus célèbre irruption de la mer du Nord est celle qui, en 1282, forma le golfe de *Zuiderzée* (mer du Sud), et fit ainsi de la province de Hollande une longue presqu'île terminée par le *Helder*.

Les **îles** des Pays-Bas peuvent se diviser en deux groupes : 1° les unes, situées au nord du Zuiderzée, sur la côte de *Frise*, sont dues à l'invasion de la mer ; elles restent comme les témoins de l'ancien littoral : ce sont *Texel*, *Vlieland*, *Terschelling*, *Ameland*, etc.

2º Les autres, dans la *Zélande* (= les îles), ont été produites à la fois par le travail de la mer et par l'érosion des trois grands fleuves qui débouchent à cet endroit, Rhin, Meuse, Escaut : ce sont *Walcheren*, *Nord* et *Zuid-Beveland*, *Tholen*, *Schouwen*, *Over Flakkee*. Toute cette région subit un lent affaissement, qui se fait sentir depuis plusieurs siècles, de même que dans la Flandre.

Fig. 65. — Maisons de pêcheurs dans l'Ile de Marken.

(Cliché L. L.)

Lutte contre la mer. — Pour défendre ce littoral contre les tempêtes de la mer du Nord, les Hollandais sont obligés à des travaux incessants. Partout où manquent les dunes, et surtout en Zélande, on voit s'élever de puissantes **digues** (*dams*), de 8 à 10 mètres de hauteur au-dessus des flots et larges de 50 à 100 mètres à la base. De là l'emploi si fréquent de la terminaison « dam » dans la nomenclature néerlandaise (Amsterdam, Rotterdam, Schiedam, etc.). Ces digues sont, par endroits, percées d'écluses, pour permettre l'écoulement des rivières ou des innombrables canaux qui couvrent le pays. Car les Hollandais ont à lutter contre leurs fleuves autant que contre la mer. Le lit du Rhin et de la Meuse s'exhausse sans cesse et leurs eaux endiguées coulent maintenant au-dessus des champs qui les avoisinent.

Pour drainer l'humidité qui s'infiltre dans leurs prairies

et dessécher les marécages, les cultivateurs hollandais les divisent et y creusent une multitude de fossés, puis les entourent de **canaux** qui recueillent les eaux des fossés intérieurs; enfin des pompes, mues par la vapeur, élèvent

Fig. 66. — La Hollande.

l'eau de ces canaux agricoles vers les grands canaux qui la portent à la mer.

Tous ces travaux de défense et d'asséchement sont soumis à la surveillance d'un corps spécial d'ingénieurs hydrauliciens, le *Waterstaat*, créé au xvie siècle.

Non contents d'avoir ainsi desséché les lacs de Haarlem

et de l'Y près d'Amsterdam, les Hollandais ont décidé de reconquérir la partie méridionale du Zuiderzée. Ce travail gigantesque, qui demandera plus de 30 années, rendra à la culture près de 200 000 hectares.

Il est plus vrai que jamais de dire avec Esquiros : « L'art

Fig. 67. — Polders de Zaandam.

(Cliché L. L.)

des polders a fait à la Hollande une seconde nature ; ailleurs il faut créer les produits du sol, ici il a fallu créer le sol lui-même. »

Géographie politique.

Population. — Le royaume des Pays-Bas est un des pays les plus peuplés de l'Europe : 5 700 000 habitants, soit 174 par kilomètre carré. Les régions les plus favorisées sont la Hollande méridionale (415 par kilomètre), et la Hollande septentrionale (378); la population la moins dense est celle de la Drenthe (60).

Le peuple néerlandais, descendant des anciens Bataves, est d'origine germanique. Les deux tiers de la population sont attachés aux différentes confessions de l'*Église réformée*. Les *catholiques* sont au nombre de 1 800 000 environ. On compte près de 97 000 *israélites*; beaucoup d'entre eux parlent encore le portugais.

Fig. 68. — Pêcheurs de l'Ile de Marken.
(Cliché L. L.)

Gouvernement et divisions administratives. — Le gouvernement est une *monarchie constitutionnelle*. La reine exerce le pouvoir législatif avec les deux Chambres qui composent les *États généraux*.

L'*armée* permanente métropolitaine compte 70 000 hommes. La Hollande entretient, en outre, dans ses colonies, une armée spéciale de 30 000 hommes.

Les Hollandais, dont l'histoire maritime est si glorieuse, possèdent encore aujourd'hui une forte *flotte* de 130 navires montés par 7000 matelots; il faut y ajouter une infanterie de marine comprenant 10 000 soldats.

Les Pays-Bas sont divisés en 11 provinces :

La **Hollande septentrionale**, chef-lieu *Haarlem* ; ville principale *Amsterdam* ;

La **Hollande méridionale**, chef-lieu *la Haye*, qui est la capitale du royaume ; ville la plus importante : *Rotterdam* ;

La **Zélande**, chef-lieu *Middelbourg* ; principal port : Flessingue ;

La province d'**Utrecht**, chef-lieu *Utrecht* ;

Le **Gueldre**, chef-lieu *Arnhem* ;

L'**Over-Yssel**, chef-lieu *Zwolle* ;

La **Drenthe**, chef-lieu *Assen* ; c'est une province pauvre ;

La **Frise**, chef-lieu *Leeuwarden* ;

La province de **Groningue**, chef-lieu *Groningue* ;

Le **Brabant** hollandais, chef-lieu *Bois-le-Duc* ;

Le **Limbourg**, chef-lieu *Maestricht* sur la Meuse.

Villes. — Trois *villes* hollandaises ont une population supérieure à 100 000 âmes :

La Haye (250 000 hab.) est la résidence royale et la capitale des Pays-Bas ; c'est une des villes les mieux construites.

Fig. 69. — Canal du Kolkjc à Amsterdam.
(Cliché L. L.)

Rotterdam (390 000 hab.) sur la Nouvelle-Meuse, fleuve large et profond, est le meilleur port des Pays-Bas et le plus actif.

Amsterdam (565 000 habit.), la plus grande ville de

Hollande, est bâtie presque entièrement sur pilotis et possède autant de canaux que de rues. Aujourd'hui, elle le cède en importance commerciale à Rotterdam, dont le port est meilleur; celui d'Amsterdam, sur le Zuiderzée, manquait de profondeur, mais il a été réuni à la mer du Nord par un canal maritime de 25 kilomètres de longueur, le canal d'*Ymuiden*.

Parmi les autres villes des Pays-Bas, citons *Utrecht* (115 000 hab.), centre industriel, et *Leyde* (58 000 hab.), centre intellectuel et siège d'une Université célèbre.

Géographie économique.

Agriculture. — Les Pays-Bas ont une *agriculture* très prospère. Les terres d'alluvion de la Hollande, de la Zélande, des provinces de Groningue, de Gueldre et de Frise sont des plus riches; mais la récolte du blé et de l'orge est bien inférieure aux besoins; l'avoine et le seigle occupent de plus vastes espaces. La pomme de terre est très répandue et la betterave à sucre se développe beaucoup.

Fig. 70. — Scheveningue : Bateaux pêcheurs.
(Cliché I. L.)

Les légumes et les fleurs (tulipes, jacinthes) sont l'objet de soins tout particuliers.

L'*élevage* est encore plus important que la culture : les *prairies* couvrent une plus grande étendue que les champs à céréales; elles occupent les deux cinquièmes du territoire et nourrissent plus de 1650000 bêtes à cornes, 300000 chevaux, 770000 moutons, 1370000 porcs.

La Drenthe et l'Over-Yssel contrastent avec les riches fermes de la Hollande par leurs tourbières et leur landes à bruyères.

Les Hollandais, excellents marins, pêchent sur leurs côtes le **hareng**, le *turbot* et les *anchois*; ils font aussi de nombreux armements pour la pêche de la *morue*. — La valeur du hareng pêché annuellement est de 25 millions.

Industrie. — La Hollande est très pauvre en produits minéraux: on y brûle surtout la tourbe. L'industrie hollandaise est donc agricole par excellence. Les huileries, les chocolateries, les merceries, les brasseries, les distilleries d'alcool et de *genièvre*, les fabriques de *fromage* et de *beurre* sont les principales branches de l'industrie. — Leyde fabrique des draps et des lainages. Amsterdam taille les diamants, mais c'est une industrie toute traditionnelle. Comme la Hollande n'a pas de pierres, les briqueteries sont très importantes.

Voies de communication. — La Hollande possède d'excellentes *routes* établies sur les digues et pavées en briques. Les *chemins de fer*, dont la construction a été fort difficile à cause de la multiplicité des cours d'eau qui sillonnent le pays, n'ont encore qu'un développement de 30000 kilomètres. Les travaux publics les plus remarquables des Pays-Bas sont, avec les digues, le réseau des *canaux*: on y compte 2800 kilomètres de voies navigables, dont 2300 en canaux.

Citons, en particulier, le canal maritime du Nord Hollande, long de 75 kilomètres, et le Nordsee-canal, d'Amsterdam à Ymuiden, accessibles l'un et l'autre aux grands navires. Leur profondeur atteint 7 et 8 mètres.

C'est par les canaux que se fait, en Hollande, la majeure partie des transports.

Marine marchande et ports. — La marine marchande des Pays-Bas est considérable, grâce au commerce colonial : elle compte 425 navires à voiles d'une jauge de 220 000 tonnes et 260 navires à vapeur d'une jauge de

Fig. 71. — Ymuiden. Les écluses.

(Cliché I. L.)

940 000 tonneaux. Les ports les plus fréquentés sont ceux de *Rotterdam, Amsterdam* et *Flessingue.*

Commerce. — Le commerce extérieur de la Hollande est un des plus actifs du monde : il atteint 5300 millions d'achats et 4300 millions de ventes. La Hollande *importe* du blé, du fer, du cuivre, de la houille, du bois ; elle *exporte* des céréales, des bestiaux et des denrées coloniales ou alimentaires.

Les relations les plus importantes sont entretenues avec l'*Allemagne*, l'*Angleterre* et ensuite les *colonies hollandaises*. La *France* fait peu de commerce avec la Hollande : elle expédie surtout vers ce pays des vins, des peaux et des tissus de soie.

Le port le plus important est **Rotterdam**. C'est le sixième du monde : il reçoit par le Rhin les produits de l'Alsace, du duché de Bade, de la Westphalie; par la mer les cafés et le tabac d'Amérique, le sucre et les épices des îles de la Sonde. — A Rotterdam se concentrent 62 pour 100 du mouvement maritime total des Pays-Bas. C'est un marché de produits bruts et de denrées alimentaires de première importance. C'est le premier marché de grains de la Hollande : on y voit de vastes entrepôts de pétrole, de coton, de sucres coloniaux; ils alimentent l'Allemagne de l'ouest et du sud ouest, y compris l'Alsace-Lorraine. Rotterdam est, pour les margarines et les graisses, ce qu'est Liverpool pour le coton, Anvers pour les cuirs. C'est par Rotterdam que les usines métallurgiques d'Essen sont approvisionnées en minerai espagnol ou algérien. C'est aussi le port de sortie des cokes et des charbons allemands.

Colonies. — L'empire colonial de la Hollande comprend deux groupes :

1° Les **Indes orientales**, domaine de plus de 1 900 000 kilomètres carrés et de 39 millions d'individus, se composent de *Sumatra*, *Java*, *Madoura*, *Banca*, *Billiton*, d'une partie de *Bornéo*, de la *Nouvelle-Guinée* et de *Timor*, de *Célèbes*, des *Moluques*, de *Bali*, etc. — A elle seule, Java a 30 millions d'habitants (densité : 230).

La Hollande en tire l'*étain*, le *café*, les *épices*, le *riz*.

La capitale de ces établissements, **Batavia**, dans l'île de *Java*, compte 140 000 habitants, dont 9000 Européens.

2° Les **Indes occidentales** (*Guyane, Curaçao, Saint-*

Martin, Saint-Eustache et *Saba*), beaucoup moins importantes, sont peuplées d'environ 145 000 habitants.

Cet empire colonial, étendu comme 63 fois la Hollande, est le plus riche du monde après celui de l'Angleterre.

Conclusion. — Le royaume des Pays-Bas doit sa prospérité à sa situation maritime, à la richesse agricole d'une partie de ses provinces, à la profondeur de ses fleuves, à son empire colonial, mais surtout à l'énergie de ses habitants qui ont su conquérir sur la mer et sur les marais leurs terres les plus fertiles.

Sujets de devoirs. — 1. Comparez la Hollande et l'Irlande. — 2. Le Zuiderzée; raconter sa formation et ses transformations. — 3. Décrire la Zélande. — 4. Décrire un polder. — 5. Le rôle des fleuves et des canaux en Hollande. — 6. Montrer quelles ressources les Hollandais tirent de leurs colonies. — 7. Décrire Amsterdam et Rotterdam.

Fig. 72. — Sluis. Le moulin de 1739.
(Cliché Paté.)

CHAPITRE IV

Le royaume de Belgique

Géographie physique.

Situation et dimensions. — Le royaume de Belgique, situé au nord-ouest de l'Europe, couvre une superficie de 29 455 kilomètres carrés, c'est-à-dire 18 fois fois moindre que celle de la France. — Ses limites sont marquées d'un côté par la mer du Nord; les États qui lui sont limitrophes sur le continent sont : au nord, la Hollande; à l'est, la Hollande et la Prusse; au sud-est, le grand-duché de Luxembourg; au sud-ouest, la France. Aucune barrière naturelle ne sépare la Belgique de ces divers pays.

Relief du sol. — La Belgique est un pays de plaines. Cependant, on peut y distinguer **trois régions naturelles** : l'*Ardenne* ou haute Belgique, la *Hesbaye* ou moyenne Belgique, la *Flandre* et la *Campine* ou basse Belgique.

L'Ardenne. — Le système montagneux qui couvre la Belgique du sud-est, l'**Ardenne**, ne lui appartient pas en propre. Ce plateau, qui s'étend également en France, dans le Luxembourg et la Prusse rhénane, n'est lui-même qu'une partie d'un ensemble beaucoup plus étendu, le système du Rhin. En effet, Ardennes, Eifel, Westerwald, Hunsrück, Taunus, forment un tout géologique et orographique, une région de plateaux schisteux plus ou moins élevés, entaillés par de profondes fissures où coulent en décrivant de nombreux méandres le Rhin, la Moselle, la Meuse et leurs affluents.

Les Ardennes sont la terminaison de ce système vers le nord-ouest et n'en sont pas la partie la plus haute. C'est une surface assez uniforme de plateaux boisés dont l'altitude moyenne est comprise entre 300 et 500 mètres. Ils s'abaissent vers le nord-ouest, et bordent la Meuse d'une série de collines qui dominent le fleuve d'environ 200 mètres. A mesure qu'on s'éloigne de la Meuse pour se rapprocher des territoires rhénans, le plateau s'élève et devient moins fertile.

Les roches calcaires disparaissent, et le sol formé de schiste ne porte que des forêts ou de maigres pâturages fréquentés par les moutons. L'eau ne peut pénétrer ce sol imperméable et séjourne dans les cavités

Fig. 73. — Les bords de la Meuse à Dinant.

(Cliché Paté)

en formant des tourbières et des marais boueux, appelés dans le pays du nom significatif de « fanges », ou encore « fagnes », « veen ».

Cette région pauvre, un « petit désert au milieu des pays les plus peuplés de l'Europe », ne serait même pas pittoresque et paraîtrait monotone, tant les sommets dominent peu le plateau, sans les vallées qui coupent cette masse schisteuse et la traversent en d'étroits et profonds couloirs bordés de chaque côté par des escarpements couronnés de forêts. Ce sont ces vallées, la Meuse, la Semoy, l'Amblève, qui orment les principaux accidents du système. Leur profondeur, comparée à l'altitude du plateau, atteint parfois 200 à 250 mètres, alors que les points culminants dépassent rarement de plus de 100 mètres le niveau des terres qui les environnent.

Les Belges distinguent dans l'Ardenne différentes parties d'après l'altitude et la fertilité relative. Au sud de la Meuse, entre Namur et Liége, s'étend le *Condroz*, pays d'altitude encore médiocre, environ 300 mètres, et assez fertile grâce aux roches calcaires qui se mêlent aux bandes de terrain silurien; les pâturages et les bois se partagent cette région ainsi que le plateau de Herve.

Entre Sambre et Meuse s'étend la *Fagne*, qui n'est pas plus élevée, tandis qu'à l'est le *Hohe Venn* annonce déjà le système plus montagneux de l'Eifel et porte le point culminant de la Belgique, la *Baraque Michel* (674 m.), à l'est de Verviers.

Au sud du Condroz s'étend la *Famenne*, déjà plus haute et moins fertile, puis la partie la plus morne et la plus pauvre des Ardennes, les *Hautes-Fagnes*, dont la hauteur est presque partout supérieure à 450 mètres.

Enfin au sud l'Ardenne s'abaisse et s'articule de nouveau dans les vallées de la Semoy et de l'Alzette, qu'occupent le grand-duché de Luxembourg et le Luxembourg belge. Abritées contre les vents du nord, ces vallées ont un climat beaucoup moins rude et des terres plus fertiles.

La Hesbaye. — La région moyenne de la Belgique, celle des collines et des hautes plaines qui s'étendent au nord de la Meuse et de la Sambre dans le Hainaut et le Brabant, est la continuation du Hainaut français. C'est la **Hesbaye**. Le sol, formé de terrains tertiaires et de débris arrachés à l'Ardenne pendant la période diluviale, est formé d'un limon qui se prête à toutes les cultures. Les accidents de terrains y sont médiocres et déterminés surtout par les vallées des rivières qui ont creusé leur lit dans ce sol meuble. Bruxelles et Louvain marquent au nord la fin de ces ondulations.

La Flandre et la *Campine.* — Au delà, les collines

font place à une plaine basse et uniforme : la *Flandre* à l'ouest, la *Campine* au nord. Mais, s'il y a peu de différence au point de vue du relief entre la Flandre et la Campine, il y en a de très sensibles dans l'aspect et la valeur des pays.

La **Flandre**, plaine déprimée et en certains points au-dessous du niveau de la mer, abondamment arrosée par des rivières qui coulent à pleins bords, coupée en tous sens de canaux qui drainent les eaux et en déversent l'excès à la mer aux heures de marée basse, est devenue, grâce à un travail séculaire, une des terres les plus fertiles de l'Europe. Les marais (*moeres*) ont été transformés par l'habileté et la patience des Flamands en *polders*, où s'engraissent de nombreux bestiaux. Les sables ont été amendés et fertilisés. Les polders lentement conquis sur les marais ou sur la mer elle-même sont défendus contre le retour des eaux par de puissantes digues soigneusement entretenues, larges de 20 à 30 mètres et hautes de 8 à 10 mètres au-dessus des flots.

A côté des riches prairies flamandes, la **Campine** fait un singulier contraste. Elle est restée une grande plaine de sable et de gravier inculte que le vent amoncelle en dunes mobiles comme celles de la côte.

Climat. — La plaine belge est soumise au régime du climat océanique : ainsi Bruxelles reçoit des pluies assez abondantes (0^m.65 par an), jouit d'une température moyenne assez douce en hiver et en été ($+ 18^0$ en été et $+ 2^0$ en hiver). Les contrastes sont plus marqués, le climat est plus rude dans la région de l'Ardenne.

Fleuves. — Les deux principaux fleuves sont : la Meuse et l'Escaut.

La **Meuse** est déjà profondément engagée dans un couloir du plateau des Ardennes quand elle pénètre, au nord de Givet, sur le territoire belge; à partir de Dinant, elle coule vers le nord dans une vallée un peu plus large, jus-

qu'à Namur. De Namur à Liége et à Maestricht, le fleuve
continue la direction de son affluent de gauche, la Sambre;
puis il entre définitivement en plaine sur le territoire hollandais. Son principal affluent, la *Sambre*, qu'elle reçoit à
Namur, lui vient de la même région de sources que l'Escaut, l'Oise et la Somme en France; il traverse les Ardennes
occidentales entre des rives escarpées qui resserrent son
cours. A droite, la Meuse reçoit près de Liége l'*Ourthe*,
née dans la plus haute région des Ardennes.

L'***Escaut*** a un tout autre caractère : c'est par excellence

Fig. 74. - - Le Bas-Escaut à Anvers.
(Cliché E. Reclus, communiqué par la *Société de géographie*).

un *fleuve de plaine*. Né en France à 90 mètres d'altitude,
il est navigable à quelques kilomètres de sa source. Il rase
les dernières collines qui accidentent la plaine belge jusque
vers Oudenarde; puis il entre définitivement en pays plat.

Quand l'Escaut arrive à *Anvers* dans sa région maritime,
il mesure 500 mètres de largeur, et près de 15 mètres de
profondeur à marée haute. Les plus forts navires de mer y
remontent, et la moyenne navigation maritime peut em-
ployer plus du tiers de son cours; l'Escaut est, toutes pro-

portions gardées, le fleuve de l'Europe le plus utile à la navigation.

L'Escaut reçoit à gauche la *Lys*, venue des collines d'Artois. A droite la *Haine*, la *Dender*, mais surtout le *Rupel*, lui apportent des eaux abondantes; ce dernier affluent, formé de la Senne, de la Dyle et des deux Nèthes, est large de plus de 200 mètres quand il se jette dans l'Escaut.

Côtes. — La côte belge se développe sur une étendue

Fig. 75. — Les dunes de Knocke.
(Cliché L. I.)

d'environ 70 kilomètres. C'est presque une *ligne droite* orientée du sud-ouest au nord-est. On n'y remarque point de presqu'îles et d'îles comme en Hollande. Cette côte est basse, sablonneuse et garnie de rangées de dunes; au large, la mer est encombrée de longs bancs de sable. — Les

points où se sont établis les ports, comme *Blankenberghe*
et *Ostende*, ne marquent pas de notables enfoncements,
et ces abris n'ont été créés ou maintenus qu'à force de
travail. Mais un port intérieur comme *Anvers* vaut à lui
seul plus que tout le littoral, et *Bruges* vient d'être pourvu
d'un canal maritime.

Géographie économique.

La Belgique est très favorisée au point de vue économi-

Fig. 76. — Ypres. Les Halles.
Cliché L. L.

que. Son sol donne de grandes richesses agricoles et son
sous-sol recèle des trésors minéraux.

Agriculture. — L'Ardenne est un pays de *forêts*; la
Campine est peu productive. Mais les pays de la Hesbaye,

du Brabant et de la Flandre sont parmi les plus riches de l'Europe. On y cultive les céréales, surtout le *blé* et l'orge ; la *pomme de terre* y donne d'abondantes récoltes.

Les cultures industrielles les plus importantes sont : le *lin*, la *betterave sucre* et le *houblon*.

La Belgique est un pays de *grand élevage*. Le bétail est une de ses richesses. Les bêtes à cornes sont surtout élevées dans le Brabant et dans les Flandres, les chevaux dans les mêmes provinces et dans le Hainaut. Dans l'Ardenne vivent les moutons.

Industrie. — La Belgique est un des pays de l'Europe qui donnent le plus de houille, de métaux, et d'autres

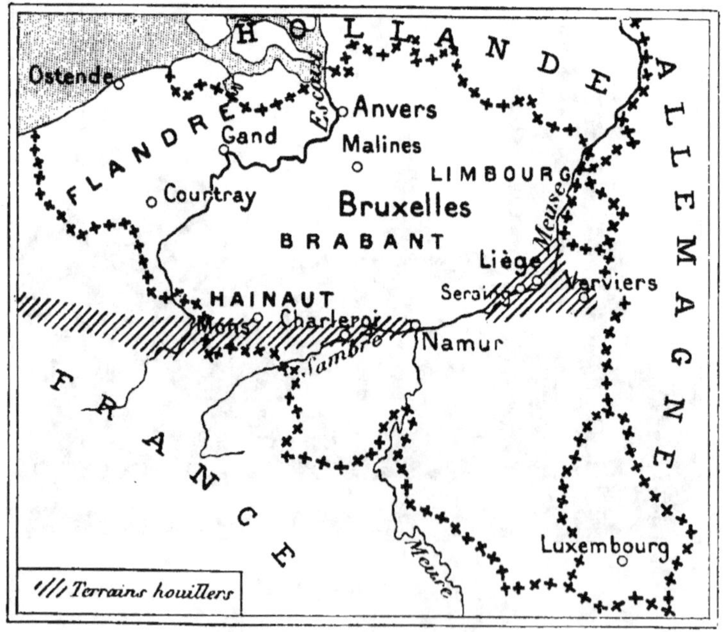

Fig. 77. — La Belgique.

produits minéraux. Les pierres de taille du Hainaut, les ardoises du Luxembourg et les marbres du pays de Namur ont une grande réputation.

La **houille** est exploitée activement dans les provinces de Liége, de Namur et du Hainaut; sur une étendue de 200 kilomètres de l'est à l'ouest, avec une largeur de 10 kilomètres en moyenne, existe une riche bande carbonifère le long de la Sambre et de la Meuse. Une de ces mines est exploitée jusqu'à 1100 mètres de profondeur. *Liége*, dans le bassin oriental, mais surtout *Charleroi* et *Mons* à l'ouest, produisent la plus grande quantité. Sur **22** millions de tonnes de houille extraites de son sol, la Belgique en consomme à peu près 14; elle vend le reste à la France.

Le **fer** est exploité dans les mêmes provinces; les hauts fourneaux et les aciéries existent en grand nombre dans les districts de Charleroi et de Liége : la valeur de l'exportation des fontes, des fers et des aciers, dépasse chaque année 150 millions de francs.

La Belgique produit aussi beaucoup de **zinc**, du *plomb* et du *cuivre* en moindre quantité. Charbons et minerais représentent une valeur de 400 millions.

La principale industrie est la **métallurgie**. Liége, Charleroi, Mons et Bruxelles construisent des machines de tous genres : les armes de Liége sont célèbres. L'usine Cockerill, à *Seraing*, n'occupe pas moins de 9000 ouvriers et rivalise avec le Creusot et l'usine Krupp d'Essen pour la fabrication des machines, du matériel de chemin de fer et les canons.

Les **industries textiles** sont également très développées.

Les *filatures* de *laine*, à Verviers, à Bruxelles, à Tournai, de *lin* à Courtrai, à Gand, à Bruges et à Malines, occupent des milliers d'ouvriers; on tisse le *coton* dans les Flandres, surtout à Gand. L'habileté des ouvrières belges dans la fabrication des *dentelles* est célèbre (surtout à Malines).

Voies de communication. — Avec un sol riche et des industries actives, la Belgique possède de belles *voies de communication*. Toute la région située au nord de la Meuse, peu élevée et abondamment arrosée, est pourvue d'un merveilleux réseau de canaux et de chemins de fer. Les *voies ferrées* ont une longueur de 7000 kilomètres. Les *canaux* ou fleuves navigables ont un développement de 2000 kilomètres. Le *canal de la Campine*, un des plus longs, met Anvers en communication avec le *canal Guil-*

Fig. 78. — Bassin Kattendyk à Anvers.
(Cliché Paté.)

laume, qui aboutit à Maestricht en Hollande, c'est-à-dire réunit l'Escaut à la Meuse.

La *marine* belge est peu considérable : elle compte 66 navires dont 60 vapeurs ; *Anvers* est le meilleur port du continent et le plus fréquenté, mais ce sont des navires anglais, américains et allemands, qui remplissent ses bassins.

Commerce. — Le *commerce* extérieur de la Belgique est très actif : il représente une valeur d'autant plus grande que le transit est considérable (2300 millions).

L'*exportation* (2850 millions) consiste en houille, en céréales, en machines-outils, en lainages et toiles. La Belgique *importe* des céréales, de la laine, du bois, du lin, des vins, etc., pour 3 milliards 500 millions. — La *France* est au premier rang parmi les nations qui échangent avec la Belgique; l'Allemagne et l'Angleterre viennent ensuite.

Anvers est le premier port de la Belgique et le quatrième du monde. L'Escaut a dans cette ville une largeur de 500 à 700 mètres et une profondeur de près de 15 mètres à marée haute. Anvers abrite surtout des navires étrangers. C'est un des grands marchés de grains du monde; ses entrepôts sont, avec ceux du Havre, les plus riches en peaux importées de l'Amérique du Sud: là se traitent aussi les grands achats de cafés du Brésil. Un bassin spécial y reçoit les pétroles. Coton, laines, denrées coloniales, thé, riz, caoutchouc, ivoire, y sont l'objet d'actives transactions. — Sa banlieue est très industrielle.

Géographie politique.

Races, religion. — On divise la Belgique en deux groupes ethnographiques, **Flamands** et **Wallons**. Les Flamands se rattachent d'une manière générale aux races germaniques: les Wallons aux populations françaises (Wallon — Gaulois).

La langue française, qui est la langue officielle, est parlée par environ 2 800 000 individus: 3 millions parlent le flamand; 800 000 savent à la fois le flamand et le français. Le français est surtout parlé dans le pays de Liége, le Luxembourg belge, le Hainaut et dans la province de Namur.

La Belgique est un pays *catholique*: on n'y compte guère que 15 000 protestants et 4000 israélites. Il y a un archevêché à Malines.

La Belgique n'existe comme État souverain que depuis 1830.

Organisation politique. — Le royaume de Belgique compte 7 300 000 habitants, soit 248 par kilomètre carré; cette région est la plus dense du monde avec l'Egypte. Les

districts les plus peuplés sont ceux du Hainaut, du Brabant
et de la Flandre, où l'on compte jusqu'à 340 habitants par
kilomètre carré; ceux où la population est le plus clairsemée sont situés sur le plateau ardennais; ainsi le Luxem-

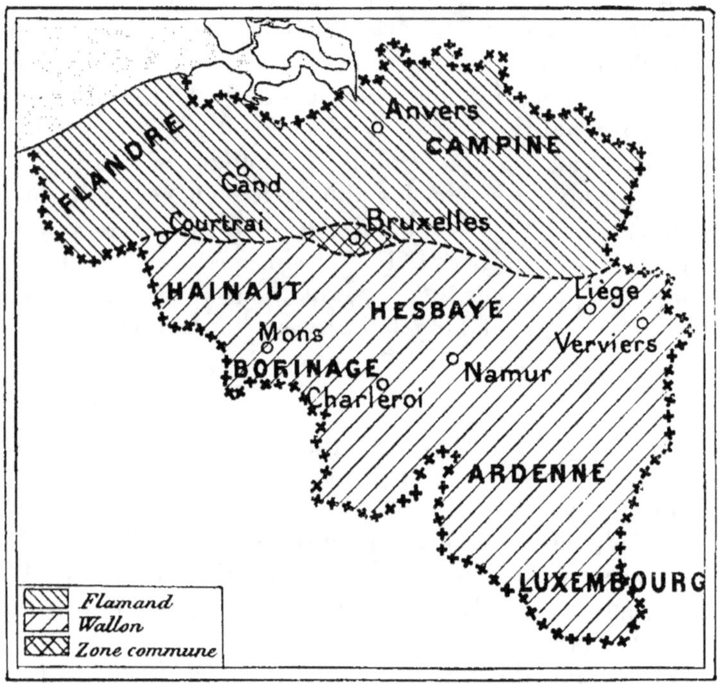

Fig. 79. — Les races en Belgique.

bourg n'a qu'une moyenne de 48 habitants par kilomètre
carré.

Le gouvernement de la Belgique est la **monarchie
constitutionnelle**: le roi gouverne avec un *Sénat* élu
pour huit ans, et une *Chambre des représentants* élue
pour quatre ans. — *L'armée* compte à peu près 50 000
hommes.

La Belgique est divisée en 9 *provinces*, dont 3 dans les
Ardennes : le **Luxembourg** *belge*, ch.-l. *Arlon*: la province de **Namur**: la province de **Liége**.

Et 6 dans la plaine : le **Brabant**, ch.-l. *Bruxelles*; le **Hainaut**, ch.-l. *Mons*; le **Limbourg**, ch.-l. *Hasselt*; la province d'**Anvers**; la **Flandre orientale**, ch.-l. *Gand*; la **Flandre occidentale**, ch.-l. *Bruges*.

Villes. — Quatre villes en Belgique ont une population supérieure à 100 000 habitants;

Bruxelles (200 000 hab., mais plus de 600 000 avec les

Fig. 80. — Bruges. Le quai Vert.

(Cliché Paté).

faubourgs), capitale du royaume, est aussi une grande ville de commerce.

Anvers (310 000 hab.) est l'un des ports les plus actifs du monde.

Liége (175 000 hab.), la grande ville wallonne, située au confluent de la Meuse et de l'Ourthe, doit sa prospérité à l'industrie métallurgique.

Gand (164 000 hab.), la vieille cité flamande, est située

dans une position très favorable, au confluent de l'Escaut et de la Lys ; en outre, ses canaux lui donnent accès sur la mer.

Le Congo belge. — Constitué par le Congrès de Berlin en 1885, cet État s'est rapidement développé grâce à l'initiative du roi des Belges ; par testament, Léopold II a cédé l'État libre du Congo à la Belgique ; le Parlement belge a accepté ce testament en 1908. — Le Congo, cent fois plus grand que la Belgique, a de magnifiques forêts, exporte le caoutchouc et l'ivoire. Une voie ferrée de 400 kilomètres évite les rapides du bas Congo et est, jusqu'ici, l'unique débouché de cette immense région.

Conclusion. — Grâce à sa situation entre les puissances les plus actives de l'Europe, l'Angleterre, la France, l'Allemagne et la Hollande, grâce aussi à ses richesses minérales habilement exploitées, la Belgique est devenue, en notre siècle, un pays d'industrie intense comme l'Angleterre, la Prusse rhénane, et un des grands centres commerciaux du monde. Ses progrès économiques ont favorisé l'accroissement extraordinaire de la population de ce petit pays.

LE GRAND-DUCHÉ DE LUXEMBOURG

Le *Grand-Duché de Luxembourg*, neutralisé en 1867, forme, depuis 1890, un État indépendant gouverné par un prince de la maison de Nassau. Le Luxembourg occupe, entre la Belgique, la France et l'Allemagne, une partie du plateau des Ardennes.

La population (246 000 hab.) y parle le français et l'allemand.

Le Luxembourg possède de riches mines de fer. Il fait partie de l'Union douanière allemande ou Zollverein.

Sujets de devoirs. — 1. La Flandre. — 2. Les pays wallons. — 3. Les districts houillers en Belgique. — 4. Comparer Anvers, Hambourg et le Havre. — 5. Indiquer les conséquences qui résulteraient, pour les différentes parties de la Belgique et pour les pays voisins, de la transformation de Bruxelles en port de mer.

CHAPITRE V

L'Empire allemand

Situation et dimensions. — L'Allemagne a une superficie de 540 000 kilomètres carrés, inégalement partagée entre deux régions physiques très différentes. L'Allemagne du Nord en couvre les ⅘ (412 000 kilomètres carrés).

L'empire est borné *au nord*, par la mer du Nord, le Danemark, la Baltique; *à l'est*, une frontière conventionnelle le sépare de la Russie dans la région des plaines; *au sud*, il est limitrophe de l'Autriche-Hongrie, sur tout le pourtour septentrional et occidental des monts de la Bohême, et dans une partie de la région alpestre; le lac de Constance et une partie du cours du Rhin forment approximativement sa limite du côté de la Suisse. *A l'ouest*, la France, le Luxembourg, la Belgique et la Hollande sont ses voisins.

Principales zones de relief. — La tradition a consacré la division de l'Allemagne en deux régions de relief très différent : d'une part, la **Haute-Allemagne**, ensemble de plateaux et de systèmes montagneux appuyés aux Alpes et qui comprend le *plateau bavarois*, la *région du sud-ouest*, la *moyenne Allemagne*; de l'autre, la **Basse-Allemagne**, ou plaine du Nord, faisant suite à la grande plaine russe.

L'empire allemand peut donc se diviser en quatre régions naturelles.

1° *Plateau bavarois*. — Le **plateau bavarois** occupe entre la lisière des Alpes et la vallée du Danube un espace variant de 150 à 200 kilomètres. L'aspect général est monotone et triste. Le sol, formé des débris transportés par les glaciers et les fleuves alpestres, est généralement pauvre, tantôt caillouteux, tantôt argileux et marécageux. Son alti-

tude moyenne est de 500 mètres; Munich, qui en occupe à
peu près le centre, est à 519 mètres au-dessus du niveau
de la mer. Il s'abaisse assez régulièrement vers le Danube,
dont les affluents de droite le sillonnent de fentes recti-
lignes. Vers le sud-ouest, il s'articule davantage et se lie
avec le massif de la Forêt-Noire et les chaînes du Jura suisse.

2° *Région du Sud-Ouest.* — La **région du Sud-Ouest**
s'étend des Vosges à la Bohême, du Danube au Main. Le

Fig. 81. — **Vue du Herzohenhorn vers le Feldberg.**

(Cliché L. L.)

relief est confus. L'élévation la plus caractéristique est le
Jura allemand qui se divise en Jura *souabe* et Jura *franconien*. Le Jura souabe ou *Rauhe Alp*, qui borde au nord
le Danube, marque la limite du plateau bavarois; il forme
un plateau massif de 600 à 800 mètres s'abaissant en pentes
douces vers le sud et tombant en pentes abruptes vers le
nord. Le *Jura franconien* est moins élevé et ne mesure
que 530 mètres d'altitude moyenne.

Entre le Jura souabe et le Jura franconien se trouve une sorte de *trouée*, qui ouvre une voie naturelle entre le Neckar et le Danube : aussi ce fut longtemps un champ de bataille disputé dans les guerres entre la France et l'Autriche (*Nordlingen, Hochstedt, Donauwerth*).

Les montagnes de la *Forêt-Noire* (*Schwarzwald*) occupent du sud au nord, parallèlement au Rhin et aux Vosges, une longueur de plus de 200 kilomètres en y comprenant l'*Odenwald*; leur largeur varie entre 50 et 60 kilomètres.

Ce système de montagnes, le plus considérable de l'Allemagne du Sud, offre une remarquable analogie avec le système des *Vosges* et du *Hardt*. Leurs massifs, formés des mêmes roches (porphyre et grès rouge), sont également couverts de forêts de sapins et dominés par des

Fig. 82. — Coupe des Vosges et de la Forêt-Noire.

sommets en forme de « ballons ». Les plus grandes hauteurs sont au sud (*Feldberg*, 1493 m., dans la Forêt-Noire; *ballon de Guebwiller*, 1426 m., dans les Vosges). Des deux côtés, les pentes abruptes tombent vers le Rhin, sur la plaine badoise et alsacienne, tandis que l'autre versant est occupé par les plateaux souabe et lorrain.

Entre ces deux systèmes, la *vallée du Rhin*, de Bâle à Mayence, forme une plaine intérieure, que se partagent l'Alsace, le duché de Bade, le Palatinat et la Hesse. Cette plaine d'alluvion est la région la plus riche de l'Allemagne du Sud et de toute l'Europe centrale.

3° *Moyenne Allemagne.* — Bien que le soulèvement de la **moyenne Allemagne** ne forme pas un ensemble, on peut distinguer deux orientations principales dans les hauteurs qui le composent. Les unes, comme le *Frankenwald* (forêt de Franconie) et le *Thuringerwald* (forêt de Thuringe), sont dirigées du sud-est au nord-ouest; les

autres, comme le *Hunsrück* et le *Taunus*, du sud-ouest
au nord-est.

Dans l'intérieur de l'angle formé par ces deux alignements s'élèvent des massifs volcaniques, le *Rhön* (950 m.)
et le *Vogelsberg* (772 m.), qui affectent une forme circu-
laire comparable à celle de notre Cantal.

Au nord de cette ligne de hauteurs, les dernières mon-

Fig. 83. — Forêt de Thuringe. Château Eltz.
(Cliché L. L.)

tagnes qui limitent la moyenne Allemagne sont constituées
par le massif du *Harz*, isolé entre la Saale et le Weser, et
célèbre par ses mines; le mont Brocken le domine.

Beaucoup plus compact que les systèmes précédents est
l'ensemble de hauteurs auquel on donne le nom de *massif
schisteux rhénan*, formé par le *Taunus* et le *Westerwald*

à droite du Rhin, et par le *Hunsrück* et l'*Eifel* sur la rive gauche.

Ces larges plateaux schisteux, d'une hauteur moyenne de 500 mètres, dominés dans le voisinage du Rhin par des massifs plus saillants (700 à 800 m.), et entaillés par de profondes vallées, présentent une véritable unité géologique et orographique. Ils sont bordés, surtout au nord,

Fig. 84. — Les sept montagnes, vues de Rolandseck.

(Cliché L. L.)

des terrains houillers les plus riches de l'Allemagne et de la Belgique, dans les vallées de la Meuse et de la Ruhr.

4° *Plaine du Nord.* — La *plaine de la* **Basse-Allemagne** s'allonge de l'est à l'ouest, entre la plaine russe et les terres basses de la Hollande, sur plus de 1200 kilomètres.

Cette plaine, bien que formée partout de terrains *qua-*

ternaires (sables, argiles, graviers), n'est point partout également plate et dénuée de relief; *deux séries d'élévations* s'étendent dans le sens de la longueur, de l'est à l'ouest, et laissent entre elles une large *dépression*, une sorte de grande vallée parallèle à la mer Baltique.

Ces élévations sont : 1° au sud, dans la Haute-Silésie, le plateau de *Tarnowitz*, qui dépasse 300 mètres près de la frontière polonaise; puis, entre l'Oder et l'Elbe, les collines de *Basse-Lusace* et les landes du *Fläming*, qui atteignent rarement 200 mètres.

2° Au nord, les *plateaux lacustres* de 200 à 300 mètres qui occupent, dans le voisinage de la Baltique, les parties septentrionales de la Prusse, la *Poméranie* et le Mecklembourg; enfin, les landes de *Lünebourg* (150 m.) à l'ouest de l'Elbe.

Climat. — Le climat de l'Allemagne est plus rigoureux que celui des pays de l'Europe occidentale situés sous une latitude analogue. L'influence continentale prévaut surtout dans la plaine du Nord, vers les confins orientaux. Dans le nord-ouest, en particulier dans la région rhénane, le climat est océanique.

Francfort-sur-le-Main a une température moyenne de + 10°; c'est aussi le régime climatérique de Trèves, de Coblentz et de Hambourg. — Dans la plaine du Nord, Berlin n'a plus que + 9°, et Dantzig 7°. — L'Allemagne du Sud, plus élevée, et en particulier la Bavière, située sur un haut plateau, ont des hivers rigoureux.

Pluies. — L'Allemagne est située dans la région intermédiaire où l'influence océanique des vents du sud-ouest est déjà moins sensible. Mais le régime des pluies est profondément modifié par les différences de relief des deux régions qui composent cet État. Si, dans l'Allemagne du Nord, les pluies deviennent plus rares à mesure qu'on avance vers l'est, l'Allemagne du Sud doit à sa constitution montagneuse de recevoir des pluies très abondantes.

Dans la plaine, Brême, à l'occident, reçoit $0^m,70$ de pluies par an, Berlin, $0^m,59$ seulement et Dantzig $0^m,48$.

Dans la Haute-Allemagne, les chiffres sont beaucoup plus élevés : Augsbourg ($0^m,85$) et Munich ($0^m,80$).

Fleuves et lacs. — Des grands fleuves de l'Allemagne, le *Rhin*, qui lui appartient surtout par son cours

Fig. 85. — Le Rhin à Coblentz près d'Ehrenbreitstein.
(Cliché L. L.)

moyen, prend sa source dans les glaciers des Alpes; le *Danube* est un fleuve de plateau; son premier affluent alpestre, l'Inn, est plus autrichien qu'allemand; la *Vistule*, l'*Oder*, l'*Elbe* et le *Weser* empruntent leurs sources à des montagnes secondaires et coulent en grande partie dans les plaines de l'Allemagne du Nord.

Le **Rhin** n'est définitivement allemand qu'à partir de

Bâle, où il vient de franchir un couloir montagneux entre le Jura franco-suisse et la Forêt-Noire. De Bâle à Bingen, il traverse la riche plaine intérieure d'Alsace, dont l'inclinaison sur tout cet espace est assez médiocre et uniforme. Tandis que, depuis sa source jusqu'à Bâle, il a descendu une pente de plus de 2000 mètres, de Bâle à Mayence il n'y a entre le niveau de ses eaux qu'une différence d'à peu près 180 mètres ; Bâle est à 248 mètres au-dessus du niveau de la mer, Strasbourg à 140, Mayence à 76. Sa largeur, dans cette belle vallée, atteint quelquefois 2 kilomètres.

Le Rhin reçoit à gauche, dans cette partie de son cours, un seul affluent important, l'*Ill*, qui débouche près de Strasbourg après un cours sensiblement parallèle à celui du Rhin. A droite le *Neckar* et le *Main* lui apportent les eaux du Jura allemand et drainent les terrasses de Souabe et de Franconie.

Entre Bingen et Bonn, le Rhin coule entre de hautes murailles schisteuses, qui laissent à peine la place pour une voie ferrée. A droite, la *Lahn* et la *Sieg*, à gauche la *Moselle*, affluent beaucoup plus considérable, le grossissent. La Moselle lui amène les eaux des Vosges, du plateau de Lorraine et d'une partie du plateau des Ardennes et de l'Eifel. Elle se jette à *Coblentz* après un cours de 505 kilomètres, dont une partie en France.

De *Bonn* à Cologne et à *Düsseldorf*, le Rhin est encore bordé de hauteurs sur sa rive droite. A *Ruhrort*, il reçoit la *Ruhr* chargée de bateaux de houille ; à Wesel, il reçoit la *Lippe*. A quelques kilomètres à l'ouest d'Emmerich, il pénètre en Hollande.

Le cours supérieur du **Danube**, depuis sa source jusqu'à Passau, appartient à l'Allemagne : ses sources, dans la Forêt-Noire, naissent à une hauteur d'environ 900 mètres ; à partir d'Ulm, il coule lentement sur le plateau bavarois, où des îles et des marécages encombrent son cours. Sa direction est d'abord du sud-ouest au nord-est jusqu'à Ratisbonne, puis du nord-ouest au sud-est de Ratisbonne à Passau.

A gauche, le Danube reçoit des affluents peu importants, comme l'*Altmühl*; de ce côté, il n'existe point de séparation remarquable entre son domaine et celui du Rhin et l'on a pu rejoindre facilement deux affluents de l'un et l'autre fleuve, l'Altmühl et la Regnitz, à travers une dépression du Jura souabe.

C'est de droite que lui viennent ses plus abondants affluents, l'*Iller*, le *Lech* et l'*Isar*, descendus des Alpes secondaires; ces cours d'eau rapides coulent en ligne droite, dans les fentes du plateau.

Fig. 86. — Le Danube.
Donnaustauf et le Walhalla.

(Cliché L. L.)

L'*Inn*, qui vient du cœur des Alpes, ne traverse qu'une partie de la Bavière et forme avec son affluent la *Salzach* la frontière entre l'Allemagne et l'Autriche. A son confluent où s'élève la ville de Passau, il a une masse d'eau aussi considérable que le Danube lui-même: c'est là que le fleuve reçoit le premier tribut des glaciers alpestres.

Des quatre fleuves qui coulent du sud au nord dans la grande plaine d'Allemagne, la *Weser*, l'*Elbe*, l'*Oder* et la *Vistule*, deux seulement, la Weser et l'Oder, appartiennent presque exclusivement au territoire de l'empire.

L'*Ems* traverse les *marais* et les *tourbières de Bourtange*, pour se jeter dans la baie de *Dollart* près de la frontière hollandaise.

La **Weser** (528 kilomètres) est la réunion de la *Werra* et de la *Fulda*. La Werra a sa source à environ 700 mètres de hauteur dans la forêt de Thuringe ; la Fulda naît à une hauteur de 450 mètres seulement dans le massif du Rhön. Le fleuve traverse le plateau westphalien, d'où il sort près de Minden : il coule désormais dans un pays bas et déprimé à travers le Hanovre, au milieu de tourbières, de landes et de *marschen*, terres basses de riche culture. Il se termine par un estuaire avec les ports de *Brême* et *Bremerhafen*. Son principal affluent, l'*Aller*, qui lui vient du sud-est,

borde au sud le pays stérile des landes à bruyères de Lünebourg.

L'**Elbe** entre sur le territoire allemand vers Pirna, à sa sortie de la Bohême ; le fleuve débouche en plaine à Meissen, après avoir traversé la Saxe et arrosé Dresde. Il se dirige d'abord du sud-est au nord-ouest, puis, arrêté par le plateau de Fläming, il dessine jusqu'à Magdebourg un coude vers l'ouest. Les hauteurs du Mecklembourg rejettent dans sa direction primitive l'Elbe qui, à partir de Magdebourg, se dirigeait du sud au nord vers la Baltique : son estuaire débouche dans l'angle de la mer du Nord. Là se sont établis les grands ports de Hambourg et d'Altona, situés à 110 kilomètres de la mer. — Dans son cours à travers la plaine, l'Elbe reçoit à gauche la *Saale*, et à droite la *Havel*, qui draine la dépression médiane de l'Alle-

Fig. 87. — L'Elbe dans la Suisse saxonne.
(Cliché I. L.)

magne du Nord ; la *Sprée,* qui arrose Berlin, est un affluent
de la Havel.

L'***Oder*** coule presque en entier dans les provinces de
la monarchie prussienne ; il arrose la Silésie, le Brandebourg et la Poméranie. Ses sources sont à 320 mètres de
hauteur dans des marécages ; il n'est plus qu'à 200 mètres
au-dessus du niveau de la mer lorsqu'il entre en territoire
allemand. C'est donc le fleuve de plaine le plus caractérisé
de l'Allemagne. Au sud de Glogau, il traverse la première
série de hauteurs de l'Allemagne du Nord dans une large
faille, puis, après son cours dans la dépression centrale
allemande, perce le plateau de Poméranie avant de débou-
cher dans la mer Baltique. — L'Oder a une longueur d'environ 900 kilomètres. Son principal affluent, la *Wartha,*
à droite, en mesure 780.

D'un autre grand fleuve de plaine, la ***Vistule*** (960 kilomètres) venue des Karpathes, l'Allemagne ne possède que
le cours inférieur. — La Vistule entre sur le territoire allemand près de Thorn, à 32 mètres au-dessus du niveau de
la mer. Comme l'Oder inférieur, elle se rejette vers le nord
pour percer les plateaux lacustres voisins de la Baltique ;
son delta aboutit dans le Frisches-Haff ; mais la branche la
plus abondante, canalisée d'ailleurs avec soin, se jette près
de Dantzig en dehors des lagunes.

Citons encore la *Pregel* et son affluent l'*Alle* qui portent
à la Baltique les eaux de nombreux lacs ou marais de la
Prusse orientale, et enfin les bouches du *Niémen* qui se
jette dans le *Kurisches-Haff.*

Communications entre les fleuves de l'Allemagne du Nord. — La
dépression qui s'étend de l'est à l'ouest entre les deux séries de hauteurs parallèles à la côte de la mer Baltique a facilité, dans la plaine
de l'Allemagne du Nord, la jonction des eaux fluviales. Vistule, Oder et
Elbe communiquaient naturellement par les lacs et les marécages qui
marquent cette dépression. La canalisation a donc été chose facile : il
a suffi de réunir les affluents de tous ces fleuves qui coulent, soit de
l'est à l'ouest, soit de l'ouest à l'est dans cette dépression. Entre l'Elbe
et l'Oder, la ligne est marquée par la Havel et son affluent la Sprée,
très voisine de l'Oder. L'Oder communique avec la Vistule par la

Netze, affluent de la Wartha, et la Brahe, affluent de la Vistule.

Lacs. — Trois États allemands, la Bavière, le Wurtemberg et le duché de Bade, sont riverains du *lac de Constance* qui sert de régulateur au Rhin comme le lac de Genève au Rhône. Mais l'Allemagne elle-même compte un grand nombre de lacs. Les uns, comme ceux de la *Bavière* (*Ammer-See*), sont des lacs de plateaux ; les autres, comme ceux de *Mecklembourg*, du *Brandebourg* et de la *Poméranie*, couvrent la plaine où l'écoulement des eaux n'est point déterminé par une pente suffisante.

Côtes. — Les côtes de l'empire d'Allemagne sont parmi les plus basses et les moins articulées de l'Europe.

Le littoral allemand de la Baltique commence, au nord de Memel, par une série de lagunes que des langues de terre séparent de la haute mer ; tels sont le *Kurisches-Haff*, aux bouches du Niémen, et le *Friches-Haff*, dans lequel débouchent la Pregel et plusieurs des branches de la Vistule. La côte de Poméranie et de Mecklembourg présente le même aspect ; les îles de *Wollin* et d'*Usedom* forment le petit *Haff* de *Poméranie*. La principale saillie de cette côte est marquée par l'île de *Rügen* ; dans un enfoncement du littoral mecklembourgeois est le port de Lübeck. — Le

Fig. 88. — Canal de Kiel.

Schleswig-Holstein a des côtes mieux découpées que les précédentes ; là se trouve le grand port militaire de *Kiel*, qu'un canal à grande section unit à la mer du Nord.

Sur la mer du Nord, la dépression est encore plus marquée, et une grande partie du littoral est protégée comme en Hollande par des digues. Les seules découpures sont les *estuaires de l'Elbe* et de la *Weser* au large desquels s'étendent des bancs de sable. Au nord-ouest de la *baie de Jade*, où est établi l'arsenal impérial de *Wilhelms-Hafen*, commence la côte de Frise avec ses îles plates qui

Fig. 89. — Côtes des Halligen.

marquent l'ancienne ligne des côtes et attestent les ravages de la mer.

L'îlot d'*Helgoland* a été cédé en 1890 par l'Angleterre à l'Allemagne.

Géographie politique.

Races. — Sur une population totale de 61 millions d'habitants, les Allemands proprement dits comptent pour 50 millions environ. On sait que la Prusse et la Silésie ont encore aujourd'hui 3 millions de *Polonais*, que les *Lithuaniens* forment le fond de la population de la Prusse orientale, que la Lusace est en partie peuplée de Slaves; enfin l'annexion violente du Schleswig-Holstein et de l'Alsace-Lorraine a fait entrer dans l'empire un grand nombre de *Danois* et de *Français*.

Mais on ne saura jamais le chiffre vrai des purs descendants des Germains qui peuplent l'Allemagne. La langue est le seul signe de la nationalité, et nulle part plus ardemment qu'en Allemagne un gouvernement s'est appliqué à effacer les anciennes langues nationales, à mesure qu'un nouveau territoire était conquis. Les *Slaves* des confins orientaux, de même que les Alsaciens-Lorrains sont contraints d'apprendre l'allemand dans leurs écoles.

Religions. — La religion dominante en Allemagne est le *protestantisme*; on y compte 35 millions de protestants et 20 millions de *catholiques*; les *israélites* sont au nombre de 590 000. — Le protestantisme a pour principal centre l'Allemagne du Nord, où la Prusse seule compte plus de 21 millions de protestants. Les États où les catholiques sont les plus nombreux sont : la Posnanie, c'est-à-dire le pays polonais (4 millions), la Bavière (3 900 000), le duché de Bade (1 million), et l'Alsace-Lorraine (1 200 000).

Population et gouvernement. — L'Allemagne est peuplée de 65 millions d'habitants, soit une moyenne de 122 habitants par kilomètre carré. Les parties les plus peuplées de l'empire sont la Saxe (301), Bade (134), et l'Alsace-Lorraine (125). — La population s'accroît annuellement d'environ 920 000 individus. Le nombre des émigrants est tombé de 220 000 en 1881 à 22 000 en 1900.

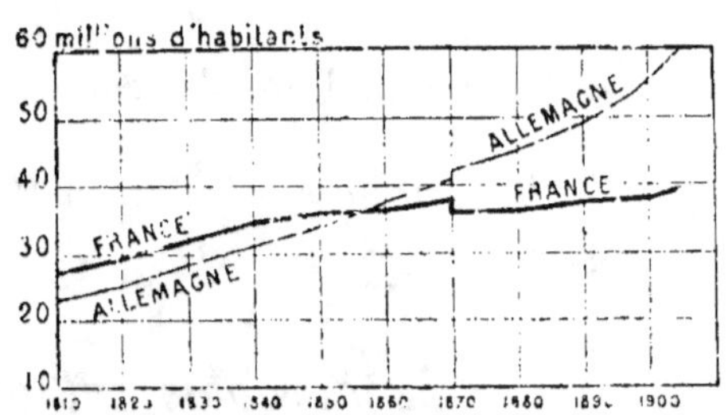

Fig. 90. — L'accroissement de la population en France et en Allemagne.

L'empire allemand, fondé en 1871, est une **monarchie fédérale constitutionnelle.** Le roi de Prusse a la dignité héréditaire d'empereur allemand. L'autorité fédérale est exercée par l'empereur-roi de Prusse et par le *conseil fédéral* composé de délégués de chaque État suivant son importance. Le pouvoir impérial est cependant limité et contrôlé par le *Reichstag*, qui comprend des députés élus par le peuple allemand au suffrage universel direct.

Le *budget* est d'environ 3 milliards.

L'*armée permanente* se compose de 600 000 hommes; la réserve et la landwehr ajouteraient en temps de guerre environ 3 millions d'hommes.

La *marine militaire*, pour laquelle de grands efforts ont été faits, comprend 40 000 hommes d'équipage.

Divisions politiques. — L'empire allemand est constitué par la réunion de *vingt-cinq États* sous la direction du *royaume de Prusse*. L'*Allemagne du Nord* en comprend *vingt*; l'*Allemagne du Sud*, *cinq*. — L'Alsace-Lorraine est un territoire d'empire.

Allemagne du Nord. — Le *royaume de* **Prusse**, capitale *Berlin*, s'étend depuis le Rhin jusqu'à la frontière russe à l'est. Il occupe à lui seul les trois quarts de la superficie totale de l'empire (348 000 kilomètres carrés) et compte les trois cinquièmes de la population, soit 37 millions d'habitants (densité : 107).

Les *huit* anciennes *provinces* de la Prusse proprement dite sont : la *Prusse*, le grand duché de *Posen*, la *Silésie*, le *Brandebrurg*, la *Poméranie*, la *Saxe*, la *Westphalie* et la *province du Rhin*. Le *Hanovre*, la *Hesse-Nassau*, le *duché de Lauenbourg* et le *Schleswig-Holstein* forment le groupe des États conquis en 1866. Enfin le *Hohenzollern*, principauté du haut Danube, d'où la famille impériale tire son origine, est une dépendance directe de la Prusse depuis 1848.

Le *royaume de* **Saxe**, capitale *Dresde*, est, après la Prusse et la Bavière, le plus important des États de l'empire. Couvrant une région à peine plus étendue que l'Alsace-Lorraine (15 090 kil. car.), il est peuplé de 4 500 000 habitants. C'est le pays où la densité de la population est la plus grande (301).

Allemagne du Sud. — C'est dans l'Allemagne du

Sud que se trouvent les États les plus étendus après la Prusse.

Le *royaume de* **Bavière**, cap. *Munich*, couvre le plateau du même nom et occupe au nord du Danube une partie du haut bassin du Main. La superficie est de 75 800 kilomètres carrés, la population de 6 500 000 habitants.

Le *royaume de* **Wurtemberg**, cap. *Stuttgart*, occupe une partie du plateau danubien et la région du Jura souabe arrosée par le Neckar. Sa superficie est de 20 000 kilomètres carrés et sa population de 2 300 000 habitants.

Le *grand-duché de* **Bade** (2 millions d'hab.), cap. *Carlsruhe*, couvre une superficie de 15 000 kilomètres carrés. Le territoire badois représente la plus grande partie du massif de la Forêt-Noire, la rive droite de la plaine du Rhin correspondant à l'Alsace, et le cours inférieur de Neckar.

Le *grand-duché de* **Hesse**, cap. *Darmstadt*, comprend une partie de la vallée du Rhin et du Main, sur le flanc oriental et méridional du plateau rhénan.

L'Alsace-Lorraine, annexée à l'empire allemand par le traité de Francfort (1871), est à peine plus petite que le grand-duché de Bade (14 500 kilom. c.), mais moins peuplée (1 820 000 hab.). Elle forme un « territoire d'empire » et est administrée par un gouverneur particulier (statthalter) qui réside à Strasbourg. Le pays est divisé en trois cercles : Haute-Alsace, chef-lieu *Mulhouse*; Basse-Alsace, chef-lieu *Strasbourg*: Lorraine, chef-lieu *Metz*.

Les autres États sont : les villes libres ou *républiques* de *Hambourg, Brême, Lubeck* ; les grands duchés d'*Oldenbourg*, de *Mecklembourg-Schwerin*, de *Mecklembourg-Strelitz*, de *Saxe-Weimar*, de *Saxe-Cobourg-Gotha* ; les duchés de *Saxe-Altembourg* et de *Saxe-Meiningen*; les principautés de *Reuss*, de *Waldeck*, de *Lippe-Detmold* et de *Schaumbourg-Lippe*; les duchés d'*Anhalt* et de *Brunswick*.

Villes. — Les plus importantes villes de l'Allemagne sont :

Berlin (2 040 000 hab.), située sur la *Sprée*, entre les vallées de l'Elbe et de l'Oder. C'est une ville de grande industrie
et de commerce; mais elle est également célèbre en Europe

Fig. 91.   Berlin. L'Université.

(Cliché L. L.)

comme ville d'étude. Son Université est la plus importante
de l'empire.

Hambourg (805 000 hab.), sur la rive droite de l'Elbe,
est un des ports les plus commerçants de l'Europe. La ligne
de navigation entre Hambourg et New-York est une des
plus suivies pour le transport des marchandises et des émigrants.

Breslau (470 000 hab.) est le grand marché agricole et
industriel de la Silésie. L'industrie métallurgique y est
également très développée.

Munich (540 000 hab.), capitale de la Bavière, est la

plus grande ville de commerce de l'Allemagne du Sud. —
Elle est également fameuse par ses musées.

Dresde (515 000 hab.), située sur l'Elbe, au centre de
la région la plus peuplée de l'Allemagne, et où l'industrie

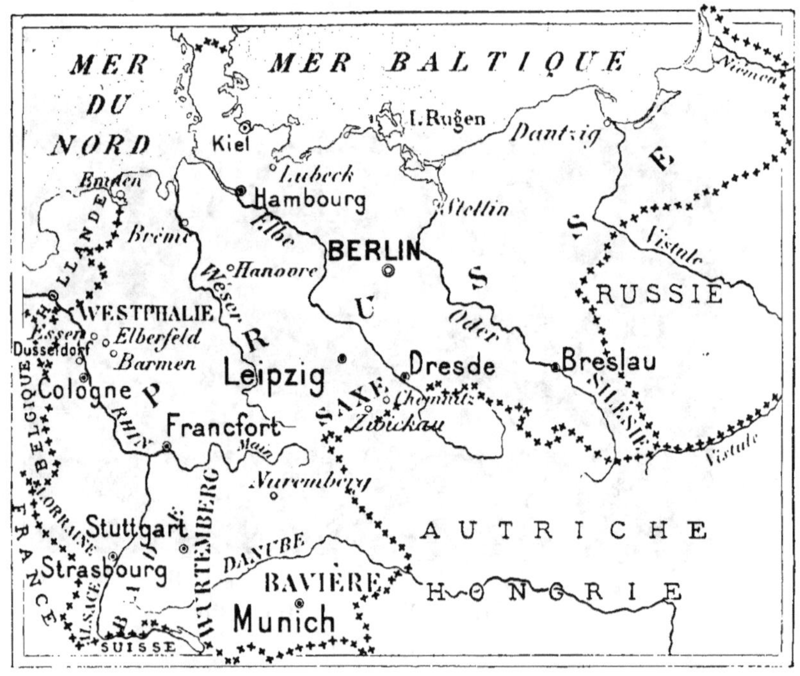

Fig. 92. — Les grandes villes de l'Allemagne.

est très active. La capitale de la Saxe a gardé son originalité
et le caractère artistique qui la distingue de Berlin.

Brême (215 000 hab.), aux bouches de la Weser, est
après Hambourg le port de commerce le plus considérable
de l'Allemagne.

Citons encore **Leipzig**, la seconde ville de la Saxe
(500 000 hab.); **Chemnitz** (245 000 hab.); **Cologne**, la
première ville de la Prusse rhénane (430 000 hab.), et les
centres industriels de la même région : **Dusseldorf**

(253 000 hab.), **Elberfeld** (162 000 hab.), **Barmen** (156 000 hab.), **Essen** (235 000 hab.).

Francfort - sur - le - Main (335 000 hab.), la ville des banquiers; **Nuremberg** (295 000 hab.), la ville la plus pittoresque de l'Allemagne avec ses vieux monuments et ses maisons du moyen âge; **Hanovre** (250 000 hab.); les ports de la Baltique : *Dantzig*, *Stettin*.

Fig. 93. — Nuremberg : La Pegnitz.

(Cliché L. L.)

Géographie économique.

Agriculture. — Médiocrement favorisé par la nature, le sol allemand ne peut suffire à nourrir la nombreuse population de l'empire. L'agriculture y est pourtant perfectionnée.

Les **forêts** couvrent 140 000 kilomètres carrés, soit 26 pour 100 de la superficie. La haute et la moyenne Allemagne ont des plantations de chênes et de hêtres; les plaines sablonneuses et les dunes de l'Allemagne du Nord ont d'immenses étendues de pins. — La richesse en bois est cependant insuffisante et l'on doit en importer de Russie et d'Autriche-Hongrie pour plus de 300 millions de francs par an.

Les cultures de **céréales** les plus développées sont celles de l'*avoine*, du *seigle* et de l'*orge*; le climat est trop froid et les terres trop légères pour permettre, dans un grand nombre de pays, la culture du *blé*. — Mais l'Allemagne est

Fig. 94. — Hambourg : Le canal du marché du houblon.

(Cliché **L. L.**)

le premier pays au monde pour la production des **pommes de terre**.

La culture de la **betterave**, en Saxe et en Silésie, met l'Allemagne au premier rang des pays producteurs de *sucre*. La culture industrielle du *houblon* est prospère dans un pays où les brasseries sont si nombreuses.

Autour des grandes villes, les *cultures maraîchères* sont très développées.

Les rives du lac de Constance, l'Alsace, les bords du Rhin de Bingen à Andernach donnent d'excellents vins; il y a même des crus renommés. Dans les bonnes années, la production peut dépasser 4 millions d'hectolitres.

L'*élevage* n'est pas moins avancé que l'agriculture. L'Allemagne nourrit 3 800 000 chevaux, dont plusieurs races sont célèbres, celle de Mecklembourg en particulier; 19 millions de bêtes à corne sont élevées dans les pâturages du Sud, de la Bavière, du Wurtemberg, et aussi dans les provinces rhénanes. On compte enfin 14 millions de moutons, 2 de chèvres et 12 de porcs.

La *marine allemande* prend une part active aux *pêches* du *hareng* et de la *morue* dans les mers du Nord.

Industrie. — *Ressources minières.* — L'Allemagne est, après la Grande-Bretagne, le pays d'Europe le mieux doté de productions minérales.

La **houille** est une des principales richesses du sous-sol allemand : la production annuelle atteint aujourd'hui plus de 143 millions de tonnes, c'est-à-dire 4 fois plus qu'en France. Les *bassins* houillers de la *Ruhr*, de la *Silésie*, de la *Saxe* (près de Zwickau et de Chemnitz), contribuent pour la plus forte part à cette production. Ces bassins sont bien situés, sur les bords du Rhin et sur le haut cours de l'Oder et de l'Elbe qui permettent d'expédier facilement et à bon compte le produit des mines.

Le **fer** est également très abondant en Allemagne; il est exploité et travaillé dans les régions qui produisent la houille. Les *mines de la province du Rhin*, où l'usine Krupp emploie 12 000 ouvriers à Essen, celles de la *Saxe* et de la *Silésie*, sont parmi les premières de l'Europe.

Le **zinc** (208 000 tonnes) est exploité dans la Silésie et

dans la province rhénane. La Saxe produit aussi un peu de
plomb et de cuivre (monts Métalliques).

La Saxe et les provinces rhénanes, le pays de Bade et le
Wurtemberg ont de célèbres *salines*.

Grandes régions industrielles. — Les principales régions

Fig. 95. — Productions de l'Allemagne.

industrielles de l'Allemagne sont : la *Silésie*, la *Saxe*, la
Westphalie et l'*Alsace*.

La **métallurgie** est développée, grâce à l'abondance et
à l'habile exploitation des ressources naturelles en houille
et en minerai. Cette industrie est particulièrement remarquable en Silésie, en Saxe, dans la province du Rhin, en
Westphalie, dans l'Alsace (Mulhouse) déjà si active quand
elle était française. Les nombreuses usines métallurgiques
de ces régions fabriquent des machines et des outils, des
armes, du matériel de chemin de fer, et même dans la

région maritime, à Kœnigsberg, à Stettin, à Kiel, toutes les pièces nécessaires aux constructions navales.

L'usine *Krupp*, à Essen, alimentée par les houilles et les fers du bassin de la *Ruhr*, fabrique en quantités énormes des canons, des rails, des locomotives.

La Saxe et la Silésie fournissent des porcelaines, des cristaux et des objets de verre qui ont grande réputation.

Avec les produits de son agriculture, l'Allemagne fabri-

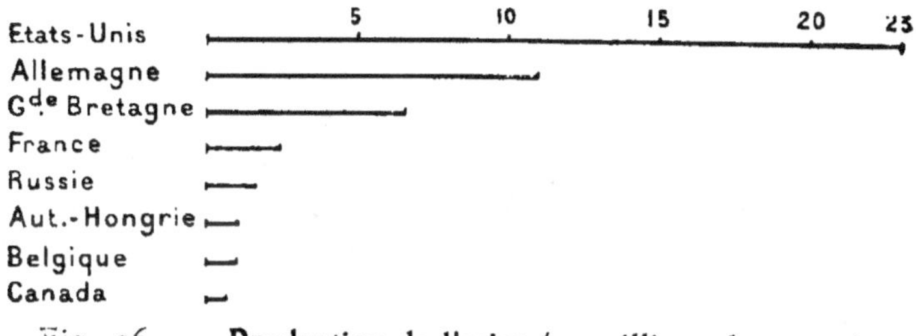

Fig. 96. — **Production de l'acier (en millions de tonnes).**

que beaucoup d'*alcool* de pommes de terre et du *sucre* de betterave (2400 millions de kilogrammes).

Enfin les **filatures** de coton de la Saxe, de la Silésie, de la province du Rhin (*Elberfeld*), de l'Alsace-Lorraine (*Mulhouse*), occupent plus de 5 millions de broches. La filature et le tissage de la laine et de la soie font la richesse de *Crefeld* et de *Barmen* dans la province rhénane.

Les voies de communication. — *Voies navigables.* — Le développement des moyens de transport à bon marché, les grands travaux d'aménagement des cours d'eau, ont contribué dans la plus large mesure à l'essor industriel et commercial de l'Allemagne. Le Rhin, le Main, l'Ems, l'Elbe, l'Oder ont été approfondis, canalisés : il n'a pas été dépensé moins de 270 millions pour l'amélioration du cours du Rhin. Sur l'Elbe, à Dresde, la navigation est aussi active que sur la Seine entre Paris et Rouen. L'Oder est aujourd'hui accessible jusqu'à Breslau pour des bateaux de 400 tonnes.

Toutefois les aménagements ne sont pas encore complets. Si l'Elbe, l'Oder et la Vistule sont aujourd'hui unis (canaux Frédéric-Guillaume, de Finow, de Bromberg); si l'Ems est maintenant unie au Rhin par le canal de Dortmund, les réseaux des pays rhénans et danubiens, d'une

Fig. 97. — L'Elbe à Dresde.

(Cliché L. L.)

part, celui des pays de l'Elbe, de l'Oder et de la Vistule d'autre part, restent encore isolés. Mais des études et une active propagande ont été faites pour la création d'une grande voie navigable du Rhin à l'Elbe. On rêve pour l'avenir la jonction des voies navigables allemandes au Danube autrichien, route de l'Europe orientale et de l'Asie.

L'Allemagne dispose de 14 500 kilomètres de voies navigables, dont 9500 kilomètres de rivières; 12 000 kilomètres sont accessibles à des bateaux de 1 mètre de tirant d'eau.

Les cinq septièmes du trafic fluvial passent par l'Elbe ou le Rhin. Le port de *Ruhrort*, avec 9 millions et demi de tonnes, a un tonnage supérieur à celui de Paris et de Marseille et possède un outillage perfectionné pour le chargement et le déchargement des navires. *Duisbourg*, port tout voisin, *Mannheim* dépassent de beaucoup le Havre. Un chiffre donnera une idée de la progression du trafic : en 1879, le mouvement était de 3 372 000 tonnes ; il passait à 26 millions en 1894, à 59 millions en 1905.

Le plus remarquable des canaux est le *canal maritime de Kiel* qui, joignant la Baltique à la mer du Nord, permet d'éviter le long et dangereux détour

Fig. 98. — Dans le canal de Kiel.

Cliché I. L.

des détroits danois. Long de 98 kilomètres, il est accessible aux plus grands navires : d'où son importance commerciale et surtout militaire, puisqu'il permet en tout temps le passage des escadres allemandes d'une mer à l'autre.

Grandes lignes de chemin de fer. — L'Allemagne possède 58 000 kilomètres de chemin de fer. La majeure partie du réseau (53 000 kil.) est administrée par l'État.

Dans le système des voies ferrées allemandes, il n'y a pas de centre déterminé comme en France. Berlin est le centre administratif ; mais Munich, Ratisbonne, Mayence, Cologne, Leipzig, Dresde, Posen, Breslau sont des points fort remarquables de rayonnement de voies ferrées. Le réseau est particulièrement serré dans la province rhénane et en Saxe pour des raisons industrielles ; en Alsace-Lorraine pour des raisons stratégiques.

La **plaine du nord** possède le réseau le plus long. *Berlin* est le nœud des communications de cette zone : la capitale allemande est sur la route de plaine ouverte entre l'Europe occidentale et la Russie ; elle est en outre le lieu de passage nécessaire et géométrique des voies qui mènent de la Silésie aux ports de Brême et de Hambourg. — A *Posen*, se nouent les relations de Berlin à Saint-Pétersbourg, de Bohême en Russie, de Breslau à Dantzig. — *Francfort-sur-l'Oder* joue, à l'est, par rapport à Berlin, le même rôle que joue, à l'ouest, Magdebourg sur l'Elbe : c'est aussi l'étape entre Breslau et Stettin. — Citons enfin *Spandau*, ville qui commande deux ponts (Havel, Sprée). — Il n'est pas besoin de faire ressortir l'importance des villes maritimes, *Brême, Hambourg, Stettin*, pour le trafic des voies ferrées.

Dans la **Moyenne Allemagne**, le sillon du Rhin a été naturellement utilisé pour l'établissement des chemins de fer : les rails ont été posés sur les deux rives.

Les principales voies dirigées de l'ouest à l'est dans ces régions sont les suivantes :

1º Aix-la-Chapelle, Cologne : *a*) Hanovre, Berlin ; *b*) Magdebourg, Berlin, puis Saint-Pétersbourg et Moscou.

2º Vallées de Moselle et Lahn : *a*) Cassel, Hanovre ou Magdebourg ; *b*) Eisenach, Gotha, Berlin.

3º Francfort, Eisenach, Erfurt-Weimar : *a*) Berlin ; *b*) Leipzig.

Au pied des monts de Bohême, une grande voie ferrée dessine un arc de cercle qui assure les communications entre la Silésie et l'Allemagne du sud-ouest en passant par Breslau, Gœrlitz, Dresde, Chemnitz, Plauen, Baireuth.

Le chemin de fer de la vallée de l'Elbe : Vienne, Prague, Magdebourg, Hambourg, a une valeur internationale. C'est la ligne de transit austro-allemand.

Dans l'**Allemagne du sud et du sud-ouest**, deux faits dominent l'étude des voies ferrées : 1º la vallée du

Danube y ouvre un couloir entre l'Europe occidentale, les pays autrichiens et l'Europe du sud-est; deux chemins de fer la parcourent suivant, soit la vallée du fleuve, soit la route du plateau, par Ulm, Augsbourg, Munich et de là Linz; 2° le trafic italo-allemand traverse l'Allemagne alpestre à la sortie du Saint-Gothard et du Brenner.

Marine marchande. — Ports. — La marine marchande de l'Allemagne, qui ne comptait en 1878 que

Fig. 99. — Docks de Hambourg.
(Communiqué par la *Société de Géographie*).

300 navires à vapeur, en compte aujourd'hui plus de 1000, auxquels il faut ajouter près de 1000 voiliers. Cette flotte est montée par 42 000 marins et jauge 2 700 000 tonnes; elle se place immédiatement après celles de l'Angleterre et des Etats-Unis.

Hambourg, à lui seul, avec son avant-port de *Cuxhafen*, fait plus de la moitié du commerce maritime de l'Allemagne, avec un mouvement de 17 millions de tonnes; *Brême* et Bremerhafen sur le Weser viennent au deuxième rang avec 4 800 000 tonnes. Les ports de la Baltique, *Lubeck, Stettin, Dantzig,* sont moins profonds et moins utiles.

N'oublions pas que l'Allemagne a des ports fluviaux aussi importants que des ports de mer : sur le Rhin, *Mannheim* et *Ruhrort-Duisbourg*; sur l'Elbe, *Dresde* et *Magdebourg*; sur la Sprée, Berlin ; sur l'Oder, Breslau.

Commerce extérieur. — Le commerce de l'Allemagne atteint une valeur considérable.

L'*importation* (10 milliards 900 millions) consiste surtout en denrées alimentaires et coloniales, en coton et en laine pour l'industrie des filatures, en peaux, houille, bois, cuivre.

L'*exportation* (8 milliards 500 millions) comprend le fer ouvré, les cotonnades, les lainages, la houille, les machines, les soieries, le sucre, etc.

Les meilleurs clients de l'Allemagne sont les Anglais, avec qui les échanges dépassent 2 milliards 300 millions; les États-Unis (1900 millions), l'Autriche-Hongrie (1600 millions), la Russie (1500 millions) et la France (830 millions).

L'émigration et la colonisation. — Nous avons vu que la population de l'Allemagne augmente très rapidement : environ 750 000 unités par an. L'émigration est une des conséquences de cette forte natalité.

En Europe, on trouve des Allemands non seulement en Autriche où ils sont fort nombreux, mais en Hongrie, en Turquie, en Pologne, en Russie où ils se sont établis dans trois régions principales : provinces baltiques, environs de Saratov, bords de la mer Noire (d'Odessa à Taganrog).

Mais c'est surtout par mer qu'ils s'en vont. L'année 1881 vit partir 220 000 émigrants. Jusqu'en 1892, la moyenne annuelle fut supérieure à 100 000 ; depuis 1894, elle se tient au-dessous de 50 000. — On estime que, depuis 1830, plus de 6 millions d'Allemands se sont embarqués pour aller chercher fortune ailleurs.

Les émigrants vont surtout : 1° en Orient ; 2° en Extrême-Orient : 3° dans l'Amérique du Nord : 4° dans l'Amérique du Sud.

1° Beaucoup d'Allemands sont établis à l'heure actuelle dans l'Asie turque où, par tous les moyens possibles, ils cherchent à accaparer le commerce du Levant. En Asie Mineure et en Syrie, ils créent des industries, établissent des chemins de fer, développent la culture du sol, enseignent les méthodes perfectionnées à des agriculteurs routiniers. La grande et importante voie ferrée de Scutari à Konéit,

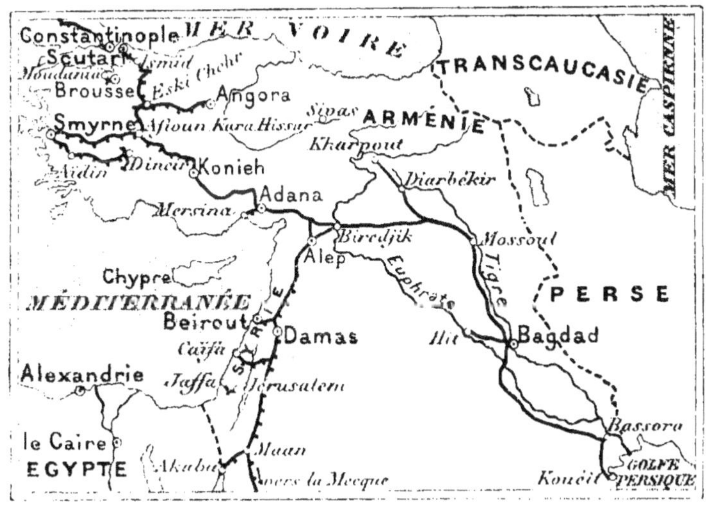

Fig. 100.   Chemins de fer de l'Asie turque.

au fond du golfe Persique, par Konieh et Bagdad, sera en partie construite par des Allemands : ce sera la plus courte des routes de l'Inde. — Ils sont également nombreux en Palestine, à Beirout, Jérusalem, etc.

2° En Extrême-Orient, ils commercent avec les grands ports chinois et japonais. Ils se sont fait céder en 1898, au sud du golfe de Petchili, le territoire de Kiao-tchéou.

Leurs possessions océaniennes (Nouvelle-Guinée, Mariannes, Carolines, Palaos, Marshall, îles Samoa) auront plus d'importance le jour où l'isthme américain sera percé. Mais il y a déjà 200 000 Allemands installés dans le sud-est de l'Australie : ils attirent les produits de leur pays et envoient dans les manufactures de la Saxe d'énormes quantités de laine.

3° On en trouve onze millions aux États-Unis, dans la région des grands lacs et dans les plaines du moyen Mississipi. Ils y ont établi des fermes magnifiques dans lesquelles

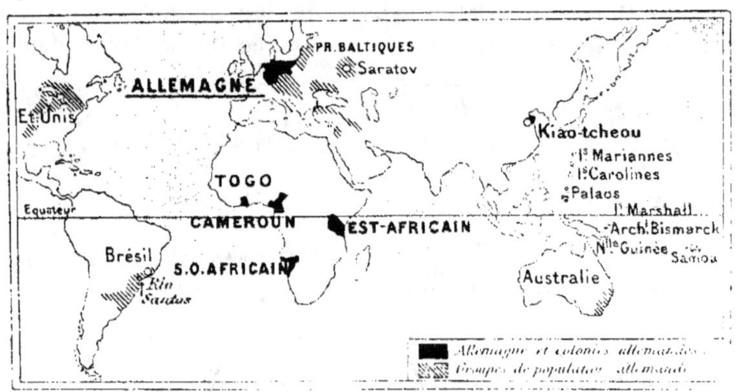

Fig. 101. — Expansion allemande.

ils pratiquent la grande culture. Mais, dans l'Amérique du Nord, l'émigration italienne tend à noyer l'émigration allemande qui s'est restreinte de beaucoup.

4° Dans l'Amérique du Sud, les Allemands ont établi de grandes fermes isolées dans les provinces méridionales du Brésil.

Colonies. — L'Allemagne unifiée s'est efforcée d'assurer sa puissance maritime et son développement commercial par la fondation de colonies.

En *Afrique*, elle possède :

1° Le territoire de **Togo** ;

2° Le **Cameroun**, assez heureusement situé à l'un des

débouchés du Soudan central. Il s'étend du fond du golfe de Guinée jusqu'au lac *Tchad*, entre les possessions anglaises du Niger et les possessions françaises du Congo ;

3° Le **Sud-Ouest africain allemand**, colonie plus saine, mais presque stérile à cause du manque d'eau ;

4° L'**Est africain allemand**, en face de Zanzibar, entre l'océan Indien et les grands lacs de l'Afrique équatoriale. C'est la plus riche des possessions allemandes. La côte y est malsaine, mais à l'intérieur l'importance du relief permettra sans doute aux Européens un séjour plus prolongé.

En *Chine*, l'Allemagne occupe la baie de *Kiao-tchéou*, dans la presqu'île de Chantoung.

En *Océanie*, les navires allemands ont pris possession de la *terre de l'Empereur-Guillaume*, sur la côte nord-est de la Nouvelle-Guinée, de l'*archipel Bismarck*, ainsi que d'une partie des îles *Salomon*, des îles *Marshall* et des îles *Samoa*.

En 1899, l'empire allemand a acheté à l'Espagne ses dernières possessions en Orient : les *Mariannes* et les *Carolines*.

Conclusion. — Telles sont les ressources de l'empire allemand pour les luttes pacifiques de l'agriculture, de l'industrie et du commerce. La fonction dominante de l'activité économique des Allemands est l'industrie. L'agriculture condamnait cet État à porter une population inférieure à la moyenne ; à force de labeur, de science, et grâce à la supériorité incontestable que donne la houille pendant la période actuelle de civilisation, l'Allemand s'est fait une patrie prospère.

Sujets de devoirs. — 1. La plaine de l'Allemagne du Nord. — 2. Le passage du Rhin dans le système schisteux. — 3. L'Alsace. — 4. Les communications naturelles entre les fleuves allemands. — 5. Les mines en Allemagne. Comparaison avec l'Angleterre et la Belgique. — 6. Classer et décrire les principaux centres industriels de l'Allemagne. — 7. Quelles sont les régions les plus peuplées de l'Allemagne ? — 8. Décrire Hambourg. Comparaison avec Anvers. — 9. Pourquoi l'Allemagne, avec des mauvaises côtes, est-elle devenue une grande puissance maritime ?

CHAPITRE VI

La Suisse

Géographie physique.

Situation et dimensions. — La Suisse ou Confédération helvétique couvre une superficie de 41 000 kilomètres
carrés, c'est-à-dire 13 fois moins étendue que celle de la
France. — Elle est bornée à l'ouest par la *France*; au
nord, par l'*Allemagne*; à l'est, par l'*Autriche*; au sud,
par l'*Italie*. — La Suisse est, avec la Serbie, le seul État
d'Europe qui n'ait point accès sur la mer.

Grandes régions de relief. — La Suisse est couverte
de montagnes sur plus des deux tiers de son territoire;
elle possède une bonne partie du massif alpestre, et se
partage le Jura avec la France. — Ce que l'on appelle
la plaine suisse est encore un pays d'une élévation moyenne
supérieure à 400 mètres.

On peut donc distinguer en Suisse **trois régions
naturelles** : la *zone alpestre*, la *plaine suisse*, le *Jura*.

La **zone alpestre** peut se diviser en deux régions :
d'une part, les *Alpes Bernoises*, qui dominent au nord
la vallée supérieure du Rhône, et les *Alpes de Glaris*,
qui limitent au nord la vallée supérieure du Rhin; —
d'autre part, les *chaînes Pennines* et *Lépontiennes*, séparées par la frontière entre la Suisse et l'Italie. Le point
de réunion et le centre de ces systèmes est le *nœud du
Saint-Gothard*.

La Suisse possède un grand nombre des plus importants **glaciers**
des Alpes; dans les Alpes Bernoises se trouve l'accumulation considérable des glaciers d'*Aletsch*, de *Finsteraarhorn*, de la *Jungfrau*; —
dans les Alpes du Valais, c'est encore sur le territoire suisse que les

glaciers du *Cervin*, du *mont Rose* et du *Mischabel* sont compris en grande partie.

De la Suisse dépendent également les plus majestueux massifs et les plus hauts *sommets* que visite le voyageur : le *pic Dufour* (4 638 m.) dans le massif du *mont Rose*, le *Cervin*, puis dans les Alpes Bernoises le *Finsteraarhorn*, la *Jungfrau*, etc.

Au nord d'une ligne tirée de Villeneuve au fond du lac de Genève, à Bregens, au fond du lac de Constance jusqu'au pied du Jura, s'étend le **plateau** ou la **plaine suisse**, d'une hauteur moyenne de 400 à 500 mètres ; cette région n'offre aucun obstacle aux communications. Elle est formée de débris arrachés aux Alpes par les glaciers, gravier,

Fig. 102.

Le Cervin et le glacier de Gorner.

sable, argile, et d'une pierre tendre, excessivement friable, la mollasse. Là se sont développées les grandes villes : c'est la Suisse urbaine par opposition à la Suisse pastorale des montagnes.

Les chaînes du **Jura** s'étendent dans la région limitrophe entre la France et la Suisse avec une direction du sud-ouest au nord-est. Ce système montagneux, composé de *chaînes parallèles* reposant sur un plateau, tombe vers la plaine suisse en pente très rapide ; l'inclinaison est plus douce du côté de la France.

Les plus hauts sommets du Jura se trouvent dans la région méridionale, qui est française. A la Suisse appartiennent le *mont Tendre* (1630 m.), le *Chasseron* et le *Chasseral* (1600 m.) qui dominent la rive occidentale des lacs de Neuchâtel et de Bienne. Le Jura septentrional se prolonge jusqu'au Rhin vers le confluent de l'Aar.

A cause du parallélisme des chaînes et de la hauteur des cols, le Jura est plus difficile à franchir que les Alpes.

Climat. — La Suisse appartient presque tout entière au climat *alpestre*. Ce climat est froid par excellence. Cependant il faut établir une différence entre le versant septentrional, souvent glacé, et le versant méridional, bien abrité. Ainsi la vallée suisse du lac Majeur a une moyenne de température de + 15°, supérieure à celle de la plaine suisse.

Pluies. — La Suisse doit à sa grande élévation des pluies abondantes, variant de 1 à 2^m,50 par an dans la région alpestre. La plaine qui s'étend sur la rive gauche de l'Aar et au sud-est des lacs de Bienne et Neuchâtel est moins arrosée ; la moyenne y est 0^m,70. — En automne, en hiver et au printemps, c'est sous forme de neige que tombe l'eau ; elle s'amasse en grandes quantités, forme des glaciers qui, la belle saison venue, compensent pour les fleuves la rareté des pluies.

Fleuves. — Par ses glaciers qu'alimentent de fortes pluies, la Suisse est l'origine de plusieurs des grands fleuves de l'Europe. De la masse du Saint-Gothard s'échappent le *Rhône*, vers la Méditerranée ; le *Rhin*, vers la mer du Nord ; l'*Inn*, qui porte ses eaux au Danube ; le *Tessin*, qui donne les siennes au Pô.

Le **Rhône** prend sa source à 2500 mètres d'altitude dans un glacier de Saint-Gothard ; il coule avec une direction du nord-est au sud-ouest dans une vallée étroite, resserrée entre les Alpes Bernoises et les Alpes du Valais, qui lui envoient par des torrents le tribut de leurs énormes glaciers. A Martigny, il a déjà descendu une pente de 2000 mètres et n'est plus qu'à 450 mètres de hauteur. Rejeté vers le nord par le massif auquel appartient le mont Blanc, il aboutit au lac de Genève, qui lui sert de régulateur en empêchant les crues produites par la fonte trop rapide des glaciers. Il sort du lac à Genève aussi limpide qu'il y était entré boueux. Après avoir reçu l'Arve sur sa gauche, il pénètre dans des défilés rocheux et entre sur le territoire français.

Le **Rhin** prend sa source à plus de cent glaciers, à une hauteur de 2400 mètres environ. Ses branches supérieures

Fig. 103. — Schaffouse. Vue générale de la chute du Rhin.

(Cliché L. L.)

sont le *Rhin antérieur* ou *occidental*, qui vient du Saint-Gothard, et le *Rhin postérieur* ou *oriental*, qui descend du massif de l'Adula. A Reichenau, leur réunion fait déjà un grand fleuve; à partir de Coire, le Rhin coule du sud au nord dans une vallée profonde que bordent à droite les Alpes du Vorarlberg, à gauche les Alpes de Saint-Gall et d'Appenzell; puis il entre dans le lac de Constance, qui régularise et purifie ses eaux; à sa sortie, la rencontre de la branche orientale du Jura produit les *chutes de Schaffouse*, hautes de 25 mètres, et qui interrompent la navigation déjà active tant sur le fleuve que sur le lac. — A Bâle, le Rhin quitte les montagnes et la Suisse; il devient un fleuve de plaine.

Le plus considérable de ses affluents est l'**Aar**, qui lui apporte à la fois le tribut des Alpes et celui du Jura. La branche maîtresse est issue des glaciers des Alpes Bernoises; après avoir traversé des gorges sauvages, l'Aar pénètre dans les lacs de Brienz et de Thun, arrose la haute plaine de Suisse, les pays de Berne, de Soleure et d'Argovie. Sur sa gauche, la *Thièle* amène les eaux du Jura, après avoir traversé les lacs de Neuchâtel et de Bienne. A droite, dans son cours inférieur, l'Aar se grossit à la fois de la *Reuss*, venue des Grandes Alpes à travers le lac des Quatre-Cantons, et de la *Limmat*, émissaire du lac de Zurich.

Lacs. — Le plus grand de tous est le *Léman* ou lac de *Genève*, couvrant une superficie de plus de 600 kilomètres carrés. Les lacs de *Thun*, de *Brienz*, des *Quatre-Cantons*, de *Zug*, de *Zurich* sont tous situés dans des bassins de la pente septentrionale des Alpes à des hauteurs variant entre 400 et 600 mètres. A l'ouest, ceux de *Neuchâtel*, de *Bienne* et de *Morat*, sur le flanc du Jura, s'étendent dans des régions d'une altitude de 430 mètres. Au sud, le *lac Majeur*, dont la rive septentrionale est suisse, reçoit le Tessin.

Géographie politique.

Population, langues, religions. — La Suisse a une population de 3 500 000 habitants, ce qui donne une densité kilométrique de 83.

La Suisse n'a pas de langue propre. 2 300 000 de ses habitants parlent *l'allemand*, 800 000 le *français*, 220 000 l'*italien* et 38 000 le *romanche*. La langue française est surtout parlée dans les cantons occidentaux ; la langue allemande dans toute la Suisse du nord et du centre ; l'italien

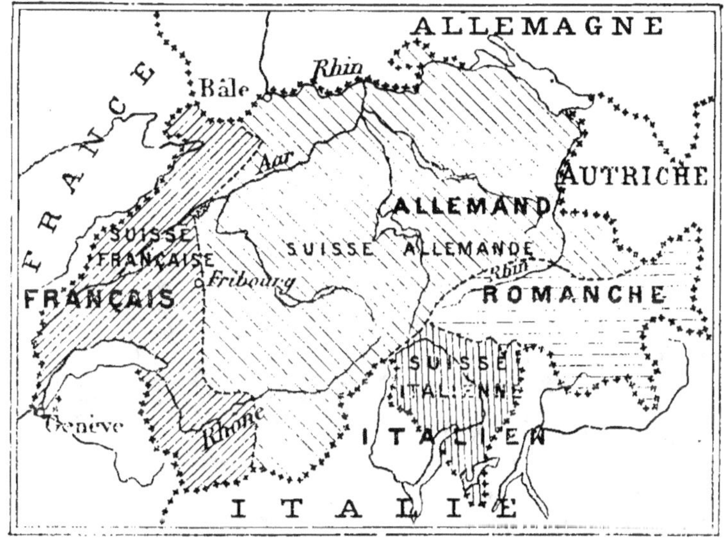

Fig. 104. — Les langues en Suisse.

dans la vallée du Tessin ; le romanche dans le canton des Grisons.

Les *étrangers* séjournant en Suisse sont très nombreux : environ 230 000.

La *religion* dominante est le protestantisme (1 920 000), mais il y a beaucoup de catholiques (1 380 000).

Gouvernement. — Le gouvernement est une **république fédérale** : chacun des cantons se gouverne en nommant un conseil. Le gouvernement central est représenté par une *Assemblée fédérale* et par un *Conseil fédéral* qui dispose du pouvoir exécutif.

L'*armée* permanente ne comprend guère que des cadres.

c'est-à-dire l'effectif nécessaire pour grouper en temps de guerre tous les hommes valides : ce petit pays, que garantit d'ailleurs sa neutralité, pourrait opposer plus de 200 000 hommes à l'étranger.

Cantons. — Le territoire de la confédération suisse est divisé en 22 cantons : *Berne* est la capitale fédérale.

I. *Région occidentale* ou du *Jura.* — Les cantons de cette région occupent une première zone limitrophe de la France : ce sont : **Ge-**

Fig. 105. — Berne.

(Cliché L. L.)

nève ; le canton de **Vaud**, chef-lieu *Lausanne* ; les cantons de **Neuchâtel**, de **Soleure**, de **Bâle**, de **Schaffouse**.

II. *Région de la haute plaine.* — Dans la haute plaine entre le Jura et les Grandes Alpes se trouvent les cantons les plus peuplés et les plus riches de la Suisse : ce sont ceux de **Fribourg**. **Berne**, **Lucerne**, **Zurich** ; **Argovie**, chef-lieu *Aarau* ; **Thurgovie**, chef-lieu *Frauenfeld*.

III. La *région alpestre* comprend les cantons forestiers d'**Uri**, chef-lieu *Altdorf*, d'**Unterwalden** et de **Schwitz**; les cantons de **Zug**, de **Glaris**, d'**Appenzell**.

Le canton des **Grisons**, chef-lieu *Coire*, occupe les hautes vallées du Rhin supérieur et de l'Inn (Engadine); c'est le plus étendu de tous et le plus pauvre (13 habitants par kilomètre carré).

Le canton du **Tessin**, chef-lieu *Bellinzona*.

Enfin le **Valais**, chef-lieu *Sion*, est la vallée supérieure du Rhône.

Villes. — **Zurich** (186 000 habitants avec ses faubourgs), **Genève** (116 000), **Bâle** (130 000), **Berne** 120 000 hab.) sont les cités les plus peuplées.

Géographie économique.

Pays montagneux, la Suisse ne peut avoir une agricul-

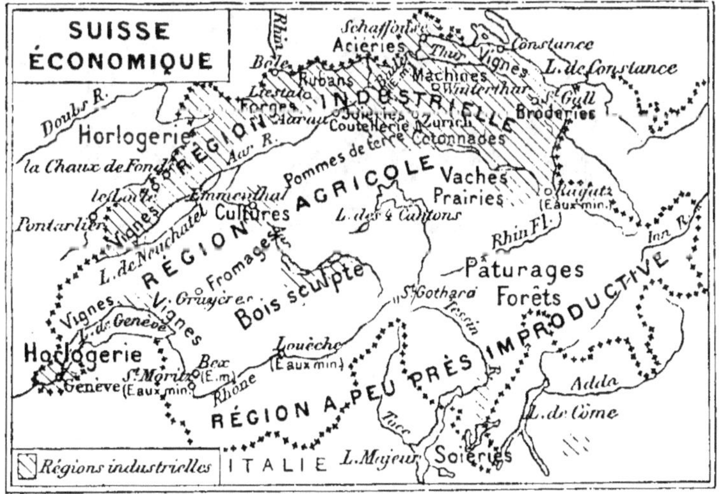

Fig. 106. — Suisse économique.

ture florissante; mais l'industrie y a fait depuis quelques années de très grands progrès.

Élevage. — Les principales ressources agricoles sont la culture de la *vigne* et surtout l'**élevage** du bétail. La Suisse est un des pays de l'Europe les plus riches en troupeaux de bêtes à cornes. Avec le lait, on fabrique des beurres et des *fromages* (gruyère, emmenthal), principalement dans les pays de Berne et de Neuchâtel. On compte plus de 2 millions de bêtes à cornes, admirablement soi-

Fig. 107. — St-Gothard. Vaches au pâturage à Andermatt
(Cliché L. L.)

gnées. — Les autres animaux ne sont qu'en nombre assez restreint.

La *vigne* réussit sur les coteaux des cantons de Vaud, de Zurich et de Schaffouse.

La vallée du Tessin élève des *vers à soie*.

La production de *céréales* pauvres, telles que le seigle, est loin de suffire à la consommation. Mais la *pomme de terre* forme une bonne part de la nourriture dans les campagnes.

Les *cultures maraîchères* sont fort développées.

Industrie. — La Suisse a peu de houille; mais elle

trouve dans les chutes d'eau de ses montagnes la force motrice nécessaire pour faire marcher de nombreuses usines, surtout les usines électriques, qui se sont développées très rapidement et qui servent à l'éclairage des villes, aux transports sur voies ferrées, etc.; la « houille blanche » remplace chez elle avantageusement le charbon de terre.

De plus, les Suisses apportent à l'industrie nationale le concours d'une habileté de main-d'œuvre remarquable et se contentent de salaires modestes.

Les deux cinquièmes de la population sont employés dans l'industrie.

Le sous-sol est très pauvre en mines, mais les carrières sont d'une abondance remarquable : granit, ardoises, porphyre, albâtre.

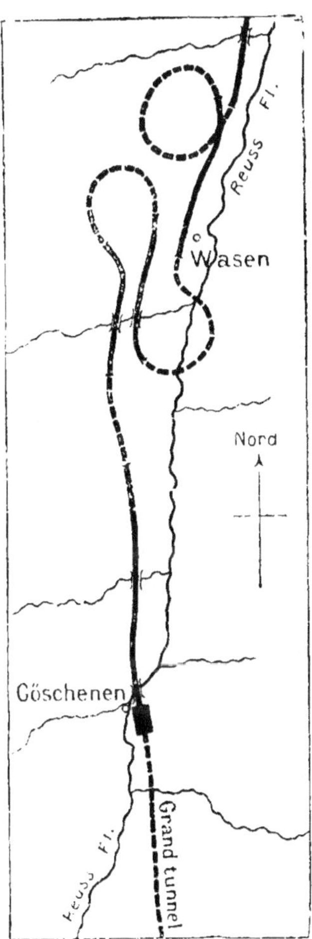

Fig. 108. — Lacets et tunnels (■ ■ ▓) du chemin de fer du Saint-Gothard.

Zurich, Winterthur, Schaffouse, Liestal ont de grandes usines métallurgiques. Les forges de Liestal, les fabriques de machines de Zurich et de Winterthur comptent parmi les meilleures de l'Europe ; Schaffouse a des aciéries renommées ; Aarau, avec sa fonderie de canons et sa coutellerie, occupe de nombreux ouvriers. L'industrie des machines ne cesse de progresser : la Suisse en exporte pour une cinquantaine de millions.

La plus importante des industries textiles est celle du

coton. Zurich et Winterthur le filent, le canton de Saint-Gall le tisse.

Pour les **soieries**, la Suisse nous fait une concurrence sérieuse (Zurich, Bâle); elle en exporte pour près de 200 millions de francs par an.

Bâle fabrique des crêpes et des rubans, Saint-Gall des dentelles et des broderies.

Les industries d'art et de luxe sont très développées; au premier rang vient l'**horlogerie**, travaillée surtout à Genève et dans le canton de Neuchâtel : le Locle et la

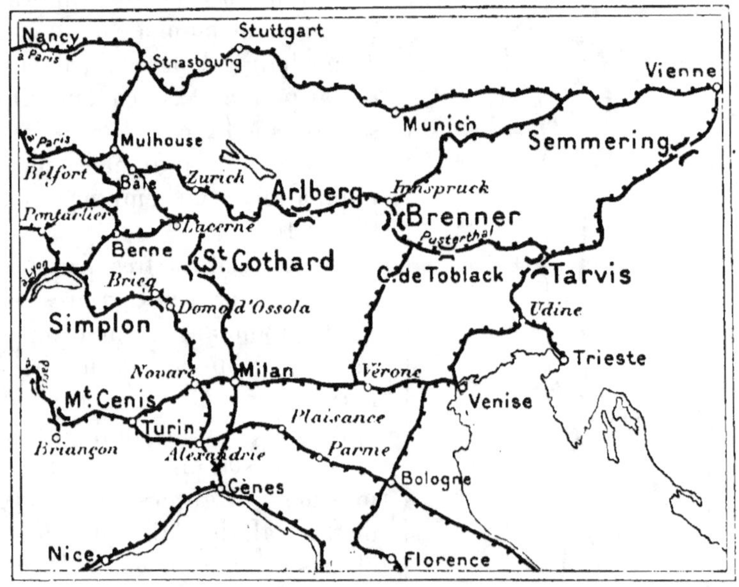

Fig. 109. — Les percées alpines.

Chaux-de-Fonds. La valeur totale de l'exportation dépasse 110 millions de francs.

Les objets en *bois travaillé* s'expédient aussi en nombre.

Les beautés naturelles de la Suisse attirent chaque année 4 à 500 000 visiteurs qui laissent aux 2000 hôtels construits dans des sites remarquables 40 millions chaque année.

Percées alpines et grandes lignes de chemins de fer internationales. — Les chemins de fer sont très développés ; de grandes lignes transcontinentales traversent ce pays ; il suffit de citer celle qui va de Bâle à Vienne en empruntant le tunnel de l'*Arlberg*, celle qui unit Bâle à Milan et à Gênes par le *Saint-Gothard.* En 1906, le tunnel du *Simplon* a fait communiquer la haute vallée du Rhône avec la vallée du Tessin. La Suisse est bien la « véritable plaque tournante du continent ».

Commerce. — Grâce au développement de l'industrie, à l'activité des habitants, au bon marché et à l'habileté de la main-d'œuvre, aux nombreuses voies de communication, le commerce de la Suisse est, toutes proportions gardées, un des plus considérables de l'Europe.

L'exportation consiste en cotonnades, soieries, horlogerie, fromages (1060 millions).

On importe surtout des denrées alimentaires et des matières premières nécessaires à l'industrie : soie, coton, etc. (1600 millions).

L'*Allemagne* vient au premier rang dans ce commerce ; la *France* occupe la seconde place.

Conclusion. — Habitant un pays qui n'a ni unité physique, ni unité de race, ni unité de langue, ni unité de religion, les Suisses n'en forment pas moins une *nation* unie, énergique, honnête, sympathique, très jalouse de son indépendance et de sa liberté, qui doit beaucoup au travail et à l'instruction.

Sujets de devoirs. — 1. Les Alpes et leur influence sur la distribution des habitants et la vie économique en Suisse. — 2. Le Rhin et son régime en Suisse. — 3. L'élevage en Suisse. — 4. L'industrie suisse. — 5. Les grandes voies de communication.

CHAPITRE VII

L'Empire d'Autriche-Hongrie

Géographie physique.

Situation et dimensions. — L'empire austro-hongrois couvre une superficie de 675 000 kilomètres carrés. C'est l'État le plus vaste de l'Europe après la Russie.

Au sud-ouest, il confine à l'*Italie* et à la *Suisse*. A l'ouest, la Salzach et l'Inn, puis le Danube le séparent de l'*Allemagne*. La Bohême, qui lui appartient, est séparée des pays allemands par un système enveloppant de montagnes : monts de Bohême (Bœhmerwald), monts Métalliques (Erzgebirge), monts des Géants, Sudètes. Au nord et au nord-est, la *Pologne* russe, puis la *Russie* proprement dite, bordent l'empire. A l'est et au sud, la *Roumanie* et la *Serbie* sont limitrophes de la Hongrie. Au sud, l'empire austro-hongrois est devenu voisin de la *Turquie* et du *Monténégro* par l'annexion de la Bosnie et de l'Herzégovine.

Grandes divisions du relief. — L'Autriche-Hongrie comprend des régions montagneuses importantes : une partie des *Alpes orientales*, le système des *monts Bohémiens* qui entoure le *plateau de Bohême*, et le groupe des *Karpathes*. — Entre les Alpes orientales et les Karpathes est encadrée la grande *plaine de Hongrie*.

Alpes. — La *région des Alpes* qui appartient à l'Autriche comprend les massifs des Alpes *Rhétiques, Noriques, Carniques, Juliennes* et *Dinariques*. De ces groupes, le plus important est celui des **Alpes Rhétiques** s'étendant entre les massifs de l'*Ortler* et du *Gross Glockner*.

Les Alpes autrichiennes sont remarquables par leurs

vallées longitudinales (Drave, Save); le *Brenner* ouvre un passage facile entre l'Inn et l'Adige.

Karpathes. — Les **Karpathes** forment une série de massifs disposés en un arc de cercle long de 1450 kilomètres. Le plus important de ces groupes est celui du *Tatra* : là est le point culminant de tout le système

Fig. 110. — Vallée de Grœden. Les Geisslerspitzen (Tyrol).

haut de 2600 mètres. Aucun des cols n'est au-dessous de 1800 mètres.

Le massif des *Petites Karpathes*, qui continue l'orientation des Alpes au delà du Danube, n'a guère que 600 mètres d'altitude moyenne.

Les *Karpathes proprement dites* ferment la plaine de

Hongrie au nord-est; elles n'ont que 900 à 1000 mètres d'altitude moyenne et peu de sommets au-dessus de 2000. La pente est plus douce du côté de la Hongrie que sur le versant opposé.

Les **Alpes de Transylvanie** tombent à pic au sud et à l'est sur les plaines valaque et moldave; sur l'autre versant, au contraire, un plateau s'adosse à leur massif et

Fig. 111. — La Bohême.

s'abaisse lentement sur la Hongrie. C'est le plateau de Transylvanie, qui s'étend sur une superficie de 60 000 kilomètres carrés avec une altitude moyenne de 500 mètres. Il est dominé à l'ouest par le massif des monts *Bihar* qu'entourent de riches gisements miniers.

Plateau de Bohême. — Le **plateau de Bohême** a l'aspect d'un quadrilatère : il est entouré par la *forêt de Bohême* ou *Bœhmer-Wald* au sud-ouest, les *monts Métalliques* ou Erz Gebirge au nord-ouest, les *monts des Géants* et les *Sudètes* au nord-est, et les *collines de Moravie* au sud-est. — Ces montagnes de bordure sont de hauteur inégale : le point culminant est le *Schneekoppe* (= cime neigeuse : 1605 m.), dans les monts des Géants. Les passages, assez difficiles à l'ouest dans les monts de Bohême, sont ouverts par les défilés de l'Elbe même dans la bordure septentrionale. Quant aux *collines de Moravie*, ce ne sont que des terrasses peu importantes qui s'étendent entre les bassins du Danube et de l'Elbe sans former vraiment de séparation.

Le plateau lui-même, d'une altitude moyenne de 450 mètres, s'appuie principalement sur les monts de la forêt de Bohême et s'abaisse du sud-ouest au nord-est jusqu'à *Prague*, où l'altitude n'est plus que de 180 mètres. La capitale de la Bohême forme donc bien le centre de ce pays : elle occupe le point où convergent les eaux descendues de tous les systèmes montagneux qui limitent le plateau.

La plaine hongroise. — Entourée par les Alpes, le plateau de Bohême, les Karpathes, et au sud par les monts de Bosnie et le plateau de Serbie, la **plaine hongroise** contraste avec tous ces systèmes de montagnes : c'est la grande dépression de l'Europe centrale. Ancien lac comblé par d'épaisses et fertiles alluvions, cette plaine s'étend sur plus de 170 000 kilomètres carrés.

Les hauteurs de *Bakonyerwald*, dirigées du sud-ouest au nord-est, la séparent en deux parties inégales : la Hongrie supérieure au nord-ouest et la Hongrie inférieure au sud et à l'est de Buda-Pest.

Les différents noms donnés au pays hongrois (*Alföld, Puszta*) correspondent non pas à des différences de relief, mais aux divers aspects de cette plaine, tantôt champ de culture comme dans l'Alföld, tantôt immense prairie parcourue par des bœufs et des chevaux comme dans la Puszta.

Climat. — L'Autriche-Hongrie comprend des régions qui appartiennent aux zones climatériques les plus différentes. Dans les Alpes, l'altitude a une influence maîtresse sur la température. Au nord-ouest et au nord, la Moravie, la Bohême et les Karpathes ont un climat tempéré, avec une moyenne estivale de + 18° et hivernale de 0°. — En revanche, la Hongrie a le climat tout à fait *continental*; les montagnes qui l'entourent en écartent complètement les influences maritimes aussi bien de la Méditerranée que de l'Atlantique. Les plaines hongroises du Sud peuvent subir en hiver des froids de — 30°, et en été des chaleurs de + 41°. — La côte de Dalmatie jouit du climat méditerranéen.

Pluies. — La zone alpestre reçoit des pluies très abondantes et généralement supérieures à 1 mètre par an. La Bohême a les pluies moyennes de l'Europe centrale : environ 0^m,65. La conformation montagneuse de la Dalmatie lui vaut en automne d'abondantes averses apportées par le vent du sud ou sirocco. — En Hongrie, la partie montagneuse, comprenant les Karpathes, est abondamment pourvue d'humidité, tandis que la plaine est sujette à de longues périodes de sécheresse. — En somme, c'est aux glaciers des Alpes orientales que l'Autriche-Hongrie doit l'abondance de ses cours d'eau et en particulier la puissance du Danube.

Fleuves. — Le **Danube** arrose la plus grande partie du territoire de l'empire, *dont il fait l'unité*; près de 1400 kilomètres de son cours sillonnent le sol austro-hongrois, et c'est là qu'il reçoit ses affluents les plus riches et les plus longs. En outre, le cours supérieur de l'*Elbe*, par la Bohême, et celui du *Dniester*, par la Galicie, font partie du domaine hydrographique de l'Autriche; l'*Oder* et la *Vistule* y ont aussi leurs sources.

Le **Danube** entre en Autriche à Passau, au confluent de l'Inn, et, resserré entre les hauteurs de la forêt de Bohême et les Alpes orientales, pénètre dans trois bassins successifs, séparés par des trouées. C'est d'abord le *bassin de Linz*, où la *Traun* et l'*Enns* viennent le grossir; puis le *bassin de Krems*; enfin celui de *Vienne.* Dans la plaine de Vienne, où le fleuve est déjà embarrassé d'îles, est le confluent de la March ou *Morava* qui lui amène les eaux des Sudètes et de la plaine morave.

Le quatrième grand *bassin*, dans lequel pénètre le Danube après avoir percé une trouée entre les Alpes et les Petites Karpathes, est celui de *Presbourg.* Là, il est rejoint à droite par la *Leitha* et le *Raab*, à gauche par le *Waag*, qui apporte les eaux du massif du Tatra.

Resserré de nouveau entre le Bakonyerwald et le massif du Matra, le grand fleuve débouche enfin dans la plaine de la Basse-Hongrie, où

Fig. 112. — Le Danube de Wesenufer à Engelhardszell.

(Cliché L. L.)

aboutissent ses affluents les plus abondants. Au premier rang est la **Theiss**, ou *Tisza* (1200 kilom.), coulant au centre de la plaine de Hongrie avec mille méandres; elle apporte la plus grande partie des eaux du massif des Karpathes et se grossit du *Maros*, venu des Alpes de Transylvanie. C'est le fleuve hongrois par excellence. Très irrégulière, la Theiss inonde chaque année (de mars à juillet) la plaine sur d'énormes espaces, qu'elle laisse ensuite à l'état de marécages.

A droite, la *Drave* et la *Save* amènent des Alpes un

contingent d'eau considérable. Ces deux vallées sont de profonds couloirs entaillés dans les Alpes orientales.

Le Danube, dans son cours hongrois, est très large, mais encombré d'îles, divisé en bras nombreux et peu profonds. Il quitte le territoire de l'Autriche-Hongrie aux *Portes de Fer*, où il s'est frayé une route entre les Alpes de Transylvanie et les contreforts du Tchar-Dagh. Ses eaux resserrées dans cet étroit passage ont une profondeur de plus de 40 mètres; mais au printemps le fleuve, grossi par les glaciers des Alpes et les neiges des Karpathes, ne peut s'écouler entièrement par ces défilés; il reflue en arrière et s'étale dans les plaines basses de la Hongrie.

Le Danube aux Portes de Fer. — Le fleuve franchit l'obstacle par de longs défilés. Sur plus de 150 kilomètres, le Danube coule dans des gorges, encombré de bas-fonds rocheux, coupé de cataractes, tantôt étalé en nappes minces dans de larges bassins, tantôt, comme au défilé de *Kasan*, profond de 80 mètres, resserré à moins de 100 mètres entre les parois à pic de montagnes hautes de 700 mètres. Les gorges se terminent au-dessous d'Orsova par le court passage des *Portes de Fer*, en territoire serbo-roumain. D'immenses travaux, commencés en 1890, achevés en 1898, exécutés par le gouvernement hongrois dans l'ensemble des défilés, ont transformé le lit du fleuve, désormais navigable en toute saison pour les bateaux calant 4 mètres.

L'Elbe appartient beaucoup moins à l'Autriche-Hongrie. Sa source, à une hauteur de 1400 mètres, sort d'un plateau marécageux des monts des Géants. Le fleuve coule d'abord du nord au sud, puis du sud-est au nord-ouest, ce qui est sa direction normale. La *Moldau* lui apporte les eaux des terrasses de Moravie et de la forêt de Bohême; venant de régions d'une pente moins accentuée, la Moldau est plus navigable et ses eaux sont aussi abondantes que celles de l'Elbe; aussi la capitale bohémienne est-elle située sur la Moldau. — Après avoir reçu l'*Eger*, qui vient du Fichtelgebirge, l'Elbe, qui n'est guère qu'à 120 mètres au-dessus du niveau de la mer, traverse les défilés de la Suisse saxonne pour pénétrer définitivement dans la plaine de l'Allemagne du Nord.

Les sources de l'**Oder** se trouvent dans les Sudètes ; mais le fleuve aussitôt formé passe en Silésie : — la **Vistule** descendant des Karpathes n'a qu'une faible partie de son cours en Galicie. — Le **Dniester** du moins, issu des Karpathes, traverse cette province de l'ancien État de Pologne

Fig. 113. — Prague. Vue sur la Moldau.

(Cliché L. L.)

sur une grande partie de sa longueur du nord-ouest au sud-est. — L'**Adige**, le torrent du Tyrol, n'appartient à l'Autriche que par son cours supérieur, sa vallée alpestre.

Lacs. — Des lacs alpestres, un seul très important, le lac de *Garde*, est compris en partie dans les terres de l'empire. Mais, le plus vaste de tous est le lac *Balaton*, au sud du Bakonyerwald, long de 80 kilomètres et large de 15 à 20. On cite encore le lac *Neusiedler*, dont les eaux, en communication avec le Danube par une série de marécages, sont sujettes à des baisses et à des crues subites : quelquefois son bassin est complètement vide.

Côtes. — L'Autriche-Hongrie, État continental par excellence, s'est ouvert un débouché sur la mer Adriatique par l'acquisition d'une partie du littoral oriental de cette mer, depuis le grand port de Trieste jusqu'à la principauté de Monténégro. Ce littoral est généralement rocheux, élevé

Fig. 114. — Trieste. Vue sur Barcola.

(Cliché L. L.)

et découpé de golfes dans lesquels on a pu établir d'excellents ports. — L'Autriche possède la péninsule d'Istrie, toutes les îles de la côte, et la région côtière de Dalmatie; la Hongrie s'est réservé le port de *Fiume*. — Au nord de la péninsule d'Istrie, dans un grand golfe, s'ouvre le port de *Trieste*, le premier de l'empire et le plus actif de toute l'Adriatique. Fiume occupe une position correspondante de l'autre côté de la presqu'île : l'arsenal de *Pola* est placé sur une des pointes méridionales.

Au sud-est de l'Istrie, commence la série d'îles montagneuses allongées parallèlement à la côte. Sur ce littoral si bien articulé, habitent les Dalmates, cités parmi les plus habiles marins de l'Europe. Les ports les meilleurs, avec ceux de Trieste et de Fiume, sont, sur la côte dalmate, *Cattaro*, *Raguse*, *Spalato* et *Zara*. — La longueur de ce littoral est d'environ 750 kilomètres.

Géographie politique.

Population. — **Races, religions.** — Avec une population totale de 50 millions d'habitants, l'Autriche-Hongrie compte un très grand nombre de **races** distinctes. C'est à cet égard le pays le plus divisé de l'Europe. Non seulement l'origine est différente, mais les divers groupes de populations restent et tiennent à rester constitués à part avec leurs mœurs, leur religion et leur lan-

Fig. 115. — Environs de Vienne.
Schoenbrünn.
(Cliché L. L.)

gue. Il n'y a pas bien longtemps encore que les officiers de la marine impériale étaient obligés de répéter leurs commandements en plusieurs langues, allemand, slave et italien, pour se faire comprendre des équipages.

Les plus nombreux, les **Slaves**, sont plus de 23 millions ; mais ils ont une influence assez restreinte parce qu'ils sont disséminés. On les trouve au *nord* : Tchèques de Bohême et de Moravie ; *Slovaques* au nord de la Puszta, *Polonais* et *Ruthènes* de Galicie — et au *sud* : *Croates* et *Serbes* de l'Esclavonie et du Banat, *Slovènes* de Carinthie, *Dalmates* le long de la côte.

Les **Allemands**, au nombre de 11 millions, occupent les provinces alpestres, le pourtour de la Bohême.

Les **Hongrois** ou **Magyars** (8 millions) vivent dans la

Fig. 116. — Les races en Autriche-Hongrie.

grande plaine entourée par les Karpathes, arrosée par le Danube et la Theiss ; ils peuplent aussi une partie de la Transylvanie orientale. — Le reste de cette province est le domaine des **Roumains** (3 millions).

Les **Italiens** du Tyrol, de l'Istrie et de la Dalmatie sont au nombre de 700 000.

L'acquisition de la Bosnie et de l'Herzégovine ajoute encore, à cette liste si bariolée de races, des *Albanais*, des *Grecs* et des *Turcs*.

Les **religions** ne sont pas moins différentes. Cependant la majorité de la population (31 millions) appartient au *catholicisme romain*. Cette religion domine dans la Galicie polonaise et dans les provinces alpestres. — Au second rang vient le *culte grec* (8 500 000), en vigueur dans la Transylvanie et dans la Bukovine, parmi les populations roumaines et chez une partie des Slaves. — Les *protestants* sont un peu plus de 4 millions ; les principaux adeptes de cette religion sont les Hongrois. — Les *juifs* sont au nombre de plus de 2 millions : on les trouve surtout en Galicie.

La population est, en moyenne, de 73 habitants par kilomètre carré. Les régions les plus peuplées sont la Basse-Autriche (134) et la Bohême (112) ; celles où la population est le moins dense sont le territoire de Salzbourg (24) et le Tyrol (30) dans les Hautes-Alpes.

Gouvernement. En vertu de la Constitution de 1867, l'*empire d'Autriche*, capitale *Vienne*, et le **royaume de Hongrie**, capitale *Buda-Pest*, ont chacun leur gouvernement autonome. Chacun a son conseil des ministres et son parlement.

Le parlement cisleithan ou impérial comprend la *Chambre des seigneurs* et la *Chambre des députés*. Le parlement transleithan ou hongrois est divisé en deux *Tables* : *Table des magnats*, composée des nobles et des grands dignitaires ; *Table des députés.*

Le gouvernement commun est assuré par une réunion annuelle de délégués pris dans les deux parlements en nombre proportionnel ; les *Délégations* siègent alternativement à Vienne et à Pest. — Un *ministère commun*, siégeant à Vienne, comprend trois personnes : le *ministre de la Maison impériale et royale et des Affaires étrangères*, le *ministre des Finances de l'empire* et le *ministre de la Guerre de l'empire*. Mais l'armée autrichienne et l'armée hongroise sont distinctes, et il existe dans chacun des États un *ministre de la Défense nationale* et, de même, un *ministre des Finances*.

L'*armée* austro-hongroise compte, sur le pied de paix, 346 000 hommes avec 1900 canons.

La *marine* de guerre compte 140 navires, dont 75 torpilleurs, montés par 17 000 hommes.

Divisions administratives. — I. *Pays cisleithans.* — Les provinces cisleithanes, peuplées en majorité par la race allemande, sont divisées en quinze pays :

La *Basse-Autriche* occupe le bassin danubien de *Vienne*.

La *Haute-Autriche*, le bassin de *Linz*.

Le *Salzbourg*, capitale Salzbourg, est la vallée alpestre de la Salzach, affluent de l'Inn.

Le *Vorarlberg* et le *Tyrol* occupent la vallée supérieure de l'Inn,

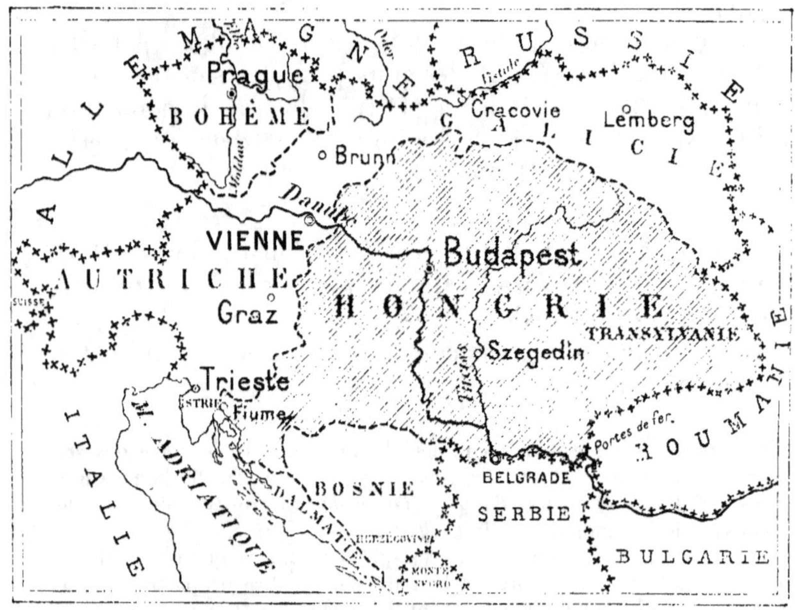

Fig. 117. — L'Autriche-Hongrie politique.

les Alpes Rhétiques et la haute vallée de l'Adige : capitale Innsbrück.

La *Carinthie*, capitale *Klagenfurt*, est la vallée de la Drave supérieure.

La *Carniole*, capitale *Laibach*, occupe la haute vallée de la Save.

La *Styrie*, capitale *Graz*, s'est formée dans la vallée de la Mur, affluent de la Drave.

Cette première série d'États s'est donc développée dans la vallée du Danube et de ses affluents alpestres.

Dans le bassin de la *Morava*, affluent de gauche du même fleuve, s'est constituée la *Moravie*, capitale *Brünn*.

La *Bohême*, capitale *Prague*, s'est formée dans le bassin supérieur de l'Elbe et de son affluent la Moldau ; mais elle communique facilement avec les pays danubiens ; elle est habitée par des Slaves, les Tchèques, comme la Moravie qui lui a toujours été unie.

On rattache aux pays cisleithans la *Silésie autrichienne*, capitale *Troppau*, située au nord des Karpathes et aux sources de l'Oder ; c'est

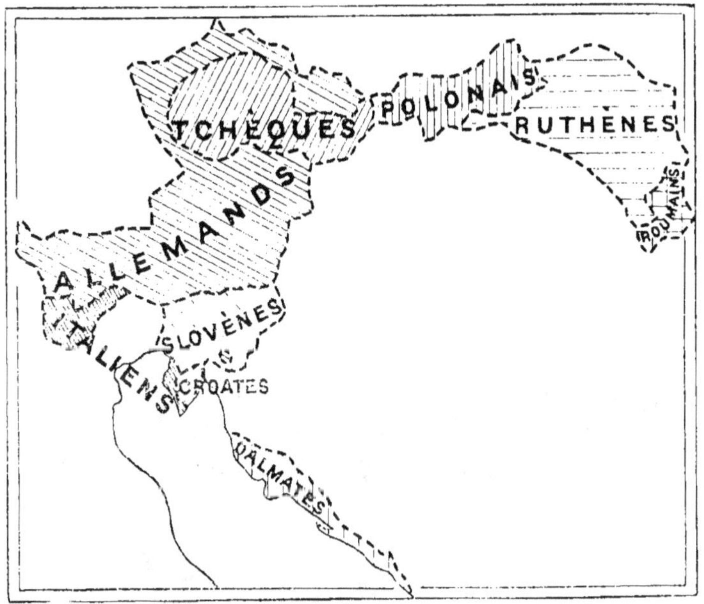

Fig. 118. — La Cisleithanie.

le reste d'un domaine plus grand, conquis par la Prusse au xviiie siècle.

Dans la même catégorie sont rangées : la *Galicie*, capitale *Lvow* (*Lemberg*), province *polonaise* ainsi que le district de *Cracovie*.

La *Bukovine*, capitale Czernowitz (prononcez Tchernovitz), entre les Karpathes et le Dniester, conquise sur les Turcs en 1774.

Les provinces *méditerranéennes* sont également qualifiées cisleithanes, à l'exception du port hongrois de Fiume. Elles sont au nombre de trois : pays de *Goritz*, capitale *Goritz* ; *Istrie* et Trieste, capitale *Trieste* ; *Dalmatie*, capitale *Zara*.

II. *Pays transleithans*. — Le plus considérable des pays transleithans est le royaume de Hongrie, capitale *Buda-Pest*. C'est la grande plaine arrosée par le Danube et la *Theiss*.

La *Transylvanie*, capitale *Klausenbourg*, occupe le plateau appuyé aux Karpathes. Elle est habitée par les Roumains.

La *Croatie* et l'*Esclavonie*, pays slaves, occupent, entre les vallées de la Drave et de la Save, le chemin de la Hongrie vers l'Adriatique. La capitale est *Agram*, dans la vallée moyenne de la Save.

Les *pays récemment acquis de Bosnie et d'Herzégovine* sont la région montagneuse que traversent les affluents de droite de la Save (la Bosna) et, vers l'Adriatique, la vallée de la Narenta. La capitale est *Serajevo*, sur la Bosna.

Villes. — L'empire d'Autriche-Hongrie compte huit *villes* dont la population dépasse 100 000 âmes :

Vienne, capitale des pays autrichiens, est peuplée de 2 millions d'habitants avec ses faubourgs. Cette capitale est

Fig. 119. — Buda-Pest.
(Cliché L. L.)

heureusement située au point où se nouent les communications entre les régions alpestre, bohémienne et hongroise. C'est à la fois une grande ville d'industrie, de commerce et de luxe.

Buda-Pest (890 000 hab.), capitale de la Hongrie et des pays Transleithans, est aussi le centre commercial de la grande plaine. C'est là qu'aboutissent toutes les lignes de chemins de fer de la région orientale de l'empire.

Prague (226 000 hab.), centre de la nationalité tchèque, est la ville manufacturière la plus active de l'empire.

Trieste (196 000 hab.), un des plus grands ports de commerce de la Méditerranée, est le point d'attache de la grande compagnie du Lloyd austro-hongrois dont les navires à vapeur font concurrence aux lignes françaises, anglaises et italiennes dans la Méditerranée orientale.

Lemberg (180 000 hab.), au centre de la riche région agricole de la Galicie ; **Cracovie** (105 000 hab.).

Graz (156 000 hab.) est la capitale d'une région que l'agriculture et l'industrie métallurgique rendent prospère.

Citons encore *Agram* (38 000 hab.), centre intellectuel des nationalités slaves du Sud, Slavons et Croates ;

Szegedin (103 000 hab.), la deuxième ville hongroise par le chiffre de la population, mais offrant plutôt l'aspect d'un immense village que d'une ville.

Géographie économique.

L'empire austro-hongrois possède des ressources variées et diversement réparties entre ses provinces : tandis que la Hongrie, plaine d'alluvions, est riche en blés et en produits agricoles, la Bohême, pays de mines, doit surtout sa prospérité à l'industrie.

Agriculture. — *Cultures alimentaires*. — Elles sont surtout développées dans les plaines d'alluvions de la Hongrie et de la Galicie, favorables aux céréales. Le *froment*, le *maïs* et le *riz* de Hongrie, le seigle, l'orge et l'avoine de régions plus élevées et de terroir moins fertile, comme la Bohême, la Basse-Autriche et la Moravie, donnent une récolte annuelle de 260 millions d'hectolitres. — La Hongrie est le pays le plus fertile **en céréales** de tout l'Empire. — D'abondantes récoltes en *pommes de terre* sont faites en Galicie, en Moravie et en Bohême.

Les *vignobles* sont nombreux et d'excellente qualité, surtout en Hongrie (*Tokay*). La production du vin est, en Autriche-Hongrie, de 7 millions et demi d'hectolitres.

Cultures industrielles. — La *betterave* en Hongrie et en Bohême, le *houblon* en Moravie et en Bohême, sont l'objet d'une culture très développée. La Hongrie et la Galicie produisent beaucoup de tabac.

Les forêts. — Les *forêts*, couvrant une superficie de 16 millions d'hectares, environ 30 pour 100 de tout le territoire, sont surtout exploitées dans les régions alpestres de la Styrie et de la Carinthie, et en Bohême.

L'élevage. — La Hongrie possède une région de *pâturages* très étendue ; c'est la *puszta* ou steppe du centre, que la culture transforme en belles prairies. Là est élevée la plus grande partie des 16 millions de *bestiaux* que possède l'empire ; cependant les pâturages de la région alpestre et des Karpathes ont aussi des races remarquables, celle du Tyrol par exemple. C'est encore en Hongrie que sont nourris les meilleurs *chevaux*, au nombre de plus de 4 millions. Sur 11 millions de *moutons*, la Hongrie en possède plus de 8. Les porcs sont surtout nombreux dans les forêts de la Transylvanie.

Les *pêcheurs* dalmates passent pour être les plus habiles et les plus actifs de l'Adriatique ; leurs parages sont surtout fréquentés par la *sardine* et le *thon*.

L'Autriche-Hongrie est un des plus riches pays agricoles de l'Europe. Elle a de vastes forêts ; elle produit des blés excellents et des céréales de toutes sortes ; les cultures industrielles y sont prospères ; la vigne ajoute à tant de ressources un complément précieux. — L'élevage est très important, mais il laisse encore à désirer.

Industrie. — L'Autriche-Hongrie est pourvue en abondance de produits minéraux. La *houille* existe partout ;

mais les gisements les plus considérables **sont** ceux de **Bohême** et de **Moravie**, qui fournissent une bonne partie de la production totale (39 millions de tonnes). La **Styrie** et la **Carinthie** viennent au second rang. — Ces deux mêmes provinces sont aussi les plus riches en mines de *fer*. — Citons encore les gisements de *plomb* de *Bleiberg* en Carinthie, ceux de *mercure* à *Idria*. Enfin la Hongrie exploite un peu d'*or*.

Les *salines* de *Wielicza*, aux environs de Cracovie, sont les plus célèbres de toute l'Europe.

La *Galicie* possède de riches gisements de *pétrole*.

La Bohême a les sources d'eaux minérales de Carlsbad et de Marienbad; l'Autriche celles de Gastein; la Hongrie celles de Buda-Pest.

Les principaux **centres industriels** sont donc, par ordre d'importance : la *Bohême*, qui a la houille, le fer et le plomb; — le groupe de *Styrie*, de *Carinthie* et de *Carniole*, qui exploite le minerai de fer; — le groupe de *Hongrie* et de *Transylvanie* qui fournit l'or et l'argent, le plomb et le cuivre.

L'*industrie* n'est pas aussi avancée qu'en Angleterre, en Allemagne et en France. Mais, depuis quelques années, ses progrès sont remarquables.

Possédant en abondance la houille et le fer, l'Autriche-Hongrie a, dans ses provinces occidentales, une industrie *métallurgique* prospère. Les *hauts fourneaux* et les forges sont nombreux dans les faubourgs de *Vienne*, à *Prague* en Bohême, à *Graz* en Styrie, et en Carinthie.

La Bohême n'a rien perdu de sa réputation pour la *cristallerie*, la *verrerie* et la *céramique* (Pilsen et Eger).

Trieste et Fiume ont de grands chantiers de *constructions navales*.

La *Bohême* (Reichenberg) et la *Moravie* (Brünn) comptent parmi les régions où la *filature* et le *tissage* des cotons et laines sont le plus développés; mais elles ne sauraient égaler l'activité industrielle des villes allemandes de la province du Rhin.

Comme l'Allemagne, l'Autriche-Hongrie fabrique beaucoup de *sucre de betterave,* d'*alcool* et de *bière* (Pilsen).

Grandes voies de communication. — Le réseau des chemins de fer (42 000 kilomètres) est particulièrement serré dans la Bohême septentrionale, où *Prague* est le

Fig. 120.
Route de l'Arlberg. Wiesberg et le pont de la Trisanna.
(Cliché L. L.)

nœud principal. *Vienne* et *Buda-Pest* sont les deux grands centres de rayonnement des voies ferrées. Les lignes les plus importantes appartiennent au réseau international, et servent à unir l'ouest et l'est, le nord et le sud de l'Europe,

Vienne est sur le passage des deux *Orient-Express* qui unissent Paris à Constantinople et à Bucarest-Varna. La bifurcation se fait à Buda-Pest, également relié à Salonique par Belgrade et les chemins de fer serbes. — Deux lignes transversales, *Trieste, Vienne, Cracovie* : — *Fiume, Buda-Pest, Lemberg*, rejoignent, à travers l'Autriche-Hongrie, la plaine de l'Europe septentrionale et orientale à l'Adriatique.

L'Autriche-Hongrie a, grâce au Danube et à ses affluents, un beau réseau de *voies navigables*, particulièrement précieux depuis les aménagements des Portes de Fer. Il existe des services de vapeurs de Passau à Orsova. Sur 11 000 kilomètres de voies navigables, on en compte 5000 en Hongrie, dont près de 3000 accessibles aux bateaux à vapeur sur le Danube, la Save et la Theiss. La valeur du réseau est cependant diminuée parce que, chaque hiver, le Danube hongrois et ses affluents sont, pendant trois mois environ, entièrement pris par les glaces.

Le réseau prendra une valeur considérable, *surtout pour le commerce allemand*, lorsque l'Elbe et l'Oder seront joints au Danube. Un projet de loi portant construction de trois canaux de jonction à exécuter en vingt ans a été déposé en 1901 au parlement de Vienne.

La *marine marchande* de l'Autriche-Hongrie n'est point très considérable. Elle compte environ 200 navires à vapeur et 900 navires à voiles jaugeant 260 000 tonneaux et montés par 33 000 marins. Le port de Trieste, avec un mouvement total de 4 500 000 tonnes entrées ou sorties, n'égale pas le commerce de Marseille.

Commerce. — Malgré la diversité de caractère économique des différentes parties de l'empire austro-hongrois, le *commerce intérieur* n'y est pas très actif, par suite de l'antagonisme des races et de la multiplicité des langues.

Le **commerce extérieur**, retardé également par ces difficultés d'ordre intérieur, représente une valeur considérable ; mais l'Autriche-Hongrie suffit largement à sa nourriture et importe surtout pour son industrie. — *L'exporta-tion* (2550 millions) comprend surtout des produits agri-coles, blés hongrois, bestiaux, bois, bière. — *L'impor-tation* (2680 millions) consiste principalement en matières premières nécessaires à l'industrie, houille, coton, chanvre, laine, en denrées coloniales et en tissus (soieries).

Les relations les plus actives sont entretenues avec l'*Allemagne*, l'*Italie*, la *Russie* et les pays de la péninsule des Balkans. Le chiffre des échanges avec la France est peu élevé : nous envoyons surtout en Autriche des vins, des sucres et des tissus, et nous en recevons des céréales, des bestiaux, du bois, des peaux et des laines.

Conclusion. — L'Autriche-Hongrie, malgré son éten-due, sa puissance militaire, l'importance de sa population, la valeur de ses ressources agricoles et minérales, est restée au point de vue économique un État secondaire, inférieur à la Belgique et à la Hollande. Cette infériorité est due à deux causes : d'une part, à la nature continentale et à l'in-suffisance des débouchés maritimes de l'empire ; d'autre part, au caractère hétérogène de ses populations, à la diver-sité des races qui les composent.

Sujets de devoirs. — 1. Décrire la plaine hongroise. — 2. Le relief de la Bohême. — 3. Les vallées longitudinales des Alpes autri-chiennes. — 4. Les races et les nationalités de l'Autriche-Hongrie. — 5. Caractériser au point de vue économique la Bohême, la Styrie, la Hongrie, la Galicie. — 6. Comparer le commerce de l'Autriche-Hongrie au commerce de l'Allemagne et des autres États européens.

CHAPITRE VIII

La Russie d'Europe

Géographie physique.

Situation et dimensions. — L'empire russe est l'État le plus vaste qui existe dans les deux mondes. Il comprend plus de la moitié de l'Europe (5 500 000 kilom. carrés) et plus du tiers de l'Asie; au total, il couvre le quart de l'An-

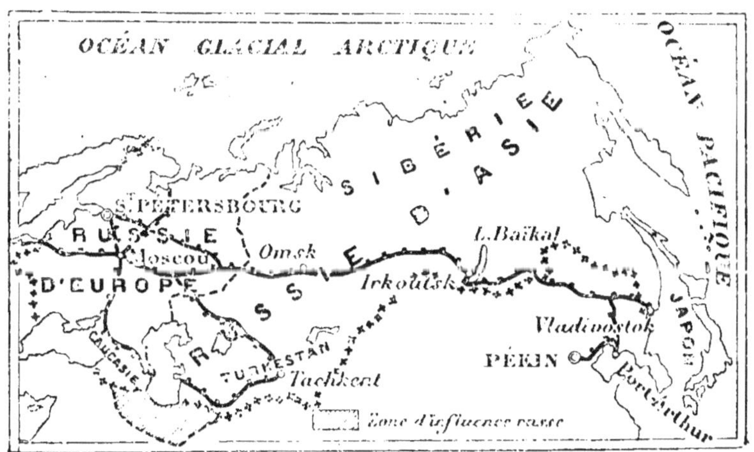

Fig. 121. — L'empire russe.

cien Continent et le sixième des terres du globe. — Ce vaste empire forme un tout continu et s'étend sans interruption de la Baltique au Pacifique.

La Russie d'Europe est dix fois plus étendue que la France et supérieure à la superficie de tous les autres États de l'Europe réunis.

Mais il s'en faut que toute cette surface représente des

terres utilisables. Par ses caractères physiques, la grande plaine de l'Europe orientale ressemble plus à l'Asie septentrionale qu'aux pays variés et articulés de l'Europe occidentale.

Relief. — La Russie contraste avec le reste de l'Europe par la simplicité de son relief. C'est une ***immense plaine*** à peine ondulée.

Un Russe peut parcourir en traîneau 2500 kilomètres de l'ouest à l'est ou du sud au nord sans jamais apercevoir une montagne ou même une colline qui dépasse 400 mètres d'altitude.

Les vrais systèmes de montagnes que possède le territoire russe lui sont, pour ainsi dire, *extérieurs*, comme le *Caucase* et l'*Oural*.

Le **Caucase** est le plus élevé des systèmes européens; ses sommets volcaniques, l'*Elbrouz* (5646 m.) et le *Kasbek* (5044 m.), dépassent les cimes alpestres; la surface couverte par ses massifs égale à peu près celle des Alpes. — Il s'étend sur une longueur d'environ 1200 kilomètres entre la Caspienne et la mer d'Azov, suivant une direction presque parallèle à celle des Pyrénées, du sud-est

Fig. 122. — La Russie d'Europe comparée à la France.

au nord-ouest. Il barre ainsi entièrement l'isthme par lequel l'Asie Mineure se rattache à l'Europe orientale, comme les Pyrénées ferment l'isthme qui relie la péninsule ibérique à la France. L'épaisseur de la zone montagneuse du Caucase varie de 60 kilomètres aux extrémités, à 300 kilomètres dans

les parties les plus massives. Le centre présente un rétré-
cissement remarquable qui réduit sa largeur à 130 kilomètres.

C'est aussi au centre du système et au pied du massif du
Kasbek que s'ouvre l'entaille la plus profonde, la *passe de*

Fig. 123.

L'Elbrouz (5648 m.). Vue prise du col Djiper (3322 m.)

(Cliché Déchy, communiqué par la Société de géographie)

Darial (2379 m.), traversée par l'excellente route militaire
de *Vladicaucase* à *Tiflis*.

Dans le Caucase oriental, les larges massifs du *Daghestan*
n'offrent pas de passages aussi faciles, et la route principale longe le littoral de la mer Caspienne entre Derbent et
Bakou.

Le Caucase constitue dans l'empire russe un monde à part; ses vallées, encore plus que celles des Alpes, ont abrité jusqu'à nos jours une multitude de races distinctes parlant 70 langues et pratiquant des religions différentes. On l'a appelé avec raison la « montagne des langues ».

Le relief du Caucase se prolonge à l'ouest au delà du détroit de Kertch dans la presqu'île de **Crimée**, plateau qui s'élève vers le sud où il s'adosse à la crête du *Iaïla-Dagh*. Celle-ci est dominée par des sommets en forme de *table*, et tombe sur la mer Noire en falaises abruptes.

Les **monts Ourals**, ou « ceinture de pierre », très

Fig. 124. — La Crimée.

inférieurs au Caucase par la hauteur, sont le système de l'Europe le plus étendu, car ils s'allongent du nord au sud sur près de 2500 kilomètres.

Ce n'est ni une chaîne uniforme ni une barrière continue. L'Oural septentrional seul offre l'aspect d'une chaîne : il a des sommets assez élevés comme le *Tell-Poess*, point culminant du système, qui atteint 1656 mètres. L'*Oural central*, au contraire, formé de plateaux allongés, est caractérisé par la facilité des passages qui mènent de **Russie** en **Sibérie**.

Quelques-uns s'abaissent jusqu'à 350 mètres, avec des pentes si douces que les cavaliers les franchissent sans ralentir le trot de leurs chevaux, et ne se douteraient pas qu'ils ont atteint le faîte de l'Oural s'ils ne voyaient une pierre portant deux inscriptions : d'un côté « Europe », de l'autre « Asie ».

Or, c'est précisément dans cette région, la plus déprimée de l'Oural, qu'abondent les *ressources minérales* (or, platine, cuivre, fer, pierres précieuses) qui en font un des centres industriels de la Russie. Depuis longtemps, l'Oural central est traversé par plusieurs routes, et même par une voie ferrée entre Perm et Ekaterinenbourg.

L'*Oural méridional* se développe en éventail ; il est plus élevé et plus accidenté ; deux sommets y dépassent 1500 mètres.

L'Oural ne forme pas une limite administrative : les gouvernements miniers de *Perm*, d'*Oufa*, d'*Orenbourg*, s'étendent sur ses deux versants.

La plaine russe. — En dehors des systèmes extérieurs du Caucase et de l'Oural, la Russie ne possède pas de vraies montagnes. Elle est le type des pays de plaines. On ne peut lui comparer comme étendue que les plaines de Sibérie ou celles qu'arrosent les grands fleuves américains.

Mais il ne serait pas exact d'assimiler complètement la plaine russe aux pays bas formés de dépôts quaternaires qui s'étendent au nord de l'Europe centrale, des bouches du Rhin à la Vistule. La plaine sarmatique dans son ensemble n'est pas aussi basse que la Hollande ou que la longue dépression qui unit d'ouest en est les fleuves de l'Allemagne du Nord. A côté de régions déprimées, elle a des étendues de hautes plaines, parfois accidentées de quelques collines comme autour de Moscou.

On peut y distinguer quatre masses différentes, sans orientation bien dessinée, séparées par de larges cuvettes ou par de grandes vallées :

1° Le *plateau granitique de Finlande*, compris entre la Baltique et les grands lacs Ladoga et Onéga. D'une altitude moyenne de 150 mètres, il s'élève vers le nord jusqu'en

Laponie, avec des sommets de 500 à 700 mètres. Ce plateau imperméable est creusé de nombreuses dépressions occupées par des lacs.

2° Les *hauteurs de la Russie centrale*, d'une altitude moyenne de 150 mètres, s'étendent sur 1400 kilomètres de longueur du plateau de Valdaï au plateau du Donetz. La partie la plus élevée, le plateau de *Valdaï* (300 m.), est aussi la plus intéressante. C'est une région de sources, où prennent naissance les grands fleuves russes, la *Volga*, la Duna, le Dniéper et, plus au sud, le Don.

Entre le plateau de Valdaï et l'Oural se trouvent quelques collines dont l'altitude n'atteint pas 200 mètres et qui, d'ailleurs, ne forment pas une ligne continue. Ce sont les monts *Uwaldi*.

3° Les *hautes terres qui bordent la Volga* à partir de Nijni-Novgorod. Ces plateaux calcaires s'élèvent par une pente insensible depuis la vallée du Don jusqu'à la rive droite de la Volga, où ils forment une sorte de falaise dominant de toute sa hauteur (347 m.) les eaux du grand fleuve. Aussi, cette partie du cours de la Volga est-elle la plus pittoresque de la plaine russe, la seule qui présente des collines à pentes abruptes.

4° Une série de hauteurs qui s'étendent à l'ouest *parallèlement aux Karpathes*. C'est à l'ouest que se rencontrent les massifs les plus élevés : le plateau de *Sandomirz* dominé par l'arête du *Lysa-Gora* (610 m.). — Plus à l'est, les terrasses de Volhynie sont la terminaison des plateaux de Galicie qui s'adossent aux Karpathes ; elles se continuent vers le sud par les hautes plaines crayeuses de Bessarabie où le Dniester et le Pruth se sont creusé des vallées profondément encaissées, et par le plateau de l'Ukraine dont les rebords granitiques déterminent vers le sud un relief plus accidenté.

Ces hautes plaines de la Russie sont entourées de *dépressions* qui les isolent et les distinguent ; au nord, les plaines froides et marécageuses des *toundras* ; au sud les *steppes* salés de la basse Volga qui, sur une grande étendue, sont au même niveau que les eaux de la Caspienne, c'est-à-dire à 26 mètres au-dessous du niveau de la mer Noire.

Climat. — Par son climat, encore plus que par les formes de son relief, la Russie se distingue nettement du reste de l'Europe et se rattache à la Sibérie. Il est, en effet, essentiellement *continental*. L'absence de véritables barrières montagneuses, l'uniformité du niveau sur d'immenses espaces, font que les vents du nord balayent la plaine jusqu'à ses extrémités méridionales sans rencontrer d'obstacles, comme aussi les vents continentaux de l'est lui parviennent, brûlants en été, glacés en hiver, et dépourvus d'humidité.

L'éloignement de l'Atlantique prive la Russie de l'influence adoucissante du Gulf-Stream; les hauts massifs de la Norvège arrêtent les vents d'ouest et leur enlèvent presque toute la chaleur et l'humidité qu'ils avaient recueillies dans leur parcours sur l'Océan, si bien qu'ils arrivent en Russie après avoir perdu tout caractère maritime.

Ni la Baltique ni la Caspienne ne peuvent atténuer les effets de ce climat continental, car ce sont des mers fermées, peu profondes, dont la température varie avec celle des terres environnantes. Elles gèlent tous les hivers dans la plus grande partie de leur surface, et, dès lors, ne font qu'accroître l'étendue de la masse continentale.

Le climat de la Russie est caractérisé, non seulement par la rigueur de ses hivers, mais aussi par la chaleur non moins excessive de ses étés. Nulle part en Europe on ne trouve des écarts aussi exagérés. Ainsi, à Saint-Pétersbourg, la température moyenne de janvier descend chaque année à — 9°, tandis qu'à Bergen, situé sur la côte de Norvège à la même latitude, le thermomètre descend rarement au-dessous du point de glace; par contre, en été, la chaleur atteint + 18° à Saint-Pétersbourg, au lieu de + 14° a Bergen.

L'écart entre les températures d'hiver et d'été s'accroît à mesure qu'on avance vers l'est : à Moscou, il atteint déjà près de 30° (— 11° en janvier, + 19° en juillet) ; encore ne sont-ce là que des moyennes : entre le jour le plus chaud et le jour le plus froid de l'année, l'écart peut dépasser 55° (— 25° en hiver, + 30° en été). A Astrakhan, aux bouches

Fig. 125. — Saint-Pétersbourg.
Soldats traversant la Néva sur la glace.
(Cliché du Vérascope Richard.)

de la Volga, cet écart s'élève chaque année jusqu'aux chiffres prodigieux de 70° et 80° (de — 30° à + 40°). Astrakhan subit des étés plus chauds que Rome et des hivers plus rigoureux qu'Hammerfest, la ville la plus septentrionale de l'Europe.

Il faut pénétrer jusqu'au sud du Caucase, à Tiflis ou à Poti, pour trouver un régime différent, une température plus clémente (à Bakou — 3° en hiver, + 25° en été).

L'hiver en Russie. — Ce qui n'est pas moins important à considérer pour comprendre le climat de l'Europe orientale, c'est la **durée des**

saisons et la marche graduelle de la température. L'hiver russe diffère de nos hivers occidentaux, non seulement par sa rigueur, mais par sa durée. C'est, de beaucoup, la plus longue des saisons russes. Les grands froids y sont à la fois plus précoces et plus tenaces que dans l'Europe atlantique, et cela aussi bien en Crimée qu'en Moscovie ou en Pologne.

Dans la Russie méridionale, la température reste presque constamment au-dessous du point de glace pendant cinq mois de l'année : à Astrakhan, pendant cinq mois et demi; à Varsovie, la période des froids dure déjà près de six mois ; *à Moscou plus de six mois et demi*, des premiers jours d'octobre à la fin d'avril. Enfin, dans l'extrême nord, Arkhangelsk subit des hivers de huit mois.

Ajoutons que, dans la Russie septentrionale, la longueur des journées d'été, où l'aube succède au crépuscule sans interruption, compense quelque peu la médiocrité des chaleurs estivales.

Pluies. — La Russie, dans son ensemble, est la région la plus pauvre en pluies de toute l'Europe, ce qui s'explique naturellement par sa situation et sa masse continentale. Ainsi la Russie ne reçoit en moyenne que 40 à 50 centimètres de pluies annuelles, c'est-à-dire moitié moins que la France, à peu près la même quantité que notre sèche Champagne. Elle n'a que 80 à 90 jours pluvieux par an au lieu de 150 en France et 210 en Irlande. Il est des régions qui sont presque totalement dépourvues d'humidité, par exemple, les steppes de la dépression ponto-caspienne, qui ne reçoivent pas plus de 15 centimètres de pluies annuelles et subissent de longues sécheresses estivales.

La région la plus arrosée en Russie est la région centrale qui entoure Moscou. Elle reçoit en été de nombreux orages qui élèvent la couche annuelle des pluies à 55 et 60 centimètres.

Les pluies d'hiver ne sont fréquentes et abondantes (1^m,50) que sur les pentes méridionales du Caucase voisines de la mer Noire.

La neige en Russie. — Dans le reste de la Russie, les apports d'humidité relativement rares de l'hiver ne tombent pas sous forme de pluies, mais s'accumulent dès le mois d'octobre sous forme de **neige**. Pendant tout l'hiver, la Russie présente ainsi l'aspect monotone d'une immense plaine de neige d'une blancheur aveuglante; mais au printemps, lors du dégel, cette surface solide se change en un vaste bourbier où les plantes germent avec une rapidité extraordinaire, mais d'où se dégagent des myriades d'insectes et des miasmes pernicieux. Le commencement du printemps est l'époque la plus désagréable et la plus malsaine dans ces régions; c'est aussi l'époque où les communications sont le plus difficiles.

Dans l'extrême Nord, les *toundras* gardent cet aspect marécageux pendant tout l'été, car la chaleur n'y est pas suffisante pour produire un dégel rapide et complet. Les arbres n'y peuvent vivre, parce que les couches inférieures du sol restent glacées.

Mais partout où le soleil échauffe suffisamment le sol, on comprend quels avantages la culture peut trouver dans cette réserve abondante d'humidité accumulée pendant l'hiver pour le printemps. C'est ce qui explique le fait que la Russie, malgré sa pauvreté relative en pluies, est riche en céréales; et à vrai dire si le climat est continental par ses brusques changements, il l'est beaucoup moins par la sécheresse.

Fonte des neiges au printemps, pluies d'orage en été, toute l'humidité se trouve répartie dans les saisons où elle est le plus utile.

***L'hydrographie*.** — La Russie, pays des grandes plaines, est aussi le pays des grands fleuves. Le réseau fluvial est, par son étendue et par ses qualités navigables, l'articulation de la Russie; il corrige en partie les inconvénients de sa situation continentale. La conquête et la colonisation moscovites ont eu un caractère fluvial : c'est en s'avançant le long des fleuves, en traîneaux l'hiver, en barques l'été, que les colons russes ont gagné sur les nomades le vaste territoire qui forme aujourd'hui l'empire russe.

Le relief médiocre, les pentes indécises n'y déterminent pas de bassins isolés les uns des autres. Des seuils de médiocre hauteur, des portages coupés par des canaux, séparent à peine les différents fleuves.

Le trait le plus net de la distribution des fleuves en Russie, c'est leur dispersion rayonnante autour d'un centre commun, d'une *région de sources*, le *plateau boisé de Valdaï*. C'est de là que sortent la Volga, qui va se jeter dans la Caspienne, le Dniéper, qui aboutit à la mer Noire, la Duna qui coule vers la Baltique.

L'Océan Glacial reçoit la *Petchora*, qui vient du centre de l'Oural et coule à travers les toundras. — La *Dvina* et l'*Onéga* tombent dans la mer Blanche. — Traversant une région glacée, ces fleuves sont à peu près inutiles.

La Baltique reçoit la **Néva**, qui sert d'émissaire au lac Ladoga; elle est très courte, mais large et abondante. — La *Duna* et le *Niémen* doivent une forte partie de leurs eaux à la région marécageuse qui s'étend entre la Baltique et la mer Noire.

La *Vistule*, autrichienne par ses sources, prussienne par son embouchure, s'enrichit également d'affluents venus des

Fig. 126. — Kiew.
Vue du Dniéper prise du jardin de Saint-Vladimir.
(Cliché du Vérascope Richard)

marais de Pinsk. Sur un cours de 1000 kilomètres, près de 600 coulent dans la Pologne russe ou servent de frontières entre la Russie et l'Autriche-Hongrie.

A la mer Noire et à la mer d'Azof appartiennent des fleuves qui comptent parmi les plus grands de l'Europe.

Le *Pruth*, affluent du Danube inférieur, appartient plus encore à l'Europe centrale qu'à la plaine orientale; c'est du flanc oriental des Karpathes qu'il tire ses eaux.

Le **Dniester**, né comme le précédent en Galicie, est alimenté pour une bonne partie par les Karpathes; mais son cours inférieur, après la traversée des plateaux, entre dans les steppes de la Russie méridionale.

Le **Dniéper** (2310 kilom.), le troisième fleuve de l'Europe par la longueur de son cours, l'est aussi par l'abondance de ses eaux. Tandis qu'il plonge par ses sources jusqu'à la région du plateau de Valdaï, où il est très voisin du cours supérieur de la Volga, son grand affluent de droite, le *Pripet*, lui amène l'eau des *marais de Pinsk*. Dans son cours inférieur, le Dniéper décrit une courbe pour éviter les hauteurs de l'Ukraine; mais, au sud d'Iékatérinoslaw, il franchit un groupe de neuf *rapides* (*Porogs*) qui interrompent la navigation. — C'est dans le bassin du Dniéper, autour de la ville de Kiew, que se développa, pendant les XIᵉ et XIIᵉ siècles, une brillante civilisation de caractère byzantin. — Le Dniéper débouche dans le golfe d'Odessa.

Le **Don**, long de 1270 kilomètres, prend naissance au centre de la plaine russe; rejeté vers l'est, il franchit comme le Dniéper le plateau et forme des rapides. Du reste, ses eaux sont beaucoup moins abondantes que celles du Dniéper, et sa navigation est rendue difficile, non seulement par les *rapides*, mais aussi par des *bancs de sable*.

Le grand fleuve de Russie, le plus grand aussi de l'Europe, est la **Volga**, tributaire de la mer Caspienne (3888 kilom.).

La Volga naît à une très faible hauteur (275 m.), dans un étang situé à peu de distance des sources de la Duna et du Dniéper. Il coule lentement, décrivant de nombreuses courbes à travers un pays de pente indécise. La première partie de son cours, dans le *pays de Twer*, est dirigée vers l'est jusqu'à *Kazan*; à partir de ce point, il borde le plateau central, avec une rive droite élevée et une rive gauche généralement plate; enfin, vers *Sarepta*, un coude formé par les hauteurs d'Ergeni le rejette vers la mer Caspienne à travers des terres basses où il se divise en nombreuses branches et forme de grandes îles. Les 75 bras de son delta

Fig. 127. — La Volga à Nijni-Novgorod.
Pont reliant les deux villes.
(Cliché du Vérascope Richard.)

occupent, du nord-ouest au sud-est, une longueur de 150 kilomètres.

Navigable pour les barques à peu de distance de sa source, la Volga mesure déjà 700 mètres de largeur à Jaroslaw, le double à Kazan. — Dans son cours inférieur, elle occupe souvent, divisée en plusieurs branches, une étendue de 20 à 25 kilomètres. La navigation, facile grâce à la faiblesse du courant et à la profondeur des eaux, occupe pendant la belle saison plusieurs centaines de navires à vapeur. Il suffit de citer le nom de *Nijni-Novgorod* et sa foire connue du monde entier, pour donner une idée de l'énorme trafic qui se fait par la Volga : le fleuve transporte plus de marchandises ou de bois que tous les chemins de fer russes.

Les affluents sont dignes du fleuve. L'*Oka*, venue de la Russie centrale, débouche à Nijni-Novgorod, presque aussi large et puissante que la Volga, après plus de 1000 kilomètres de cours. La *Kama*, dont le confluent est au sud de Kazan, a une longueur double et est plus importante par son débit que la plupart des fleuves de l'Europe.

La civilisation russe qui se développa dans le bassin de la Volga eut pour centre Moscou, situé sur la *Moskova*, affluent de l'Oka.

Régime des fleuves russes. — Le régime des fleuves russes reflète directement le climat continental. Ils restent fermés à la navigation pendant plusieurs mois : par la congélation en hiver, la débâcle au printemps. Plus on s'avance vers l'est, plus la durée de la navigation est courte, sous la même latitude. Cette progression correspond au caractère de plus en plus continental du climat. La Néva est gelée du 15 novembre au 10 avril, soit environ 145 jours par an ; la Volga est solidifiée pendant 161 jours, en moyenne, à Kostroma, 153 à Kazan, 106 à Astrakhan. La Moskova, à Moscou, est prise par la glace pendant 152 jours. Les fleuves du Nord, la Dvina et la Petchora, sont gelés pendant huit ou neuf mois.

Plus la durée de la congélation est longue, plus les crues de printemps produites par les fontes des neiges sont subites et abondantes. Partout où un obstacle naturel rétrécit les fleuves, le niveau s'élève de 10 mètres et parfois davantage, et les eaux s'étalent en amont sur de larges espaces.

Mais le dégel n'ouvre pas immédiatement les fleuves à la navigation. La débâcle des glaces briserait les embarcations; or, parfois, elle se prolonge pendant une période assez longue; elle ne se produit pas en même temps sur tous les points du fleuve, quand il coule comme la Volga du nord au sud; et les eaux portent encore des glaçons à Tsaritzin longtemps (20 et 30 jours) après que le dégel y a commencé.

S'il coule du sud au nord, comme la Dvina, la débâcle est encore plus redoutable; les glaçons s'amoncellent à mesure qu'ils descendent et, en certains endroits, ils se ressoudent, de manière à former une embâcle qui ferme le fleuve comme un barrage.

Ainsi, les inondations à l'époque des premières chaleurs (au printemps dans le sud, en été dans le nord) sont un phénomène général dans toute la Russie, et aussi régulier que les crues du Nil en Égypte.

Pour la Volga, en particulier, les crues commencent régulièrement au milieu d'avril, et atteignent leur maximum (8 mètres et demi) à la fin de mai. Au milieu de juillet, les eaux ont repris leur niveau ordinaire, et à la fin d'août, le fleuve est à l'étiage.

Quelques fleuves éprouvent, en outre, une seconde crue en septembre, par suite des pluies d'été assez abondantes dans la région centrale; tel est le cas du Don, du Dniéper et du Dniester. Les Cosaques distinguent nettement cette seconde crue qu'ils appellent les « eaux chaudes », de la première produite par la fonte des neiges, et qu'ils appellent les « eaux froides ».

Lacs. — Les plus grands *lacs* russes sont situés dans la région du nord-ouest. Ce sont, pour la plupart, des lacs de plaines. Le *Ladoga*, situé à 15 mètres au-dessus du niveau de la mer, couvre une superficie de 18 000 kilomètres carrés. Il mesure 210 kilomètres en longueur et plus de 120 en largeur. La sonde y trouve des profondeurs de 200 mètres, c'est-à-dire supérieures à celles qu'on a constatées dans la Baltique; son émissaire est l'abondante *Néva*, le fleuve de Saint-Pétersbourg. On a souvent comparé la *Néva* au Saint-Laurent de l'Amérique du Nord, et le Ladoga et les autres lacs russes aux grands lacs canadiens. — Le lac *Onéga*, qui occupe une surface moindre de moitié environ, communique avec le précédent et comme lui est fort utile à la navigation. — On cite encore les lacs *Ilmen*, *Peïpous* et le groupe des *lacs finlandais*, situés sur le versant sud-est du plateau granitique de ce pays.

Côtes. — La Russie est très inférieure à l'Europe occidentale en articulations maritimes. Quoique couvrant plus de la moitié de la surface de l'Europe, quoique baignée par quatre mers, elle a un développement littoral peu considérable: ses côtes ne représentent qu'une longueur de 8000 kilomètres, tandis qu'il faut en compter 25 000 pour le reste des terres européennes : encore le littoral de l'océan Glacial est-il inaccessible et encombré de glaces pendant plusieurs mois de l'année, et les marécages rendent-ils inhospitalières de grandes étendues de rivages.

La côte russe de l'océan Glacial mesure environ 2150 kilomètres de longueur. A l'ouest, la massive *péninsule de Kola* ferme le golfe profond de la *mer Blanche*. A l'est de cette mer intérieure s'ouvre l'estuaire du Mezen où commencent sur la côte les *toundras* qui s'étendent jusqu'à la *baie de Kara*. La péninsule de Kanin, les *îles de Vaïgatch* et de la *Nouvelle-Zemble* sont les plus remarquables accidents de cette région presque déserte.

Le littoral baltique mesure à peu près 2500 kilomètres.

Fig. 128. — Village de pêcheurs. Teribeika. Mer Blanche.
(Cliché Leizinger, communiqué par la *Société de géographie*).

Les golfes de *Bothnie*, de *Finlande* et de *Riga* le découpent au nord et à l'est. De la frontière prussienne, près de Memel, jusqu'à l'entrée du golfe de Finlande, la côte est basse et bordée de lagunes et de dunes. L'île d'*Œsel* ferme au nord-ouest le golfe de Riga; celle de *Dago* et son archipel bordent la côte d'Esthonie. Le rebord méridional du golfe de Finlande est plus élevé; les indentations y sont assez nombreuses, et des falaises, marquant la chute du petit plateau d'Esthonie, s'y dressent avec une hauteur de 40 à 60 mètres. Le sud de la Finlande s'abaisse vers la mer en falaises abruptes : le même aspect se présente encore sur son littoral du *golfe de Bothnie.* Un labyrinthe de petites îles borde la ligne côtière.

La Russie possède le littoral septentrional de la mer Noire depuis la bouche danubienne de *Kilia* jusqu'à quelques lieues au sud du port de *Batoum.* A l'ouest, ce sont, jusqu'à la hauteur du détroit de Kertch, des étendues basses, bordées de dunes, de marais et de flèches littorales. Seul, le port d'*Odessa* est abrité par des falaises. Cependant la *Crimée* fait exception avec ses escarpements remarquables du sud-est. — La partie orientale, entre les bouches du Kouban et la frontière ottomane, est au contraire d'une nature rocheuse, car le prolongement du Caucase et le plateau d'Arménie serrent de près la côte. *Batoum* est le port le plus sûr. La mer d'*Azov,* plus grande que la Belgique, est un vaste marais plutôt qu'une véritable mer. La majeure partie n'a que 2 mètres de profondeur, et elle gèle entièrement chaque année comme le golfe de Finlande.

Le littoral européen de la mer Caspienne comprend également deux régions distinctes : au nord, des deux côtés des bouches de la Volga, ce sont des terres basses, des côtes bordées d'îlots innombrables aussi plats que la terre ferme ; — puis, au sud du Térek, il y a un relèvement produit par le voisinage du Caucase. La presqu'île d'Apchéron abrite *Bakou,* le port du pétrole.

Géographie économique.

Les zones de végétation. — Bien plus que le relief, le *sol* et le *climat* exercent une influence très grande sur l'agriculture.

Du nord au sud, on trouve en Russie :

1° Une zone de terres glacées et stériles, les **toundras** ;

2° Une région de **forêts** qui occupe environ 40 pour 100 de la superficie totale : pins et bouleaux, et plus au sud hêtres et chênes ;

3° Une région très fertile, les **Terres Noires**, formées par la décomposition séculaire des herbes. Ce terreau, le *tchernozium*, forme une couche très épaisse et fort riche. — Cette zone a été mise en culture au XVIII° siècle; on n'y trouve pas d'arbres, mais d'immenses champs de céréales, surtout de *blé*;

4° Une région de **steppes**. Elle est couverte de hautes herbes qui pourrissent chaque année et qui fertilisent la

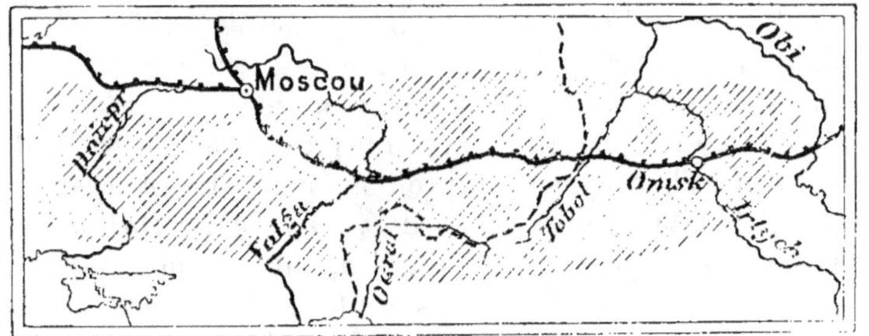

Fig. 129. — **La région des Terres Noires en Russie et en Sibérie.**

terre: cette région pourra donc dans l'avenir être convertie à la culture sauf à l'est au nord de la Caspienne : dans les *steppes salins*, le sol est trop imprégné de sel sous un climat très sec.

Forêts. — Elles occupent une surface trois fois grande comme celle de la France. C'est une ressource considérable; malheureusement l'exploitation est mal comprise. La déforestation est rapide : il faut du bois pour le chauffage, pour la construction des navires et des barques, pour le traitement des minerais dans certaines régions, pour le commerce d'exportation. — Le travail du bois occupe des millions d'ouvriers.

Cultures alimentaires. — Le **blé** est cultivé dans les Terres Noires. La production est de 200 millions d'hectolitres, mais elle est fort inégale, et le paysan ne sait pas faire produire à la terre tout ce qu'elle peut donner. — Odessa est le grand port d'exportation; vient ensuite Taganrog.

Le *seigle* est récolté dans la région de Moscou : 250 millions d'hectolitres ; une grande partie de la récolte sert à l'alimentation du peuple, car le blé est surtout exporté.

L'*avoine* sert aussi à la nourriture des paysans ; on en

Fig. 130. — Forêts de Russie (275 000 hectares).
La contrée d'alentour est absolument déserte.

(Cliché communiqué par la *Société de géographie*)

récolte 180 millions d'hectolitres dans la Russie centrale et les provinces du nord-ouest.

L'*orge*, la céréale qui demande le moins de chaleur, est cultivée jusqu'en Laponie.

Le *maïs* se rencontre dans les terres chaudes du sud-ouest.

La *pomme de terre* n'est pas encore très répandue en Russie, mais les progrès sont rapides : on la cultive surtout dans les provinces baltiques : 24 millions de tonnes.

Les *vignes*, nombreuses en Crimée et en Bessarabie, donnent plus de 3 millions d'hectolitres de *vin*.

Les *légumes*, frais et secs, sont cultivés en grand.

Cultures industrielles. — La **betterave à sucre**, cultivée en Pologne et au sud-ouest, donne plus de sucre que la France. — Le **lin** joue un rôle capital ; on le trouve au nord-ouest de Moscou jusqu'aux Provinces baltiques ; une grande partie est exportée (360 000 tonnes de filasse). — Cultivé entre Kiew et Moscou, le **chanvre** fournit 220 000 tonnes de filasse. — Acclimaté en Transcaucasie, le *coton* y donne des résultats satisfaisants. — Cultivé dans

1. Russie. — 2. États-Unis. — 3. Allemagne. — 4. Autriche-Hongrie. 5. France. — 6. Angleterre. — 7. Japon.

Fig. 131. — Production comparée des chevaux.

les provinces méridionales, le *tabac* ne peut encore suffire à la consommation.

Élevage. — La Russie est, avec les États-Unis, l'État le plus riche de l'univers en animaux domestiques. — La Russie centrale nourrit beaucoup de *chevaux* (28 millions). — On trouve des *bœufs* partout (42 millions) : l'industrie du beurre et du fromage prospère au nord de Moscou. — Les *moutons* sont fort nombreux (60 millions) : on les élève dans les steppes du sud. — Les *porcs* sont abondants en Pologne et en Lithuanie, à cause des forêts de chênes (12 millions).

Il y a 40 000 *chameaux* dans le gouvernement d'Astrakan, et beaucoup de *rennes* en Finlande et dans les toundras.

L'élevage de la volaille est en grand progrès. Les Russes exportent leurs œufs, comme leur beurre, en Angleterre.

La **chasse** des animaux sauvages, loups, rennes, san-

1. États-Unis. — 2. Russie. — 3. République Argentine. — 4. Allemagne. — 5. France.

Fig. 132. — Production comparée des bœufs.

gliers, est productive ; mais les animaux à fourrures deviennent de plus en plus rares : ours, renards, blaireaux.

La **pêche** est très abondante surtout dans les eaux douces : les fleuves du nord ont des truites, des perches, des brochets, surtout des *saumons* ; ceux du sud ont des carpes et surtout des *esturgeons*. — Les mers septentrionales ont la morue et le hareng ; les mers méridionales, le maquereau et la sardine. La mer d'Azof est d'une prodigieuse richesse :

elle fait vivre 70 000 pêcheurs ; la Caspienne est plus poissonneuse encore, surtout aux bouches de la Volga.

Les œufs d'esturgeon donnent le mets national : le *caviar* (un esturgeon peut fournir 200 kil. de caviar).

Industrie. — L'industrie est récente en Russie ; mais elle se développe rapidement.

La **houille**, qui ne donnait que 3 millions de tonnes en 1880, en a donné 9 en 1895 et 22 en 1907. La région la

Fig. 133. — Balakhani, près Bakou.
(Cliché Michone, communiqué par la *Société de géographie*).

plus abondante est celle du *Donetz* (14 millions de tonnes) ; viennent ensuite les bassins de *Pologne*, de *Toula* et de l'*Oural*. Ce sont là les grandes *régions industrielles* de l'Empire.

Dans le Caucase, le **pétrole** est très abondant : on le trouve partout, mais surtout dans la presqu'île d'Apchéron. Bakou est le grand centre de l'exploitation. De là, des bateaux chargés de pétrole gagnent Astrakan et remontent la

Volga, des trains en transportent beaucoup jusqu'à Batoum en passant par Tiflis qui est aussi un centre très important de production.

Dans la région minière de l'Oural, on trouve l'or, le platine, le cuivre, le fer, le plomb.

Le **fer** provient de la Finlande et surtout du gouvernement de Perm. — Les meilleures mines de *cuivre* sont à Nijni-Tagilskii, dans l'Oural : c'est là encore que l'on exploite le *platine*.

Les *industries métallurgiques* se sont naturellement développées autour des régions houillères. Toula a des armes réputées. — Moscou, Toula, Kalouga fabriquent des machines agricoles, de la quincaillerie, de la serrurerie, etc.

Les principales *industries alimentaires* sont des minoteries, des brasseries, des distilleries, des *raffineries* de sucre de betterave.

Des *cuirs* très recherchés sont travaillés à Kalouga, Kazan, Moscou et Saint-Pétersbourg.

Les *industries textiles* sont importantes et fort prospères : on fabrique des **cotonnades** et des *toiles* dans les provinces baltiques, surtout dans les environs de Revel, à Iaroslaw, autour de Moscou et de Twer. — Moins importants, les

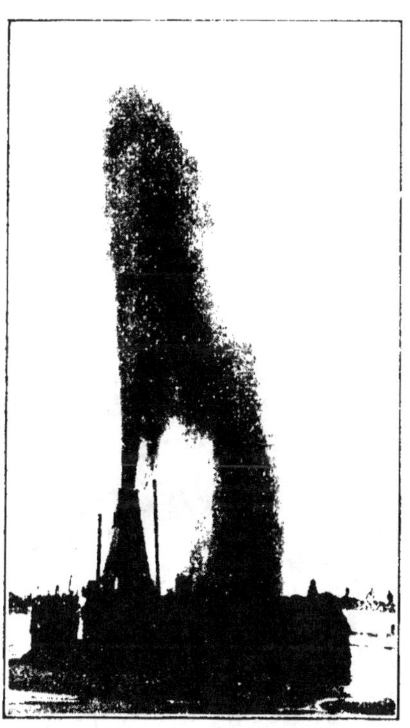

Fig. 134. — Fontaine de naphte
à Balakhani.

(Cliché Michone, communiqué par la *Société
de géographie*)

draps sont travaillés à Moscou, à Riga et à Lodz. — On fait des soieries et des toiles en Pologne.

L'industrie russe a fait, depuis 50 ans, d'énormes progrès. — La zone industrielle est limitée, au nord, par une ligne qu'on mènerait de Smolensk à Twer et aux sources de la Petchora, au sud par la lisière du tchernosium. La localisation est donc très nette. Moscou est la capitale industrielle de la Russie.

Moyens de transport. — Les **routes** sont peu nombreuses et mal entretenues. La plus belle est celle qui va de

Fig. 135. — Attelage russe dans un village.
(Cliché du Vérascope Richard.)

Vladicaucase à Tiflis par le col de Darial. — C'est en hiver, quand la neige est durcie, que les transports par terre sont les plus actifs.

Chemins de fer. — Longs 55 000 kilomètres, les **che-**

mins de fer sont insuffisants. La plupart des lignes n'ont qu'une seule voie. L'écartement des rails est plus grand que dans les autres États européens. Le combustible employé est le bois et le pétrole.

Le centre des voies ferrées est Moscou. Cette ville est rattachée à Pétersbourg, Varsovie, Odessa, Sébastopol, Bakou, Orembourg, Perm, Iekaterinenbourg, Iaroslaw, Vologda et Arkhangelsk. — Une nouvelle voie relie directement Saint-Pétersbourg au transsibérien par Vologda. — A Samara, sur la Volga, commence le transsibérien et la ligne qui, par Orenbourg, réunit le transcaspien au réseau russe.

Voies navigables. — La Russie est bien dotée en **voies navigables** : la longueur totale est de 83 000 kilomètres.

La Volga est le centre de tout le réseau. — Elle communique avec la Baltique par trois systèmes de canaux : 1° le *canal Marie*, entre le lac Onéga, le lac Blanc et la Cheksna; 2° le *canal de la Tickcincka*, qui unit cette rivière, affluent du Ladoga, avec la Mologa; 3° le *canal Twertskii* ou de Twer, qui unit la Twertsa avec le lac Ilmen et le lac Ladoga. — Le Dniéper communique avec la Dvina, le Niémen et la Vistule.

Commerce.   Le **commerce extérieur** s'est rapidement développé. De 1800 à 1824, la moyenne pour chaque année n'atteignit pas 300 millions; de 1825 à 1849, elle dépassait 560 millions; de 1850 à 1874, elle était de 1400 millions; dans le dernier quart du siècle, de 3 milliards; aujourd'hui le chiffre dépasse 1700 millions à l'importation et 2600 à l'exportation.

L'*importation* consiste en coton, thé, vins, houille, laine, soie brute. — L'*exportation* consiste en céréales, surtout blé et orge, bois, lin, œufs, beurre, pétrole.

Les ports du nord, *Libau, Riga, Saint-Pétersbourg,* expédient des bois, des avoines et des seigles et entretiennent surtout des relations avec les villes de la Baltique, de la mer du Nord et de la Manche. *Odessa* est le siège de l'exportation des blés et reçoit les navires des États de la Méditerranée; il en est de même de *Taganrog* et de *Rostov. Batoum* exporte le pétrole du Caucase. — Le port d'*Arkhangelsk* n'est accessible que de la fin de mai au milieu d'août.

La *Grande-Bretagne* et l'*Allemagne* occupent le premier rang dans les échanges avec la Russie. L'Angleterre lui achète du blé, l'Allemagne du seigle, et toutes deux lui vendent leurs produits industriels.

La *France* vient au troisième rang : elle achète du blé et vend ses vins et ses produits de luxe. Les exportations françaises en Russie (75 millions) représentent à peine le 1/5e du chiffre des exportations allemandes ou anglaises. — La *Chine* fournit à la Russie le thé et la soie.

Géographie politique.

Peuples, races, religions. — La **population** totale de l'empire russe avec ses possessions asiatiques s'élève à environ 153 millions d'habitants, dont 136 millions pour la Russie d'Europe. Ce dernier chiffre se décompose ainsi :

1º *Russie* proprement dite, 111 millions;

2º *Pologne*, 11 millions;

3º *Finlande*, 2 millions 900 000;

4º Provinces du *Caucase*, 10 millions 700 000 habitants.

Ces nombres considérables ne représentent, pour tout le territoire, qu'une

Fig. 136. — **Une chaumière russe.**
(Cliché du Vérascope Richard.)

moyenne très faible de 23 individus par kilomètre carré. Mais la répartition est très inégale. Si les toundras du nord et les steppes du sud-est sont presque déserts et ne comptent pas un habitant par 3 kilomètres carrés, la Pologne, qui en nourrit jusqu'à 90 par kilomètre carré, et le gouvernement de Moscou ont une densité de population comparable à celle de l'Autriche-Hongrie et supérieure à celle de l'Espagne.

La population augmente très rapidement; l'excès des naissances sur le décès dépasse 1 600 000 unités par an. — Les émigrants, au nombre de 240 000, partent à destination de l'Asie et des États-Unis.

Les **races** sont nombreuses. — Au centre de l'Empire,

Fig. 137. — Groupe de Samoyèdes.

(Cliché Leizinger, communiqué par la *Société de géographie*)

vivent les **Slaves**, qui se divisent en *Grands-Russiens, Petits-Russiens, Blancs-Russiens*. — Les premiers habitent la Grande-Russie, autour de Moscou; ils sont plutôt petits, mais vigoureux: il y en a 19 millions qui végètent misérablement dans leurs isbas ou maisons de bois. — Les 20 millions de Petits-Russiens vivent autour de Kiew, dans la vallée du Dniéper: ils sont très grands et fort gais: leurs maisons sont plus propres que celles des Grands-Russiens.

— Les Blancs-Russiens ne sont que 4 millions, autour de Vitebsk et de Mohilew; ignorants et malheureux, ils élèvent des porcs. — Les *Cosaques* sont aussi des Slaves qui vivent dans la Russie méridionale; ils sont soldats ou policiers.

Au nombre de 2 millions, les **Lithuaniens** se trouvent surtout autour de Vilna.

Les **Polonais** habitent le bassin moyen de la Vistule, autour de Varsovie. Ils sont 9 millions. Imaginatifs et enthousiastes, ils sont très vaniteux et indisciplinés; ils manquent de suite dans les idées.

On rencontre des **Allemands** dans la région de Lodz en Pologne, dans les provinces baltiques, autour de Saratow sur la Volga, dans la Russie méridionale.

Il y a des **Roumains** en Bessarabie.

Les **Juifs** sont plus de 5 millions en Lithuanie, en Pologne et dans les provinces du sud-ouest.

Appartenant à la race jaune, les **Finnois** vivent au nord-ouest, au nombre de 3 à 4 millions. Aux Finnois, appartiennent les *Finlandais*, doux et intelligents, sobres et travailleurs; ils aiment passionnément l'instruction. Les *Samoyèdes* se rencontrent à l'est de la mer Blanche.

Les *Bachkirs* de l'Oural et les *Kalmouks* du Don sont aussi de race jaune.

Les trois quarts des Russes appartiennent à l'*Église grecque orthodoxe*; les *Polonais* sont *catholiques* et les *Finlandais protestants*; il y a dans les *provinces du sud-est* plus de 2 millions de *musulmans*; un pareil nombre d'*israélites* était réparti entre les provinces occidentales de l'empire avant l'ukase de 1891 qui les a obligés à un nouvel exode.

Gouvernement. — Le gouvernement est une *monarchie absolue*. Le Sénat n'est qu'une *commission législative* qui limite peu l'autorité du monarque. Le tsar est aussi souverain en matière de religion et préside le Saint-Synode.

Le *budget* est de 3 milliards 800 millions de francs. La dette dépasse 18 milliards.

L'*armée* permanente de la Russie est la plus considérable qui existe en Europe et au monde : elle compte près d'un million d'hommes ; en temps de guerre, la Russie pourrait mettre en ligne plus de 3 millions 500 000 hommes et environ 400 000 chevaux.

Sa *flotte* a été cruellement éprouvée dans la guerre contre le Japon ; on la reconstitue rapidement.

Divisions administratives. — L'empire russe comprend *quatre divisions*, sans compter les possessions asiatiques.

I. La **Russie d'Europe** est subdivisée en 48 gouvernements. Voici les principales régions :

1º La *Grande-Russie* occupe le centre de la plaine orientale et s'est formée autour de *Moscou*. Cependant, elle s'étend au nord jusqu'à l'océan Glacial par le gouvernement d'*Arkhangelsk* ; c'est un pays quatre fois grand comme la France.

2º La *Russie orientale* comprend le bassin moyen et inférieur de la *Volga*, moins les affluents de droite. Ses principaux gouvernements sont ceux de *Kazan*, de *Saratow*, d'*Orenbourg* au sud de l'Oural et de *Perm* dans l'Oural central. — Les Cosaques de l'Oural sont sous la dépendance du gouverneur de cette région.

3º La *Petite-Russie* et l'*Ukraine* représentent l'Etat qui s'était jadis formé sur le Dniéper autour de Kiew.

4º La *Russie méridionale* renferme les provinces riveraines de la mer Noire depuis le Pruth jusqu'au Kouban, avec les ports d'*Odessa*, de *Kherson*, de *Sébastopol*.

5º La *Russie occidentale* occupe le territoire pris à la suite du partage de la Pologne, les provinces lithuaniennes.

6º Enfin les *provinces baltiques* : *Courlande*, *Livonie*, *Esthonie*, forment un groupe à part avec *Saint-Pétersbourg* pour chef-lieu.

II. Le **royaume de Pologne** groupe autour de *Var-*

sovie la plus grande partie des pays acquis à la suite des partages.

III. Le ***grand-duché de Finlande*** conserve une certaine autonomie administrative.

IV. Le ***gouvernement du Caucase***, qui occupe les deux versants de ce système montagneux, est subdivisé en deux territoires : celui d'Europe et celui d'Asie.

Villes. — Bien que la population russe soit surtout *rurale*, 18 *villes* ont plus de 100 000 habitants.

Saint-Pétersbourg, créée en 1703 par la volonté de

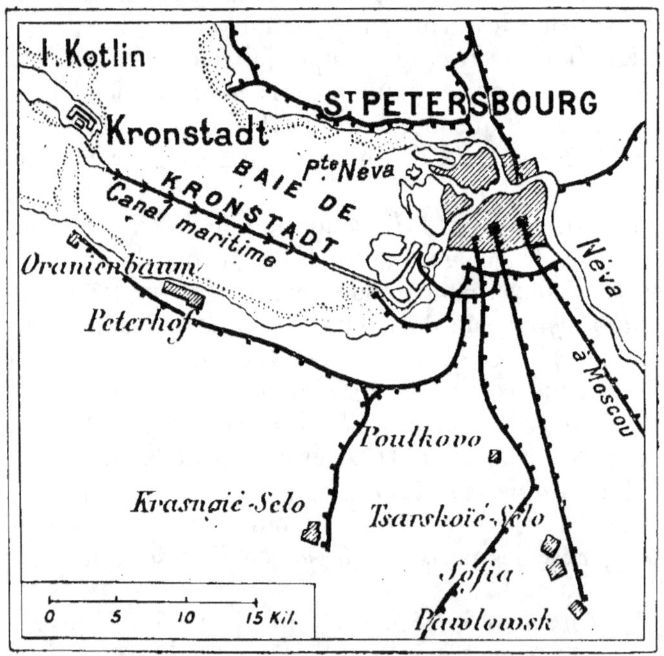

Fig. 138. — Environs de Saint-Pétersbourg.

Pierre le Grand, compte aujourd'hui 1 313 000 habitants. Protégée du côté du golfe de Finlande par les importantes fortifications de Kronstadt, elle est en communication par des canaux et des chemins de fer avec toutes les régions de la Russie.

Moscou (1 092 000 hab.) était la capitale avant Pierre le Grand : ruinée par l'incendie de 1812, elle est redevenue grande et prospère par l'industrie et le commerce.

Varsovie (756 000 hab.), sur la Vistule, est la capitale

Fig. 139. — Moscou. Vue générale.

(Cliché L. L.)

de la Pologne, située au centre d'une riche région agricole : elle est aussi importante comme point de réunion de lignes de chemins de fer nombreuses, venant d'Autriche et d'Allemagne. C'est donc une ville de transit entre l'Europe occidentale et la Russie.

Odessa (450 000 hab.) est le port le meilleur et le plus

actif de la mer Noire. Fondée au xviiie siècle par Catherine II, elle est aujourd hui une des villes de commerce et d'industrie les plus prospères. De son port partent les lignes de navigation à vapeur les plus importantes.

Lodz (en Pologne), ville inconnue il y a trente ans, est devenue en quelques années une des grandes cités ouvrières de l'Europe et compte aujourd'hui 350 000 habitants.

Riga (283 000 hab.), l'ancienne capitale de la Livonie, est

Fig. 140. — Kharkof. Le Bazar.
(Cliché du Vérascope Richard.)

à la fois une grande place forte maritime, un port de commerce actif, une ville manufacturière.

Kiew, sur le Dniéper, la première en date des cités russes, est restée l'une des plus importantes, avec 319 000 habitants.

La Russie compte encore douze autres villes de plus de 100 000 habitants : *Kharkof*, au centre des Terres Noires, *Wilna, Saratof, Kazan, Iekaterinoslaf, Rostof, Toula,*

Kichinef, Astrakhan, et, au delà du Caucase, *Tiflis* (160 000) et Bakou (112 000).

Citons aussi *Nijni Novgorod*, au confluent de l'Oka et de la Volga. Sa population fixe n'est que de 100 000 habitants; mais ses foires attirent chaque été près de 500 000

Fig. 141. — Nijni-Novgorod. Rue principale.
(Cliché du Vérascope Richard.)

marchands ou paysans, et les ventes qui s'y font atteignent la somme de 500 millions de francs.

La Russie possède encore un assez grand nombre de villes de plus de 20 000 habitants, mais avec leurs maisons de bois, dispersées sur un grand espace, elles ont plutôt l'aspect d'immenses villages.

Conclusion. — Bien qu'il reste beaucoup à accomplir au point de vue matériel et moral, la Russie a fait au XIXe siècle de très grands progrès.

C'est que les ressources économiques se sont multipliées. L'empire russe produit plus du cinquième des céréales récoltées dans le monde entier : il vend pour plus de 800 millions de francs de blé par an. Il vient au quatrième rang pour la culture de la betterave (après l'Allemagne, l'Autriche et la France), au premier pour la production du lin et du chanvre.

Bien que l'agriculture nourrisse encore 87 pour 100 de la population, l'industrie naît peu à peu, grâce à la production *houillère* qui est de 22 millions de tonnes, et *pétrolifère* qui n'est surpassée que par celle des Etats-Unis. La Russie produit 6 tonnes de platine valant 10 millions de francs. Les industries métallurgiques et textiles grandissent rapidement. La Russie exporte surtout du sucre de betterave, des cotonnades et des soieries.

Beaucoup d'écoles primaires et secondaires ont été ouvertes dans ces derniers temps; mais la masse de la nation est misérable, très ignorante, superstitieuse, fataliste, très arriérée, d'une saleté quelquefois repoussante, souvent adonnée à l'ivrognerie la plus grossière.

En temps de paix, l'armée compte 900 000 hommes; en temps de guerre, 3 millions et demi. A cause de la distance qui nuit à la mobilisation rapide, on a développé les voies ferrées et concentré beaucoup de corps d'armée sur la frontière occidentale. — La flotte est importante; on travaille à la reconstituer depuis la guerre russo-japonaise.

La Russie est donc aujourd'hui par sa population, son développement économique et ses forces militaires une des plus grandes puissances européennes.

Mais elle est troublée par les guerres civiles, les mouvements ouvriers, les révoltes, les incendies et les pillages; elle traverse une crise très grave.

Sujets de devoirs. — 1. Comparer l'étendue de la Russie à celle des divers pays de l'Europe et des grands États du monde. — 2. La plaine russe. — 3. Décrire l'hiver en Russie. — 4. Montrer l'influence du climat continental sur le développement économique de la Russie. — 5. La Pologne et les Polonais. — 6. Les mines de l'Oural. — 7. Comparaison physique et économique entre l'empire russe et l'Amérique du Nord. — 8. L'importance des voies de communication pour la Russie.

CHAPITRE IX

La péninsule des Balkans

Géographie physique.

Situation et dimensions. — La presqu'île des Balkans
couvre au sud-est de l'Europe une superficie de 500 000 kilomètres carrés (sans y comprendre la Roumanie). — Des
trois péninsules que baigne la Méditerranée, c'est la *moins
isolée*, la *plus articulée*, la *plus variée*. — Elle comprend
des pays de nature très différente, peuplés par des races
très diverses et formant plusieurs États rivaux.

Le vrai nom de cette péninsule si complexe serait celui
d'*Europe Mineure*. C'est véritablement une petite Europe
qui s'avance dans la Méditerranée en face de l'Asie Mineure.

Limites. — La presqu'île des Balkans se rattache au
continent par une base large de 1200 kilomètres entre la
mer Noire et l'Adriatique. Elle est limitée de ce côté par la
Save et le *Danube*.

Baignée de tous les autres côtés par la mer : mer *Noire*,
mer de *Marmara*, *Archipel*, mer *Ionienne*, mer *Adriatique*, la presqu'île paraît mieux séparée de l'Asie. Pourtant, là encore il y a plutôt transition que séparation. L'Asie
Mineure est reliée à l'Europe Mineure par les deux détroits
du Bosphore et des Dardanelles ainsi que par l'Archipel.

Le *Bosphore*, sorte de fleuve sinueux, long de 30 kilomètres, dont
le courant rapide porte les eaux de la mer Noire vers la mer de Marmara, est en bien des points moins large et même moins profond que
le Danube. Ses deux rives se ressemblent par la nature des terrains et
par l'aspect des cultures et ont presque toujours été soumises aux
mêmes maîtres. *Constantinople*, qui domine le détroit, est la clef des
relations entre l'Europe et l'Asie, comme entre la Méditerranée et la

mer Noire. *Scutari,* sur la rive asiatique, est moins une ville qu'un faubourg de Constantinople.

Le détroit des *Dardanelles* est deux fois plus long, plus large et plus profond que le Bosphore.

Configuration générale.—La presqu'île des Balkans s'amincit et s'articule du nord au sud, à mesure qu'elle s'éloigne de sa base continentale et pénètre plus avant dans la Méditerranée. Elle présente ainsi une série d'*isthmes* de plus en plus étroits. Large de 1200 kilomètres sous le 45° de latitude, elle se réduit à :

800 kilomètres entre Constantinople et Antivari ;

250 kilomètres entre Salonique et le cap Linguetta ;

150 kilomètres entre les golfes de Volo et d'Arta ;

6 kilomètres à l'isthme de Corinthe.

En même temps, elle s'enrichit d'îles de plus en plus nombreuses.

Relief. — La péninsule des Balkans est presque entièrement couverte de montagnes. Les plaines y sont des exceptions : la plus grande, la Roumanie, lui est extérieure ; cette vaste plaine d'alluvions qui s'étend entre le Danube et les Karpathes n'est que le prolongement de la plaine russe. La région qu'arrose la Maritza est beaucoup plus étroite et plus accidentée ; dans la Grèce, les étendues plates, à part celle de Thessalie, sont petites et isolées.

On ne peut y trouver ni un système d'ensemble comme les Apennins en Italie, ni une forme prédominante de relief comme les plateaux de l'Espagne. D'où la nécessité de diviser l'étude du relief : 1° les systèmes de la partie continentale ; 2° les montagnes de la partie péninsulaire.

I. *Systèmes continentaux.* — Ils présentent des masses de hauteurs étendues et continues. La géologie permet d'y distinguer deux groupes de structure et d'aspect différents séparés par la dépression dans laquelle coulent en sens inverse la Morava et le Vardar :

1° Les systèmes calcaires de l'ouest, entre l'Adriatique et la Save ;

2° Les systèmes primitifs de l'est, entre l'Archipel et le Danube inférieur.

1° *A l'ouest*, les roches *calcaires* qui continuent les

Fig. 142. — Les États de la péninsule des Balkans.

Alpes orientales ont formé, dans la Dalmatie, la Bosnie, l'Herzégovine et le Monténégro, le plissement des *Alpes Dinariques* et *Dalmates*. Ce système rappelle le Jura, non seulement par sa composition, mais par sa disposition en crêtes parallèles, dont une partie s'est désagrégée pour former les îles Dalmates.

Le massif du **Tchar-Dagh** marque l'extrémité orientale de ce système. Avec un sommet de plus de 3000 mètres, le Tchar-Dagh est le point culminant de la péninsule, comme il en est le centre orographique.

Entre les chaînes de l'ouest et les systèmes de l'est s'étend une région intermédiaire, la *Serbie*. C'est un ensemble de plateaux et de massifs boisés à travers lesquels une large vallée, celle de la Morava, continuée par celle du Vardar, ouvre une voie de communication naturelle du nord au sud.

2° A l'est de la Morava et du Vardar, les montagnes qui couvrent la Serbie orientale, la Bulgarie et la Roumélie, sont formées de roches primitives (granit et porphyre, schiste et grès rouge).

Les *Balkans*, allongés de l'ouest à l'est parallèlement au Danube, ont des sommets arrondis, des pentes très douces vers le nord, abruptes au sud ; des forêts couvrent leurs flancs, et leur ont fait donner leur nom (Balkan signifie montagne boisée).

Les **Balkans** présentent leur altitude la plus considérable dans le *Kodja-Balkan* (2000 à 2400 mètres). A l'est, ils s'abaissent jusqu'à 500 mètres dans les monts *Emineh*. Leurs massifs laissent entre eux de nombreux passages praticables. L'histoire de la guerre russo-turque a rendu célèbre le nom de la passe de *Chipka*, à une hauteur de 1200 mètres entre Tirnovo et Kézanlik. La région la plus accessible est la *trouée de l'Isker* qui débouche dans l'ancien bassin lacustre de Sofia.

De la Stara Planina à l'ouest se détache la seconde série de massifs que les Grecs appelaient *Rhodope* et où l'on distingue aujourd'hui le *Vitosch*, le *Despoto-Dagh*, le *Perim-Dagh*. Ces massifs sont plus élevés que ceux des Balkans proprement dits (le Rilo-Dagh atteint 2925 mètres) et ont des formes plus tourmentées, car les roches schisteuses qui les composent se sont brisées en lignes aiguës, en pics hardis et pittoresques. Ils se détachent d'ailleurs plus nettement entre la plaine de la Maritza et les vallées macédoniennes.

II. *Montagnes péninsulaires et insulaires.* — Le relief de la partie maritime de la péninsule présente des masses moins étendues, mais non moins variées de formes. On peut encore les subdiviser en deux groupes d'après la nature du terrain : l'un à l'ouest, l'autre à l'est du Pinde.

1° *A l'ouest*, les systèmes calcaires de l'Herzégovine et du Monténégro se continuent dans l'*Albanie* et l'*Épire*, mais avec une disposition moins régulière : au lieu de

Fig. 143. — Le Balkan.

crêtes parallèles, c'est un plateau accidenté, raviné, creusé de cavités lacustres comme les lacs d'Ochrida et de Janina, et de nombreux trous (*katavothra*) où se perdent les eaux des torrents.

Cette région est séparée de la Thessalie et des pays proprement helléniques par les longues chaînes boisées du *Grammos* et du **Pinde** qui s'étendent du nord au sud, depuis le Tchar-Dagh jusqu'aux environs du golfe de Corinthe. Les sommets du Pinde dépassent souvent

2000 mètres, et les passages sont difficilement accessibles.

2° *A l'est* de ce système de séparation, l'aspect est tout autre. Au lieu de plateaux ou de chaînes calcaires, on trouve des *massifs isolés* de schiste ou de marbre, des îlots montagneux aux pentes abruptes et aux formes pittoresques.

Fig. 144. — L'Acrocorinthe.

(Cliché L. L.)

C'est comme un *archipel* de montagnes qui précède l'archipel maritime et qui s'y relie.

L'Olympe, le plus élevé de ces massifs (3000 mètres),

domine de toute sa hauteur le golfe de Salonique d'une part, la plaine thessalienne de l'autre. Plus au sud, l'*Ossa* et le *Pélion*, les montagnes de l'Eubée et des grandes Cyclades forment du nord-ouest au sud-est une série de massifs de hauteur décroissante.

L'*Othrys* sépare la Thessalie de la Grèce centrale.

Dans la Grèce centrale se pressent les sommets les plus célèbres, le *Parnasse*, le *Cythéron*, le *Pentélique*, l'*Hymette*, séparés par des plaines peu étendues comme en Attique ou par des dépressions marécageuses comme le lac Copaïs en Béotie.

Les îles des petites Cyclades sont le prolongement de cette série de hauteurs. Les monts de la *Chalcidique* (*mont Athos*) au nord, de la *Crète* (*mont Ida* ou *Madaras*) au sud, occupent les deux extrémités de cet archipel montagneux.

Quant à la Morée, elle forme un tout à part; elle n'est reliée à l'Hellade que par l'isthme de Corinthe, seuil de 80 mètres de hauteur. Dans son ensemble, elle présente au centre un plateau crétacé, l'Arcadie, dominé au nord et à l'est par de hautes montagnes, les monts d'Achaïe et le Parnon, tandis qu'il s'abaisse vers l'ouest sur la plaine de l'Élide, et se désarticule au sud en longs contreforts montagneux, tels que le *Taygète* qui domine à l'ouest la vallée de l'Eurotas et se termine au cap Matapan.

Volcanisme. — L'action volcanique se manifeste dans un grand nombre d'îles de l'Archipel (*Chio*, *Santorin*), de même qu'en Sicile et dans l'Italie méridionale, par des soulèvements, par des solfatares, ou par la présence de laves et de trachytes.

Climat. — Les régions dont se compose la péninsule, coupée par des massifs montagneux d'orientations très différentes, ne peuvent appartenir à un même climat. Au nord-est, la Roumanie est soumise au climat continental dans toute sa rigueur; le thermomètre peut y marquer — 30° en hiver et + 45° en été; c'est le régime de la plaine orientale; les vents prédominants sont ceux du nord-est, qui, après avoir traversé les steppes de la Russie méridionale, arrivent dans la basse vallée du Danube, brûlants en été, glacés en hiver. — La Serbie et la Bulgarie participent à ce climat; cependant l'écart entre les températures d'été et d'hiver y est déjà moins considérable. — La Roumélie est abritée au nord par le Balkan; le voisinage de la mer Noire adoucit beaucoup la température de cette région. — Enfin la Grèce doit à ses innombrables articulations un climat assez tempéré; d'ailleurs, la moyenne de la température varie beaucoup entre deux districts voisins, grâce aux différences d'altitude et d'orientation des montagnes qui y forment de nombreux bassins séparés.

Pluies. — Sous cette latitude, les neiges ne couronnent généralement les sommets que pendant quelques mois. Les pluies sont très inégalement partagées entre les deux versants; les montagnes qui regardent du côté de la mer Adriatique et de la mer Ionienne arrêtent les vents humides venus de l'ouest et sont abondamment arrosées; au contraire, le versant oriental reçoit peu de pluies. Aussi les tributaires de l'Adriatique et de la mer Ionienne sont-ils plus abondants que ceux de l'Archipel.

Fleuves. — Le **Danube** inférieur sépare la Bulgarie et la Roumanie, mais la région naturelle qu'il arrose doit être considérée comme une dépendance de la plaine orientale ou russe, du moins sur la rive gauche. Sa rive droite est bordée jusqu'à Silistrie par les dernières pentes du Balkan; à gauche, c'est la plaine où il s'étale en lacs et marécages. Il débouche dans la mer Noire, où il forme un vaste *delta* couvert de roseaux. Les trois principales embouchures sont celles de *Kilia*, de *Sulina*, de *Saint-Georges*. La bouche de Sulina est seule accessible aux grands navires : elle a au moins 6 mètres de profondeur. — Le Danube reçoit, avant de traverser les Portes de Fer, la *Morava* serbe qui lui apporte les eaux du Tchar-Dagh. A gauche, le *Pruth*, venu des Karpathes, le rejoint dans la région marécageuse où commence le delta.

Le plus long des tributaires de l'Archipel est la *Maritza*, fleuve central de Roumélie qui draine les pentes du Despoto-Dagh et des Balkans. Sa vallée s'élargit à partir d'Andrinople. C'est un véritable torrent, presque à sec en été, débordant en hiver.

Dans le golfe de Salonique, débouche le *Vardar*, descendu comme la Morava serbe du Tchar-Dagh.

Les fleuves de Grèce qui coulent vers l'est ont peu de développement, sauf la *Salambria*, qui arrose la plaine de Thessalie. Beaucoup plus riches en eaux sont le *Rouphias* de Morée, l'*Aspro-Potamos* d'Acarnanie et d'Étolie, la *Voïoussa* d'Épire.

Les massifs de la péninsule des Balkans ont aussi leurs lacs, dont les plus grands sont le lac de *Scutari* au sud du Monténégro, et le lac *Ochrida* en Albanie.

Côtes. — Le développement total des côtes comprend près de 5000 kilomètres.

Du *golfe de Fiume* aux *bouches de Cattaro*, le littoral

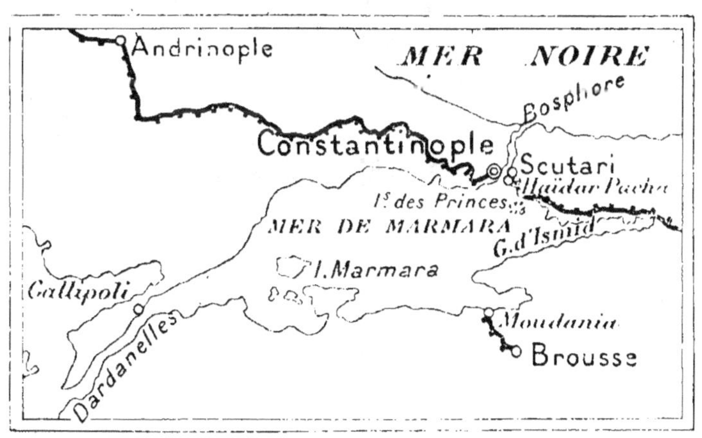

Fig. 145. — Mer de Marmara.

dalmate appartient à l'Autriche. Jusqu'au *cap Linguetta* qui s'avance en face de la péninsule d'Otrante, le littoral est tantôt élevé, tantôt bordé de lagunes aux embouchures des fleuves : c'est la côte albanaise. L'Épire présente ensuite une série de hauts rochers plongeant à pic dans la mer; au large est l'île de *Corfou*, qui compose avec *Sainte-Maure*, *Ithaque*, *Céphalonie* et *Zante*, l'archipel grec des îles Ioniennes. Au *golfe d'Arta* commence la côte hellénique.

On a dit justement que la Grèce était la péninsule de la péninsule des Balkans. Ses articulations sont les plus riches de toute l'Europe méridionale. Le littoral du *golfe de Corinthe*, qu'un canal maritime unit maintenant à l'Archipel, est plus élevé et plus rocheux au nord qu'au sud où l'Achaïe occupe une lisière basse de peu de largeur au pied des montagnes; à l'ouest, la mer baigne aussi des terres basses dans le *golfe d'Arcadie*. Au sud-ouest seulement s'ouvre la *baie* bien

Fig. 146. — **Vue générale du Bosphore.**

(Cliché L. L.

abritée de *Navarin*. Puis, la péninsule de Morée envoie au sud les deux caps rocheux *Matapan* et *Malée*, entre lesquels s'ouvre le *golfe de Marathonisi*. L'île de *Cérigo* continue au sud l'alignement montagneux du cap Malée. La côte orientale de Grèce est infiniment plus riche en articulations et en abris que la côte occidentale. Au delà des *péninsules* rocheuses de l'*Argolide* et de l'*Attique*, de longues lignes d'îles continuent la terre; c'est l'archipel des

Cyclades offrant aux navigateurs des ports nombreux et excellents entre la Grèce et l'Asie Mineure. Au nord, la grande *île d'Eubée* répète la disposition et l'alignement des péninsules d'Argolide et d'Attique. Le *golfe de Volo*, que bordent des terres moins élevées à l'ouest, découpe le littoral de la Thessalie.

Avec la Macédoine commence le littoral turc ; à l'est du *golfe de Salonique*, que les alluvions du Vardar encombrent de bancs de sable dans sa partie septentrionale, la *presqu'île de Chalcidique* envoie au sud ses trois longs promontoires parmi lesquels celui du *mont Athos*. — La côte de Thrace est moins élevée, si ce n'est au nord-ouest de la *mer de Marmara*. Là, s'ouvre le long et resserré détroit des *Dardanelles*. Le *Bosphore* limite au nord-est la même mer et lui sert de couloir de communication avec la mer Noire.

Les rivages de la mer Noire, depuis le Bosphore jusqu'aux bouches du Danube, sont élevés ; la *baie de Bourgas* s'y ouvre dans les terres de la Roumélie orientale, et le *cap Éminch* y marque l'extrémité des Balkans. A partir de ce point, on entre dans le domaine de la plaine orientale d'Europe qui se continue par la région du bas Danube. La *côte de Bulgarie* s'abaisse déjà ; et la *Dobroudja*, bordée de lagunes et de flèches de sable, annonce la côte alluviale du delta danubien.

Zones de végétation. — Dans la Roumanie orientale se continuent les *steppes* de la Russie méridionale. Bucarest est à la limite des steppes.

La Moldavie, la Bulgarie et la Serbie ont des *forêts à feuilles* caduques dans lesquelles dominent le chêne et le hêtre.

Les vallées de la Maritza, de la Strouma et du Vardar, les parties basses et les régions côtières de la Grèce ont la *végétation méditerranéenne* caractérisée par le maquis aux plantes à feuillage toujours vert ; on y trouve encore l'olivier et les arbres fruitiers.

Les pentes des Alpes de Transylvanie, le Balkan, le plateau de Mésie, l'Albanie ont la *végétation des hautes
montagnes* : cultures dans les parties basses, forêts de

Fig. 147. — Corfou. Bois d'oliviers.

(Cliché de La Baume Pluvinel, communiqué par la *Société de géographie*)

chênes, de hêtres et de sapins de 600 à 1700 mètres, pâturages au delà de cette limite.

Peuples, langues et religions. — A cause de sa
situation à la limite de l'Europe et de l'Asie, la péninsule
des Balkans a vu passer bien des peuples ; à cause de sa structure montagneuse qui forme des compartiments isolés,
quelques-uns de ces peuples se sont fixés dans les plaines.

Les **Grecs** vivent dans la péninsule hellénique, mais ils
sont répandus un peu partout, surtout dans les grandes
villes comme Salonique et Constantinople, où ils font le
commerce ; en somme, on les rencontre, comme dans l'antiquité, sur toutes les côtes de l'Archipel ; ils sont marins et

commerçants.   Ils pratiquent la religion grecque orthodoxe et parlent le grec moderne.

Les **Albanais** habitent les plateaux entre le Pinde et la
mer Ionienne : ils ne sont pas 2 millions : ce sont de rudes
montagnards, à la fois pasteurs et guerriers : beaucoup pratiquent le Coran ; leur langue dérive du grec ancien.

Les **Roumains** sont au nord du bas Danube : ils appartiennent à la race latine et à la religion grecque orthodoxe ; leur langue vient du latin.

Les **Slaves** comprennent les Monténégrins et les Serbes. Les premiers sont peu nombreux dans les montagnes voisines de la mer Ionienne : ils vivent surtout de l'élevage.

Fig. 148. — Grecs des environs d'Athènes.

(Cliché Vallier, communiqué par la *Société de géographie*.)

Les **Serbes** vivent de la cul-
ture des céréales et de l'élevage des porcs : ce sont des
paysans et des pâtres : ils parlent la langue serbo-croate,
idiome slave.

Les **Bulgares**, plutôt Finnois que Slaves, occupent tout
le centre de la péninsule, depuis le Danube jusqu'aux vallées
de la Maritza et du Vardar : ils s'avancent jusqu'en Macédoine où leur situation **est** très forte. Un grand nombre se

sont ralliés à l'Islam. Ils parlent le bulgare, idiome slave.

Les **Juifs** sont nombreux dans les villes : nombre d'entre eux sont descendants d'exilés d'Espagne et parlent castillan. Quelques communautés, par exemple à Salonique et à Rhodes, font métier de portefaix et de bateliers.

Les **Turcs**, venus d'Asie, appartiennent à la race dite Mongolique et pratiquent la religion musulmane. Ils sont aujourd'hui très peu en Europe ; on les trouve surtout à Constantinople, à Andrinople, dans la Bulgarie orientale. En somme, c'est l'élément le moins nombreux.

Les *races* sont donc multiples dans la péninsule. Elles sont souvent enchevêtrées les unes dans les autres et se jalousent. De plus, leur distribution ne correspond pas aux divisions politiques ; et, ce qui augmente encore la confusion, ce sont les différences de *langue* et de *religion*.

C'est surtout en Macédoine. trait d'union des divers peuples, que le conflit est violent entre les races et les religions : d'où des luttes terribles, des assassinats et des massacres.

Géographie politique.

La péninsule des Balkans, que le relief et le climat divisent en régions différentes, a rarement été réunie sous une même domination. La *multiplicité des divisions naturelles* devait produire le morcellement politique.

Dans l'antiquité, chaque cité grecque, *Athènes. Sparte, Corinthe, Thèbes,* a eu son histoire, son expansion militaire ou maritime : chacune a pu tour à tour dominer l'Archipel ou l'Asie Mineure ; aucune ne put réunir toute la péninsule sous son autorité.

Les empereurs romains donnèrent au monde grec une capitale, *Constantinople*, qui est devenue un des points vitaux du globe. Mais l'empire byzantin fut détruit à deux reprises : par les Croisés au xiiie siècle, par les Turcs au xve.

L'empire turc s'est démembré au xixe siècle, et la presqu'île renferme aujourd'hui les États suivants : la **Turquie**, la **Bulgarie**, la **Grèce**, le **Monténégro**, la **Serbie**, la **Roumanie**.

La *Bosnie* et l'*Herzégovine* ont été annexées par l'Autriche-Hongrie en 1908. L'île de *Crète* a reçu en 1899 un gouvernement autonome.

Turquie.

La **Turquie** ou **Empire ottoman** comprend en Europe les possessions immédiates de *Roumélie*, de *Macédoine* et d'*Albanie* et théoriquement la province de *Rou-*

Fig. 149. — Constantinople.

(Cliché L. L.)

mélie orientale, aujourd'hui réunie au royaume de *Bulgarie*. Les territoires réellement gouvernés par le sultan se réduisent à 170 000 kilomètres carrés, peuplés de 6 millions d'habitants, soit 36 au kilomètre carré.

La Turquie occupe, par sa capitale Constantinople, et par les détroits, une situation géographique de premier ordre ; mais, par son organisation, c'est un État de dernier ordre.

Le gouvernement est une *monarchie absolue*. Cependant une Constitution a été donnée en 1908. Le *sultan* gouverne avec l'aide d'un *conseil des ministres* et d'un conseil de fonctionnaires appelé *divan*. Le budget de l'empire est en déficit régulier depuis un grand nombre d'années. L'armée compte 200 000 hommes en temps de paix ; plus de 500 000 en temps de guerre.

Les *villes* principales de la Turquie d'Europe sont :

Constantinople (en turc *Stamboul*), 943 000 habitants capitale de l'empire, dans une admirable position militaire et commerciale sur le Bos-phore. Sur ce détroit s'élèvent les merveilleux palais des sultans.

La *Corne d'Or*, qui sert de port à Constantinople, sépare la ville en deux parties iné-gales : à l'ouest la ville turque et le quartier grec du *Fanar* ; à l'est, les quartiers euro-péens de *Péra* et de *Galata*, la ville *franque*, comme di-sent les Orientaux ; c'est le centre du commerce.

Le port de Constantinople doit à sa position d'être un *lieu de passage* très fréquenté plutôt qu'un centre de grand commerce. Là se nouent les relations maritimes entre l'Eu-

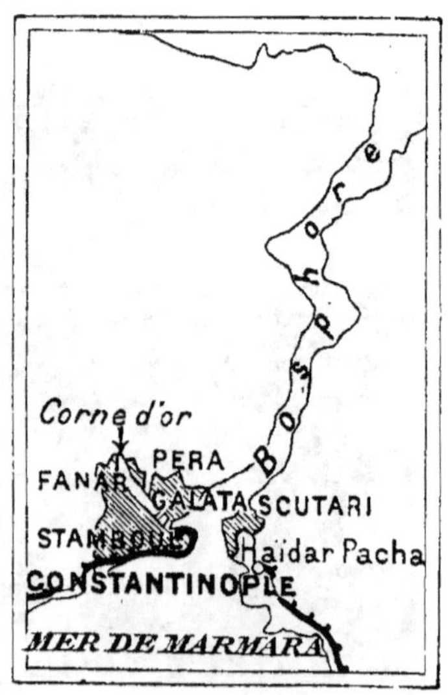

Fig. 150. — Constantinople et le Bosphore.

rope occidentale et méridionale et les riches régions tant européennes qu'asiatiques baignées par la mer Noire. Là passent les énormes cargaisons de grain des pays danu-biens et russes à destination des ports de l'occident. Cette ville va devenir le lieu de jonction des réseaux de voies ferrées d'Europe et d'Asie occidentale.

Salonique (105 000 hab.), au fond du golfe du même nom, et *Andrinople* (81 000 hab.), dans la vallée de la Maritza, sont ensuite les villes les plus populeuses.

Salonique a un mouvement de navigation dix fois moins considérable que Constantinople; mais le port fait un chiffre d'affaires fort élevé. C'est le lieu d'exportation des blés, orges, maïs, peaux, cotons, tabacs de la Macédoine. Les navires anglais, français et autrichiens y apportent des sucres, des cuirs, des cafés, des huiles minérales, des liqueurs.

Fig. 151. — Mosquée du sultan Bayezid (Constantinople).

(Cliché L. L.)

Productions. — *Agriculture.* Les ressources de la Turquie sont surtout agricoles : le *maïs*, le *froment* et le *riz* dans la vallée de la Maritza, l'*olivier*, la *vigne*, le *mûrier*, le *tabac* dans les régions voisines de l'Archipel, les *forêts* dans les Balkans. Le *coton* est cultivé dans le sud de la Macédoine (Sérès) et dans la vallée de la Maritza. Signalons aussi la culture des *rosiers*, d'où les habitants des plaines de la Maritza tirent leurs précieuses essences.

On élève le ver à soie et le mouton, mais le gros bétail est rare.

En résumé, l'agriculture est la principale source de reve-
nus, mais elle est encore très arriérée : les conditions
de l'exploitation sont déplorables, les voies de communication presque nulles, et les impôts, mal établis, décou-
ragent le paysan.

Industrie. — *L'industrie* existe à peine en Turquie ; les
plus importantes manufactures sont celles où on fabrique
les *tapis.*

Les *voies de communication* sont très insuffisantes et le
manque de sécurité paralyse le commerce. Les *chemins de*

Fig. 152. — **Les chemins de fer de la Turquie.**

fer n'ont encore que 2000 kilomètres de longueur. Les deux
principales lignes partent de Constantinople et de Salonique, se rejoignent à Nich, et mènent à Belgrade et en
Hongrie.

Le *commerce* est peu développé ; les importations valent
700 millions, les exportations 450 : les navires européens
vont chercher dans les ports de Macédoine (*Salonique*) et
de Bulgarie (*Varna*) des céréales et autres produits agricoles. Ils apportent surtout des étoffes à bon marché et des
produits alimentaires, comme le sucre et le café. L'Angle-

terre, à elle seule, fait plus de 40 pour 100 des échanges avec
la Turquie. La France, l'Autriche et l'Allemagne se disputent le second rang.

Bulgarie.

La Bulgarie, principauté indépendante depuis 1878,
s'est annexé, en 1885, la Roumélie orientale; elle s'est
constituée en royaume en 1908. Elle est gouvernée par un
tsar assisté de ministres responsables devant une assemblée
unique, le Sobranié, élue au suffrage universel.

La superficie est de 100 000 kilomètres carrés; il y a
4 millions d'habitants. — La population est formée en
majeure partie de Slaves, mais mêlée de Turcs.

La capitale, **Sofia**, compte 83 000 habitants.

La *Roumélie orientale* a pour principale ville *Philippo-
poli* (45 000 hab.).

Productions. — Les principales productions consistent
dans les *céréales* (maïs et blé) cultivées dans les plaines,
l'*élevage* pratiqué dans les terrains accidentés : bœufs,
moutons et chèvres. — La *vigne* prospère. — Le principal
légume est le haricot.

Il y a de la *houille*.

On fabrique l'essence de *roses* dans la vallée de Kézanlik;
la production annuelle d'essence peut atteindre 5400 kilogrammes d'une valeur de 3 700 000 francs. — On fait des
tapis, surtout dans le district de Tsaribrod.

Les *chemins de fer* n'ont qu'une longueur totale de
1600 kilomètres, y compris le tronçon de la grande voie de
Belgrade à Constantinople, qui passe par Sofia et Philippo-
poli. Une autre voie ferrée va de Routschouk sur le
Danube à Varna sur la mer Noire.

Le commerce est encore loin de correspondre aux ressources du pays. La Bulgarie vend (115 millions) ses produits agricoles et achète (110 millions) les produits industriels de l'Autriche, de l'Allemagne et de l'Angleterre.

Varna est un port actif sur la mer Noire; *Bourgas* est, sur la même mer, le débouché de la Roumélie orientale.

Serbie.

Le royaume de Serbie occupe une superficie de 48 500 kilomètres carrés. Cet état, sans façade sur la mer, a été rendu indépendant par le traité de Berlin. Il occupe au sud du Danube et de la Save une région montagneuse qu'arrose la Morava. Il est peuplé de 2 780 000 habitants, appartenant pour la plupart à la race *slave* et à la religion grecque. La densité kilométrique est de 57.

C'est un *pays* essentiellement *agricole*. Il y a de vastes *forêts*; on cultive le *maïs* et le haricot pour l'alimentation, le *blé* pour l'exportation, la *vigne*, surtout le **prunier**; il y a aussi beaucoup de noyers. — On élève le *mouton* et le *porc* noir.

On trouve des mines de *houille*, de *cuivre* et de *plomb*, mais l'industrie est peu avancée : tonnellerie, corderie, coutellerie.

La Serbie est traversée par la *voie ferrée* internationale de Paris à Constantinople qui passe par Belgrade; à Nich s'embranche la ligne importante de Salonique.

Le commerce se fait surtout avec l'Autriche et l'Allemagne. On exporte (70 millions) des porcs, des céréales, des prunes; on importe (55 millions) des tissus, des machines, des denrées coloniales.

La capitale est **Belgrade** (80 000 hab.), grand entrepôt au confluent de la Save et du Danube.

Monténégro.

Le royaume de Monténégro (ce nom veut dire Montagne Noire) occupe 9000 kilomètres carrés de hauts plateaux calcaires entre la Bosnie et l'Albanie. — Ses

250 000 habitants sont de race slave et de religion grecque ; ils vivent de l'élevage. — La capitale, *Cettigné*, ne compte que 4000 habitants. — Le port est *Dulcigno* ; il exporte un peu de viande.

Roumanie.

Le royaume de Roumanie occupe sur la rive gauche du bas Danube la riche *plaine d'alluvions* qu'arrosent les

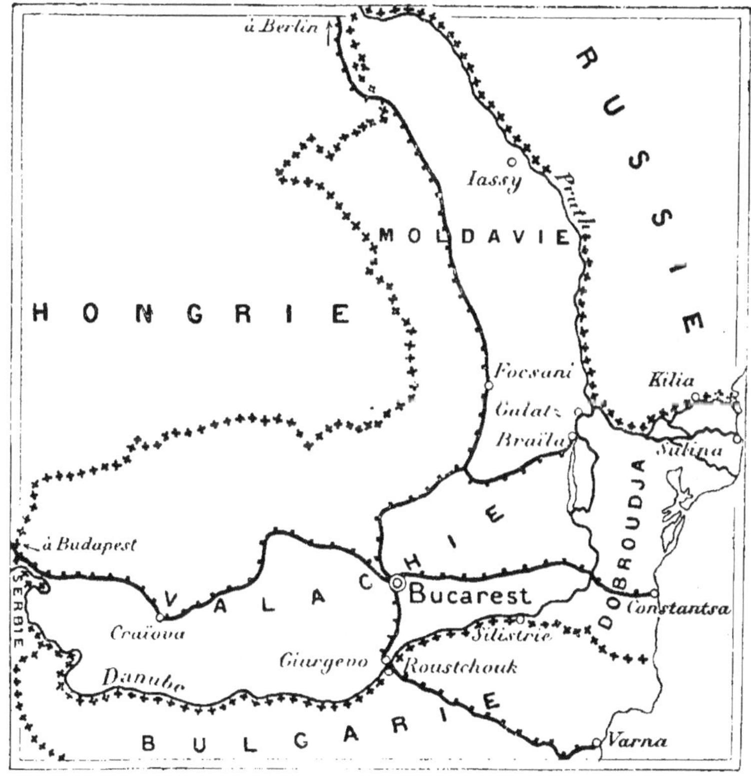

Fig. 153. — La Roumanie.

affluents de ce fleuve descendus des Alpes de Transylvanie. il s'est formé des deux anciennes *principautés de Moldavie* et de *Valachie*. — La Turquie a renoncé, par le traité de Berlin (1878), à toute autorité sur la Roumanie.

Sa superficie est de 130 000 kilomètres carrés.

La *population* est de 6 680 000 habitants de race latine, mais appartenant en grande majorité à l'*Église grecque*. On y compte environ 400 000 juifs originaires d'Espagne ou de Pologne. — Il y a 50 habitants par kilomètre carré.

La capitale, **Bucarest**, compte 296 000 habitants; le port de *Galatz*, 64 000; Iassy, 80 000.—A *Braïla* (56 000 hab.) commence la navigation maritime.

La Roumanie possède quelques gisements de houille, des sources de *pétrole* et des mines de *sel gemme* sur les pentes des Karpathes.

L'agriculture est très prospère. Cette vaste plaine produit en abondance le *froment* et le *maïs*, que les flottes commerciales de l'Europe occidentale vont chercher dans les ports danubiens de *Galatz* et de *Braïla*. L'élevage est mal entendu : mais la pêche est très productive, surtout aux bouches du Danube.

L'industrie est encore dans l'enfance.

Outre le Danube, qui est une grande voie commerciale, la Roumanie compte déjà plus de 3300 kilomètres de *chemins de fer*. Le centre des voies ferrées est Bucarest; les lignes vont à Budapest par Craïova; à Varna, par Roustchouk, à Constantsa ou Kustendjé, à Berlin.

Le **commerce** est actif, 400 millions à l'exportation, 300 à l'importation. L'Angleterre et la France se oient disputer ce marché par l'Allemagne et l'Autriche. — On exporte des produits agricoles et surtout des céréales; on importe des matières textiles, des tissus et des métaux.

Grèce.

Le royaume de Grèce (65 000 kilom. car.) occupe la partie méridionale de la péninsule et une partie des îles de l'Archipel. Sa population est d'environ 2 millions 600 000 habitants, la plupart de *religion orthodoxe*; cependant, on compte en Épire et en Thessalie plus de 25 000 musulmans. — Les Grecs fixés soit en Turquie, soit dans les États autonomes de la péninsule des Balkans, sont deux fois plus nombreux que les citoyens du royaume hellénique.

Il y a 41 habitants au kilomètre carré.

Athènes, la capitale (167 000 hab.), vit de ses ruines : le Parthénon et les monuments de l'antique Acropole atti-

Fig. 154. — Athènes. L'Acropole.

(Cliché Vafuer, communiqué par la *Société de géographie*)

rent des milliers de visiteurs. Un chemin de fer la relie à son port, le *Pirée* (71 000 hab.). — *Patras* (37 000 hab.) est le port de la mer Ionienne. *Hermopolis*, dans l'île Syra, fait un commerce actif.

Un canal maritime long de 6 kilomètres, creusé à travers l'*isthme de Corinthe*, unit les deux mers qui baignent la péninsule; mais il est peu utilisé.

Productions. — Le sous-sol est pauvre; le sol, pierreux, se prête mal à la culture.

La Grèce possède quelques ressources minérales : *plomb*

argentifère du Laurium ; les *marbres* du Pentélique et de Paros sont renommés.

Les cultivateurs exploitent surtout *l'olivier* et la vigne : les *raisins secs* de Corinthe sont un des principaux articles du commerce. Les arbres fruitiers abondent dans les îles et dans le Péloponèse : oranges, citrons, figues, amandes ; Kalamata est le port d'exportation des figues. On élève des moutons et des chèvres. — La *pêche* est une industrie fort développée sur toutes les côtes de la Grèce continentale et insulaire ; en outre les marins des Cyclades vont pêcher les éponges jusque sur les côtes de Syrie et de Tripolitaine.

Le **commerce extérieur** est actif. On importe (140 millions) du blé et du charbon ; on exporte (120 millions) des raisins de Corinthe, des vins et de l'huile d'olive.

Fig. 155. — Port de Patras.

(Cliché L. L.)

Les ports du *Pirée* et de *Volo* sont parmi les plus actifs de la Méditerranée orientale. La construction des voies ferrées a permis au Pirée d'enlever à *Syra* le rôle d'entrepôt de la Grèce continentale et d'une partie de l'Asie Mineure. Mais il semble que, d'ici peu, le Pirée doive partager sa prééminence avec *Kalamata*, porte de sortie d'une région agricole, au terminus méridional du réseau grec, sur le passage des navires à destination d'Europe ou d'Amérique, et tout récemment aménagé pour un commerce actif.

Un *chemin de fer* unit Athènes à Larisse, Athènes à Patras par Corinthe, et Corinthe à Kalamata. Mais la mer reste la route par excellence du commerce grec.

Les Grecs arment de nombreux navires pour le cabotage, et les négociants grecs de Constantinople, de Smyrne, de Trieste et de Marseille prennent une part active au commerce de l'Europe.

La Crète. — Depuis 1906, la Crète (10 000 kilomètres carrés), sous la suzeraineté purement nominale de la Turquie, est gouvernée par un haut commissaire que désigne le roi de Grèce. Peuplée de 310 000 habitants, elle produit surtout de l'huile d'olive.

Conclusion. — Les Grecs, les Roumains, les Serbes, les Bulgares, les Monténégrins et les Crétois ont secoué le joug de la Turquie : elle est aujourd'hui réduite à une étroite bande de terre qui s'étend de l'Adriatique à la mer Noire : Albanie, Macédoine et partie du sud de la Roumélie.

Sujets de devoirs. — 1. Comparer la configuration de la péninsule des Balkans à celle des autres presqu'îles méditerranéennes. — 2. Décrire le relief et les côtes de la Grèce. — 3. L'Archipel : montrer la liaison naturelle entre la Grèce et l'Asie Mineure. — 4. Expliquer la variété du climat de la péninsule des Balkans. — 5. Le Danube inférieur et son delta. — 6. Les races et les religions dans la péninsule des Balkans. — 7. Constantinople, sa situation, ses habitants.

CHAPITRE X

L'Italie

Géographie physique.

Situation et dimensions. — L'Italie a une superficie de 296 000 kilomètres carrés : c'est un peu plus de la moitié de la France. Les Alpes la séparent de la France, de la Suisse et de l'Autriche ; l'Adriatique la baigne à l'est, la mer Ionienne au sud-est, la Méditerranée à l'ouest. On donne le nom de mer Tyrrhénienne à la partie de la Méditerranée comprise entre la côte italienne et les îles de Corse, de Sardaigne et de Sicile.

L'Italie comprend trois parties distinctes :

1º Au nord, la **plaine du Pô**, qui s'étend sur près de 100 000 kilomètres carrés entre les systèmes montagneux des Alpes et des Apennins.

2º La **péninsule** proprement dite, allongée obliquement du nord-ouest au sud-est. La superficie de l'Italie péninsulaire (130 000 kilomètres carrés) n'atteint pas la moitié de l'étendue totale du royaume. Pour une longueur de 900 kilomètres, sa largeur moyenne ne dépasse pas 150 kilomètres.

3º Les **îles** de *Sicile* et de *Sardaigne*, qui forment environ le sixième du territoire.

Relief. — L'Italie tient à l'Europe centrale par le relief alpestre de sa partie septentrionale ; mais l'Apennin est son système propre, et comme l'arête de la péninsule.

A l'ouest, l'Italie se partage avec la France les massifs des *Alpes Maritimes, Cottiennes, Grées*, jusqu'à la région du Mont-Blanc ; au nord-ouest, les *Alpes Pennines* la séparent du territoire suisse jusqu'au massif du Saint-Gothard. Mais la vallée supérieure du Tessin est suisse. — Par la haute vallée de l'Adda, l'Italie touche aux grands massifs des *Alpes centrales*, aux Alpes de la *Bernina* et à l'*Ortler*. — La vallée supérieure de l'Adige est à l'Autriche. Mais, au

Fig. 156. — Dollone et la chaîne du Mont-Blanc.

(Cliché L. L.)

nord-est, la frontière italienne a été reportée jusqu'aux cimes des *Alpes Cadoriques* et *Carniques*.

L'Italie n'est donc un État alpestre que sur une médiocre étendue de son territoire. En effet, la pente du grand massif central de l'Europe est très abrupte du côté de la plaine du Pô.

On fait généralement commencer le système des **Apen-**

nins au *col de Cadibone*; en réalité, la transition se fait insensiblement entre les Alpes et les Apennins.

1° *Apennin septentrional.* — Il commence sous le nom d'*Apennin ligure* par une chaîne étroite qui borde de ses pentes abruptes le golfe de Gênes; puis il s'élargit et se

Fig. 157. — Tivoli. Les Cascatelles.

ramifie dans l'*Apennin toscan*, qui domine la vallée de l'Arno et les sources du Tibre. Au nord et à l'est se détachent des rameaux perpendiculaires à cette chaîne et qui tombent sur la plaine du Pô ou sur la côte de l'Adriatique.

A l'ouest, plusieurs séries de crêtes parallèles et de plateaux intérieurs forment le *Subapennin*. Le point culminant de l'Apennin septentrional est le mont *Cimone* (2167 m.).

2° *Apennin central.* — L'Apennin central est le plus élevé : il se compose de deux parties. Au nord, l'*Apennin romain* est une chaîne bien dessinée, flanquée à l'ouest des chaînes parallèles du Subapennin. Au centre et au sud, l'arête centrale disparaît et l'Apennin devient un *haut plateau crétacé*, celui des *Abruzzes*. C'est au centre de cette région que s'élève le pic culminant de tout le système, le **Gran-Sasso d'Italia** (2921 m.).

3° *Apennin méridional.* — Au sud du plateau des Abruzzes, l'Apennin redevient une chaîne simple, mais souvent brisée par des cols et des dépressions. Elle se tient à égale distance du littoral tyrrhénien et adriatique. A l'ouest, les *hauteurs du Subapennin* s'étendent parallèlement à la chaîne principale, comme dans l'Apennin romain et toscan. Puis la *chaîne maîtresse* se continue dans la péninsule de Calabre en se rapprochant de la côte occidentale. — La presqu'île d'Otrante n'a que de simples ondulations.

Les *montagnes du nord de la Sicile*, auxquelles s'appuient au sud des *plateaux*, ne sont qu'une suite de l'Apennin de Calabre.

On ne peut rattacher à l'Apennin les montagnes de *Sardaigne*, très différentes par leur composition géologique. Ce sont des massifs granitiques comme ceux de la Corse, mais moins élevés, recouverts par endroits de roches volcaniques. Leur plus haut sommet, le *Gennargentu*, atteint 1946 mètres.

Volcans. — On peut distinguer en Italie trois *régions volcaniques* principales : les régions *romaine, napolitaine* et *sicilienne*. Mais les traces volcaniques se rencontrent sur presque toute l'étendue du littoral italien de la mer Tyrrhénienne, depuis la Toscane jusqu'à la Sicile.

La région des *volcans romains* est surtout marquée par

d'anciens cratères qui se sont transformés en lacs. Tel est le *lac Bolsena*.

Dans la *région napolitaine* s'élève le **Vésuve**, haut de 1289 mètres.

La *Sicile* compte le plus haut des volcans italiens, l'**Etna** (3313 m.). — Les îles *Lipari*, au nord de la Sicile, comprennent aussi quelques volcans éteints ou en activité; le principal est le *Stromboli*.

Climat. — L'Italie appartient au climat méditerranéen. Mais, des Alpes à la Sicile, il y a de très notables différences. La plaine de Lombardie participe encore quelque peu du climat de l'Europe centrale; la neige y tombe assez fréquemment, et ses lacs alpestres sont souvent glacés. — Au sud, la Sicile et le pays de Naples ont un climat très chaud, mais tempéré par le voisinage de la mer : la moyenne hivernale de ces régions est égale à la moyenne annuelle de température de la France : on y subit assez souvent en été des chaleurs de $+40°$. Parfois souffle le sirocco, vent du sud venu de l'Afrique, et dont l'influence rend la température très élevée.

Si le ciel d'Italie est réputé pour sa pureté et sa douceur, il s'en faut que le pays soit partout salubre : les plaines côtières, les *Maremmes* de Toscane, les lagunes et les bouches des fleuves sont infectées tout l'été par la *malaria*. La campagne romaine est inhabitable.

Pluies. — Au nord, la région alpestre reçoit des pluies abondantes; quant à la péninsule proprement dite, dont l'Apennin forme la charpente, elle est très variablement partagée suivant l'altitude. Le haut Apennin reçoit souvent plus de 2 mètres et demi de pluie par an; à sa base, la moyenne est encore supérieure à 1 mètre; dans la plaine littorale de l'ouest, l'humidité est moins abondante $(0^m,50$ à $0^m,75)$.

La région alpestre exceptée, l'Italie appartient généralement à la zone des pluies d'hiver et d'automne. — En Sicile, les pluies d'été sont presque inconnues.

Fleuves. — Le principal cours d'eau de l'Italie, le **Pô** (650 kilom.), coule dans la plaine d'alluvions comprise entre les Alpes et la péninsule. C'est, par l'ensemble de son cours, un fleuve de plaine ; mais, par ses sources et par celles de ses principaux affluents, c'est un fleuve essentiellement alpestre. Il sort des champs de neige et des glaciers du *mont Viso* à une hauteur de 2000 mètres. Mais déjà, à *Turin*, il n'est plus qu'à 200 mètres au-dessus du niveau de la mer. Après avoir tourné les collines du Monferrat, il se dirige d'un cours sinueux vers l'Adriatique. Les Alpes lui envoient sur sa gauche le *Tessin*, l'*Adda*, l'*Oglio* et le *Mincio*, qui lui apportent les eaux abondantes des glaciers et les réserves des lacs. Au contraire, les cours d'eau que les Apennins lui envoient à droite sont peu importants. Le Pô forme à ses embouchures un delta considérable, au nord et au sud duquel s'étendent des lagunes.

Les fortes crues, qui en mai et juin élèvent le niveau du Pô de 6 et 8 mètres, ont obligé les riverains à protéger leurs champs par des *digues* qui accompagnent le fleuve à partir de Crémone, mais en laissant à ses inondations un espace de 5 à 6 kilomètres. Entre ces digues maîtresses, d'autres moins hautes ont été construites sur les bords mêmes du chenal. Ces digues doivent être constamment entretenues et surélevées, car le Pô, charriant une masse considérable d'alluvions, exhausse peu à peu son lit, de sorte que ses eaux coulent aujourd'hui à un niveau supérieur à celui des plaines qu'il traverse, à 1 mètre au-dessus du plan de la ville de Ferrare.

C'est également pour atténuer les effets des inondations des torrents alpestres, en même temps que pour utiliser leurs eaux, que les Italiens ont construit les nombreux *canaux d'irrigation* qui font de la plaine lombarde la terre la plus riche de l'Italie.

La plaine de Vénétie est arrosée par plusieurs cours d'eau venus des Alpes Carniques et Cadoriques. Les principaux sont : l'*Adige*, qui descend du Tyrol, et dont le delta se confond avec celui du Pô ; la *Brenta*, qui se jette dans les lagunes de Venise ; enfin la *Piave* et le *Tagliamento*.

L'Italie péninsulaire ne peut avoir de fleuves considérables du côté de l'Adriatique, où la chaîne maîtresse de l'Apennin est voisine de la mer. Les vallées fluviales ne se sont développées que sur le versant tyrrhénien, entre les chaînes parallèles de l'Apennin et du Subapennin.

Tels sont l'*Arno*, la rivière de Toscane, et surtout le **Tibre** (400 kilom.) qui, sur presque toute son étendue, suit les plis longitudinaux de l'Apennin ; il reçoit de nombreuses rivières du plateau des Abruzzes. C'est le fleuve de la péninsule dont le bassin est le plus développé, dont les vallées offrent les communications les plus faciles à travers la masse montagneuse. Aussi Rome, la ville du Tibre inférieur, était-elle désignée d'avance, par cette position, pour dominer la péninsule.

Fig. 158. — Rome. Le pont St-Ange.
(Cliché L. L.)

Citons encore le *Garigliano* et le *Volturne*, qui se jettent également dans la mer Tyrrhénienne.

Les rivières qui descendent les pentes orientales des Apennins vers l'Adriatique ont un cours beaucoup moins long et moins sinueux, sauf la *Pescara*, et coulent dans des sillons isolés sans former de vrais bassins fluviaux.

Le régime de tous ces cours d'eau de l'Italie péninsulaire est très différent de celui du Pô. Alimentés presque uniquement par les pluies, l'Arno et le Tibre ont un débit très irrégulier : crues subites pendant les pluies d'automne et d'hiver, sécheresses prolongées en été.

Lacs. — L'Italie compte des lacs nombreux : les uns occupent les vallées du versant méridional des Alpes ; les autres, dans la péninsule, sont presque tous situés sur l'emplacement d'anciens cratères. — Les trois principaux lacs alpestres sont traversés par des fleuves dont ils purifient les eaux et régularisent le cours. Le Tessin traverse le lac *Majeur*, l'Adda le lac de *Côme*; du lac de *Garde* sort le Mincio. Le plus grand des trois est le lac de Garde. — Parmi les lacs volcaniques, on cite le *Bolsena* et le *Bracciano* dans le Latium.

Littoral. — La péninsule italique est moins massive que celle d'Espagne, moins articulée que celle des Balkans. Ses côtes, depuis la frontière française jusqu'au golfe de Trieste, ont un développement d'environ 3000 kilomètres.

Le littoral du *golfe de Gênes*, bordé par l'Apennin ligure, est de nature rocheuse et tombe à pic sur la mer; aussi les articulations y sont-elles remarquables : telles sont les deux découpures où se trouvent le grand port commercial de *Gênes* et l'arsenal militaire de la *Spezzia*. — Depuis les bouches de l'Arno jusqu'à la pointe de Campanie qui ferme au sud le golfe de Naples, la côte est généralement basse et plate. Cependant le *promontoire de Piombino*, en face duquel se dresse l'*île d'Elbe* et le *cap Argentario*, sont élevés

Fig. 159. — Côtes de l'Ile d'Ischia.

et rocheux comme les îles de *Giglio*, de *Pianosa* et d'*Elbe*. On retrouve le même aspect dans les îles d'*Ischia*, de *Procida* et de *Capri*, qui se dressent en face de la *baie de Naples*. — La presqu'île méridionale de Calabre, qui se termine par le *cap Spartivento*, est généralement aussi bordée d'un littoral élevé et rocheux, puisque les montagnes en occupent presque toute la surface. Au contraire, le

Fig. 160. — Venise. Vue sur la lagune.

(Cliché L. L.)

golfe de Tarente et la *péninsule d'Otrante* ont des côtes basses.

La côte de l'Adriatique est en général moins découpée que celle de la mer Tyrrhénienne. Rocheuse dans sa partie centrale où l'Apennin romain et le plateau des Abruzzes confinent à la mer, elle est plus basse au sud, où se développe la plaine d'Apulie, et au nord à l'issue de la vallée du Pô. La saillie du *mont Gargano* forme l'articulation principale de cette côte.

La **Sicile**, qui n'est qu'un appendice de l'Italie, est découpée au nord et à l'est jusque vers l'Etna. Au sud et au sud-est, la mer y baigne des plaines : la plus belle est celle de Catane. Le meilleur port, celui de *Palerme*, est situé au nord.

La **Sardaigne** a des côtes souvent rocheuses et élevées.

Le groupe des *îles Lipari*, au nord de la Sicile, est d'origine volcanique.

Géographie économique.

Agriculture. — Les *cultures* sont variées en Italie comme les climats. La plaine de Lombardie et de Vénétie est merveilleusement appropriée à la culture des **céréales**, *blé*, *maïs*, et, grâce aux irrigations, le *riz* a pu s'y acclimater.

La *Sicile* et l'*Apulie* rivalisent avec l'Espagne et l'Algérie par leurs *orangers* et leurs *oliviers*.

La culture de la **vigne** est de beaucoup la plus importante : elle fournit actuellement plus de 30 millions d'hectolitres. Les vins les plus fameux sont ceux de la *Sicile* (*Marsala* et *Syracuse*).

La culture du **mûrier** est importante dans la Lombardie.

L'**élevage** se fait dans deux régions principales : les belles prairies de la plaine du Pô nourrissent le gros bétail ; plus rocheuse, la péninsule ne peut élever que du petit bétail. On compte 5 millions de *bœufs*, 900 000 *ânes* et *mulets*, 8 millions de *moutons*. Les *chevaux* sont peu nombreux.

La **pêche** occupe beaucoup de marins des côtes d'Italie, surtout la pêche du *thon* et de la *sardine* ; le port de Naples fournit aussi un fort contingent de barques aux flottilles qui vont chercher le *corail* et les *éponges* sur les côtes d'Algérie et de Tunisie.

Industrie. — L'Italie est pauvre en combustible minéral et est forcée de tirer de l'étranger la houille nécessaire à ses usines. Mais elle possède d'excellentes *mines de fer* en Sardaigne et surtout dans l'île d'*Elbe*, du *cuivre* en Vénétie,

Fig. 161. — **Productions de l'Italie.**

du *plomb* et du *zinc* en Sardaigne. La Sicile exploite le *soufre* et le *sel*. Enfin les *marbres* italiens, celui de *Carrare* en particulier, sont recherchés pour les usages artistiques.

Comme la houille manque, l'industrie n'est pas encore

très développée en Italie : elle est presque entièrement concentrée dans la plaine du Pô.

La *métallurgie* ne compte que de rares usines, dont les plus importantes sont celles de *Saint-Pierre d'Arena*, aux environs de Gênes, de *Milan* et de *Lecco*. — Les industries textiles ont pris un merveilleux essor. On travaille le coton à Milan, Gênes et Florence ; les *soieries* de Milan, de Turin et de Côme, sont recherchées ; Gênes, Biella, Turin fabriquent des *lainages* de toute sorte.

On fait des *pâtes alimentaires*, surtout dans la région napolitaine : macaroni. — La vallée de l'Arno produit un blé spécial qui donne la fameuse *paille d'Italie* avec laquelle on confectionne des chapeaux.

Les industries artistiques sont nombreuses : *orfèvrerie* à Gênes, *bijouterie de corail* à Torre del Greco, *verreries et glaces* de Venise et de Murano, *porcelaines* et *majoliques* de Milan et de Faenza ; *mosaïques* de Florence et de Rome, etc.

Commerce. — Le *commerce* est peu avancé, comme l'industrie, malgré l'admirable position de la péninsule au centre de la Méditerranée, tout près de l'Afrique et du Levant.

Les *chemins de fer* n'ont encore qu'une longueur de 16 500 kilomètres : la plupart sont à une seule voie ; d'ailleurs, longeant les côtes, ils subissent la concurrence du cabotage.

Les voies ferrées internationales, *Turin-Mont-Cenis-Chambéry*, *Gênes-Simplon-Pontarlier*, *Milan-Saint-Gothard-Bâle*, *Vérone-Brenner-Innspruck*, *Venise-Semmering-Vienne*, mettent l'Italie en communication avec l'Europe.

La *marine* italienne comprend 471 vapeurs. *Gênes* est le point de départ des paquebots de la *Compagnie nationale italienne*.

Le **commerce extérieur** de l'Italie, gravement atteint pendant plusieurs années par la rupture avec la France, s'est relevé depuis la conclusion du traité de commerce.

Les Italiens importent (2400 millions) du coton, de la houille, du blé, de la soie ; ils exportent (1800 millions) la soie, les cotonnades, l'huile, le soufre.

Les deux principaux ports sont Gênes et Naples.

Gênes est la première ville maritime de l'Italie. C'est le débouché artificiel de la plaine du Pô sur la mer Tyrrhénienne. C'est le siège de plusieurs compagnies de naviga

Fig. 162. — Port de Gênes.

(Cliché L. L.)

tion. De sérieux efforts se poursuivent pour accroître encore sa prospérité. Gênes doit en partie son activité au commerce des charbons ; c'est le port charbonnier du Piémont, du Milanais, d'une partie de la Suisse et de l'Allemagne du Sud et l'entrepôt des céréales et des cotons destinés aux mêmes régions.

Naples vient au deuxième rang des ports italiens. C'est

le débouché de régions viticoles et fruitières et le port d'embarquement des émigrants italiens qui vont en Amérique.

Les autres ports intéressants sont *Spezzia*, débouché de la région de Parme; *Livourne* dessert le commerce toscan; *Messine* et *Palerme* se partagent le commerce sicilien : des bacs à vapeur servent au transport des wagons entre Messine et Reggio. *Venise* souffre de la concurrence de Gênes et de Trieste. *Brindisi* marque le point de départ et l'arrivée en Europe de la « malle des Indes ».

Géographie politique.

Race, formation territoriale. — La race italienne a conservé les caractères physiques et les traditions des anciens *Latins*.

Avant d'être conquise et unifiée par les Romains, l'Italie fut peuplée au nord par les *Gaulois* dans la plaine du Pô, que les anciens appelaient Gaule cisalpine; au centre, dans la vallée de l'Arno par les *Étrusques* ou *Toscans*; dans l'Apennin central par les *Latins* et les *Samnites*; tandis que le sud de la presqu'île et la Sicile furent civilisés par des *colonies grecques* : Naples, Tarente, Syracuse.

La chute de l'empire romain et les invasions barbares fixèrent en Italie de nouveaux peuples, comme les *Lombards*; au moyen âge, les *Normands* disputèrent aux *Sarrasins* la Sicile et Naples; l'Italie fut pendant plusieurs siècles déchirée par les divisions et par les rivalités entre ses dominateurs étrangers.

C'est seulement dans la seconde moitié du xixe siècle que l'Italie devait retrouver l'indépendance et l'unité nationale par la politique de la *maison de Savoie*.

Population. — Le royaume d'Italie est peuplé de 34 millions d'habitants, soit 118 par kilomètre carré. *La population est dense*, surtout dans la grande plaine du Nord, en Lombardie (170 hab.) et en Vénétie, dans le Piémont, en Sicile et dans la Campanie (193 hab.); en Sardaigne, 31 seulement; — *elle s'accroît très rapidement*, en moyenne de 250 000 unités chaque année; mais, par suite de la misère croissante, plus de 700 000 Italiens émigrent à l'étranger. En 1906, le nombre des émigrants s'est élevé à 788 000. Les uns gagnent l'Amérique du Nord, les autres l'Amérique du Sud, où ils sont bien mieux accueillis.

Aux États-Unis, on écarte 12 pour 100 de ceux qui se présentent : les malades, les chétifs, les misérables ; on n'accepte que les hardis et les robustes (terrassiers et agriculteurs).

Dans l'Argentine vivent un million d'Italiens. Buenos-Aires en a 300 000 sur un million d'habitants. Ils y possèdent presque la moitié des propriétés. Beaucoup ont de grosses fortunes. L'enseignement de l'italien est obligatoire depuis 1902 dans les Collèges et les Écoles normales et commerciales.

Au Brésil, on les trouve dans les États du Sud ; Rio a 20 000 Italiens.

La religion dominante est le catholicisme.

Le gouvernement est une *monarchie constitutionnelle.*

Le pouvoir exécutif est exercé par le roi, qui nomme à vie les *sénateurs* ; une *Chambre des députés* compose avec le Sénat le corps législatif.

Budget. — Les ressources annuelles de l'Italie sont d'environ 1750 millions ; les dépenses sont supérieures aux recettes. La dette s'élève à 12 milliards et demi.

L'*armée* italienne compte, en temps de paix, plus de 300 000 hommes, en temps de guerre plus de 3 millions.

La *flotte*, à l'accroissement de laquelle les Italiens travaillent avec passion, comprend déjà près de 80 vapeurs, 174 torpilleurs, et est montée par 29 000 matelots.

Divisions administratives. — Le royaume est divisé en soixante-neuf *provinces* qui sont réparties entre seize grands *gouvernements* :

1° Le **Piémont**, dont la ville principale est *Turin*, est la plus ancienne partie du domaine des princes de Savoie qui règnent aujourd'hui sur l'Italie. C'est, comme le nom l'indique (pied des monts), la région alpestre qui borne à l'ouest la vallée du Pô, plus le cours supérieur de ce fleuve ;

2° La **Ligurie**, ville principale *Gênes* ;

3° La **Lombardie**, ville principale *Milan*, comprend

une grande partie de la plaine du Pô. C'est la région la plus riche et la plus peuplée de l'Italie;

4° La **Vénétie**, ville principale *Venise*, est riche et peuplée comme la Lombardie, dont la sépare le Mincio;

Fig. 163. Rome. Le Forum. Temple de Saturne.

(Cliché L. L.)

5° L'**Émilie**, ville principale *Bologne*, se compose des contreforts septentrionaux de l'Apennin.

La petite *république de Saint-Marin*, peuplée de 7000 habitants, est située au sud-est de l'Émilie. Elle est indépendante, a son *grand conseil général* et ses deux *capitaines régents*.

6° La **Toscane**, ville principale *Florence*, est la vallée de l'Arno;

7° Les **Marches**, ville principale *Ancône*, sont le versant adriatique de l'Apennin romain;

8° L'**Ombrie**, ville principale *Pérouse*, s'étend dans la vallée supérieure du Tibre;

9° Les **Abruzzes** couvrent le grand plateau de ce nom, qui est comme la citadelle centrale de la péninsule ;

10° Le **Latium** comprend la vallée moyenne et inférieure du Tibre ; la ville principale est *Rome* ;

11° La **Campanie**, ville principale *Naples* ;

12° L'**Apulie** comprend toute la péninsule qui s'avance vers le *canal d'Otrante*, la ville importante est *Brindisi* :

13° La **Basilicate**, capitale *Potenza* ;

14° La **Calabre** couvre la presqu'île montagneuse qui aboutit au détroit de Messine, ville principale *Reggio* :

15° La **Sicile**, villes principales *Palerme* et *Messine*, a de tout temps été considérée comme une dépendance et un appendice de l'Italie : elle est presque complètement montagneuse, sauf à l'est, où s'ouvre la *plaine de Catane*, continuée au sud-est par celle de Syracuse :

16° La **Sardaigne**, ville principale *Cagliari*, plus petite que la Sicile, est aux trois quarts couverte de montagnes. Une plaine assez étendue s'ouvre au nord du golfe de Cagliari jusqu'au centre de l'île.

Colonies. — L'Italie, à laquelle l'ambition coloniale ne manque pas, a occupé dans la mer Rouge la baie d'*Assab* et le poste de *Massaouah*, possessions qu'elle réunit sous le nom d'*Érythrée* : mais elle a été déçue dans son espoir d'étendre son protectorat sur l'Abyssinie.

Dans l'océan Indien, les Italiens occupent une partie de la côte des Somali.

Villes. — Le royaume d'Italie compte douze villes d'une population supérieure à 100 000 habitants :

Naples (564 000 hab.), entourée de communes populeuses, doit sa réputation à la fois à son activité commerciale et à la beauté du pays dont elle occupe le centre.

Rome (462 000 hab.) est devenue la capitale du royaume depuis 1870 : mais elle est loin de présenter l'activité de Naples et de Milan. Elle couvre un espace beaucoup moins considérable qu'à l'époque antique : les nombreux monuments et les ruines qui attestent sa splendeur passée attirent des milliers de visiteurs et sont l'objet d'études archéologiques auxquelles la France prend une part active, grâce à la fondation d'une *École de Rome*. L'Allemagne y entretient aussi une mission savante.

Milan (491 000 hab.) est le point où se nouent les relations entre l'Italie et l'Europe centrale, par la ligne qui traverse le Saint-Gothard. C'est aussi le centre où aboutissent les plus importantes voies ferrées de la plaine du

Fig. 164. —· Naples. Vue générale.
(Cliché L. L.)

Pô ; aussi Milan est-elle une grande place de commerce. — Ses monuments en font une des plus belles villes d'Italie.

Turin (336 000 hab.), l'ancienne capitale du Piémont, est au débouché des routes alpestres qui mènent de France en Italie ; là aboutit la ligne de chemin de fer qui franchit les montagnes par le tunnel du mont Cenis. Turin est donc le centre d'un commerce important avec la France et toute l'Europe occidentale. Elle diffère des autres villes italiennes par le caractère moderne de ses monuments.

Palerme (310 000 hab.) est le premier port de commerce de la Sicile.

Gênes (235 000 hab.) est aussi un des ports les plus actifs du royaume d'Italie.

Florence (205 000 hab.), la patrie de Dante, fut le

Fig. 165. — Florence.

Cliché L. L.

premier foyer de la Renaissance ; elle en a gardé de nombreux chefs-d'œuvre.

Venise (152 000 hab.), la cité des lagunes, montre dans ses palais sa prospérité passée.

Bologne (152 000 hab.), où aboutissent, à la lisière de l'Apennin, les lignes de chemins de fer venues des deux versants de ce système, et **Catane** (150 000 hab.), sur la côte orientale de Sicile, sont ensuite les villes les plus considérables.

Conclusion. — Très morcelée par la nature, l'Italie est restée très divisée jusqu'à nos jours. C'est seulement en 1870 qu'elle a pu réaliser son unité. — Riche surtout au point de vue agricole, l'Italie a compromis l'équilibre de ses finances en contractant des alliances qui l'ont entraînée à des dépenses ruineuses, en se lançant dans des entreprises coloniales mal conduites, en faisant à la France une guerre de tarifs qui l'a privée d'un de ses plus sérieux débouchés. D'où une misère épouvantable, une émigration incessante.

Sujets de devoirs. — 1. Décrire la Lombardie. — 2. Comparer la plaine du Pô et celle du bas Danube. — 3. Les Apennins. — 4. Comparer les Abruzzes et l'Épire. — 5. La Sicile. — 6. Les volcans en Italie. — 7. Décrire Naples. — 8. Décrire Venise.

CHAPITRE XI

La péninsule ibérique

Géographie physique.

Situation et dimensions. — La péninsule ibérique occupe une superficie de 590 000 kilomètres carrés, dont 500 000 pour l'Espagne.

Les Pyrénées l'isolent de l'Europe : un détroit très resserré, celui de Gibraltar, la sépare de l'Afrique avec laquelle elle a beaucoup de traits de ressemblance par les formes de son relief et son régime climatérique.

Elle est située dans la zone méditerranéenne par son versant oriental, et appartient par son autre versant, beaucoup plus étendu, au groupe des terres occidentales soumises aux influences de l'Atlantique. Le cap Tarifa marque le point le plus méridional de la presqu'île ; le cap da Roca en est le promontoire le plus occidental.

Fig. 166. — Détroit de Gibraltar.

Relief. — L'Espagne est un pays montagneux par excellence. Les plaines occupent à peine le quinzième de sa surface ; les plateaux, qui en sont la partie dominante, à peu près la moitié.

D'une manière générale, le relief de l'Espagne se compose de **deux plateaux** : la *Vieille* et la *Nouvelle-Castille*, que séparent l'un de l'autre et que bordent des chaînes de montagnes. — Au nord-est et au sud de ces hautes terres s'étendent **deux régions de plaines,** le bassin de l'Èbre et celui du Guadalquivir. — Enfin, **deux régions montagneuses** *forment bordure* au delà de chacune de ces plaines : les Pyrénées d'une part, la Cordillère bétique de l'autre.

1° *Système extérieur du nord.* — La chaîne des **Pyrénées** ne marque pas exactement la frontière entre la France et l'Espagne; ainsi, vers le val d'Andorre, le territoire espagnol dépasse au nord la ligne de faîte.

Sur une longueur de 440 kilomètres environ, entre le cap Creus et les bouches de la Bidassoa, les Pyrénées ont une *direction générale* de l'est-sud-est à l'ouest-nord-ouest. Ce système est séparé des Cévennes par une dépression de plaines au nord; de même au sud, la vallée de l'Èbre marque une scission entre les hauteurs pyrénéennes et la péninsule proprement dite; mais la jonction se fait par les monts Cantabriques, qui dépendent des Pyrénées occidentales et forment bordure au nord du plateau ibérique.

Les Pyrénées ont une *altitude moyenne* supérieure à celle des Alpes (2500 m.), quoiqu'on n'y rencontre point de sommets comparables à ceux du centre de l'Europe.

Les *Pyrénées orientales*, avec leurs sommets granitiques de formes arrondies, s'étendent depuis le cap Creus jusqu'à la sortie de la Garonne du val d'Aran. Jusqu'aux sources de l'Ariège, la ligne est ébréchée par deux passages importants, le *col de la Perche* et la *route* carrossable du *Perthus* (290 m. d'altitude). — Les points culminants, le *Puigmal* et le pic de *Carlitte*, sont voisins de 3000 mètres (2900 et 2921). Vers les sources de l'Ariège, s'étend un faîte élevé et continu; parmi les sommets neigeux qui abondent dans cette dernière section des Pyrénées orientales domine le *Montcalm* (3080 m.).

Les *Pyrénées centrales*, que l'on appelle aussi *Hautes Pyrénées*, s'étendent de la trouée de la Garonne au val du Gave d'Aspe. Elles comprennent le massif sauvage de la *Maladetta* (Monts Maudits) qui culmine au pic de *Nethou* (3404 m.), le plus élevé de toute la chaîne, et les sommets presque aussi importants du *Posets* (3367 m.) et de *mont Perdu* (3352 m.).

Les *Pyrénées occidentales*, beaucoup moins élevées, n'atteignent en aucun point la limite des neiges persistantes. Les cols se multiplient et s'abaissent, dans le *pays basque*, de 1450 mètres au col de Roncevaux à 858 mètres au port de *Velate* entre Bayonne et Pampe-

lune et jusqu'à 658 mètres au port d'*Idiazabal* que traverse la voie
ferrée de Paris à Madrid.

2° *Plateaux des Castilles.* — Ces plateaux, dont l'ensemble forme le Plateau central d'Espagne, couvrent une
étendue de plus de 200 000 kilomètres carrés; ils ont une
double pente, s'inclinant à la fois vers l'ouest et vers le
sud.

Le *rebord septentrional* des plateaux est formé par les

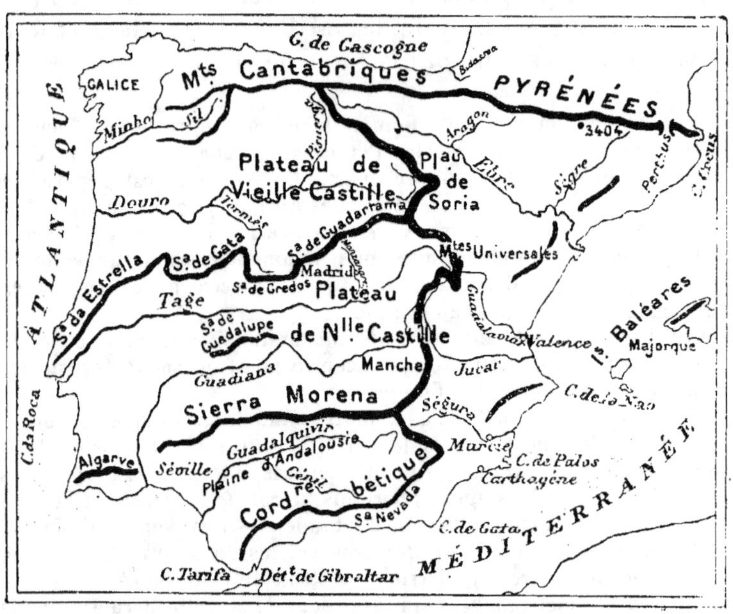

Fig. 167. — Le relief de la péninsule ibérique.

monts Cantabriques qui s'étendent sur une longueur de
570 kilomètres depuis le val de Roncevaux, où ils se soudent
aux Pyrénées, jusqu'à la Galice. La crête la plus élevée de
ce système est la Peña de Europa (2664 m.).

Au nord-est, les deux Castilles s'appuient au *plateau de
Soria* (1000 m.) et à l'est à la série des *monts Ibériques*,
découpés en massifs qu'isolent de nombreuses vallées : la

Sierra del Moncayo, les *Montes Universales*, centre hydrographique où prennent leurs sources le Tage, le Guadalaviar et le Jucar.

Des deux plateaux du centre, le plus considérable est la **Vieille-Castille** qui mesure plus de 500 kilomètres du nord au sud et 480 de l'est à l'ouest. On pourra juger de sa hauteur par l'altitude des villes de Burgos (852 m.), Salamanque (807 m.), Valladolid (680 m.), Ségovie (900 m.).

Il est séparé de la Nouvelle-Castille par les *Sierras de Guadarrama*, de *Gredos* et de *Gata*, d'une altitude

Fig. 168. — Tolède.

(Cliché L. L.)

moyenne de 1500 mètres, avec des sommets de 2500 mètres; elles se prolongent en Portugal avec la *Sierra da Estrella.*

Le *plateau de* **Nouvelle-Castille,** moins élevé que le précédent, couvre tout le centre de la péninsule. Sa surface ondulée est à une altitude moyenne de 650 mètres (Madrid et Ciudad-Real) et présente tantôt l'aspect de steppes presque désertes comme la *Manche*, tantôt de massifs comme les *monts de Tolède* et la *Sierra de Guadalupe* qui atteint 1500 mètres.

La **Sierra Morena** limite au sud le plateau de Nouvelle-Castille et domine de ses pentes abruptes la *plaine d'Andalousie* : celle-ci, largement ouverte sur l'Océan et arrosée par les eaux du Guadalquivir, contraste avec l'aride Castille par sa fertilité, sa flore variée où se mêlent les plantes de l'Europe et les espèces africaines. — Au delà du

Guadiana, la Sierra Morena se continue en Portugal par la chaîne de l'*Algarve*.

3º *Système extérieur du Sud*. — De même que les Pyrénées flanquent au nord la plaine de l'Èbre, les monts de la **Cordillère bétique** limitent au sud-est la plaine du Guadalquivir. La partie la plus imposante de ce système est la *Sierra Nevada* (Montagne Neigeuse), longue de 95 kilomètres, avec de vastes champs de neige dans la région la plus méridionale de l'Europe. Le *Mulahacen* (3500 m.) est le point culminant de toute la péninsule.

Systèmes insulaires. — Les montagnes sont peu élevées dans l'archipel des *Baléares*; leur point culminant (1500 mètres) est dans la chaîne du littoral septentrional de Majorque; son orientation correspond à celle des chaînes des provinces de Valence et de Murcie dont elle forme la suite au large.

Climat. — On peut distinguer en Espagne quatre *zones* de climat différentes.

Au nord et au nord-ouest, les Pays Basques, les Asturies et la Galice, c'est-à-dire le versant septentrional et occidental des monts Cantabriques, sont soumis au **climat océanique**. La température y est modérée, les précipitations très abondantes, puisque le rempart montagneux arrête et résout en pluies les nuées venues de l'Océan.

Le *plateau central* (Vieille et Nouvelle-Castille, Léon et Estramadure) est soumis aux excès du **climat continental**. L'influence de l'Océan ne s'y fait point sentir, parce qu'elle est arrêtée par la chaîne bordière du nord. On connaît la réputation du climat de Madrid située au centre du plateau : « Neuf mois d'hiver et trois mois d'enfer. » Le froid y est rigoureux de septembre à mai, la chaleur terrible de juin à septembre, époque à laquelle souffle le vent d'Afrique ou solano. — La pluie, peu abondante (de 30 à 40 centimètres) sur ces plateaux, est aussi très inégalement répartie ; elle est torrentielle au mois de septembre, moment de la transition entre la saison chaude et la saison froide, et presque nulle pendant le reste de l'année.

La *plaine d'Andalousie* et la *côte sud-est* de l'Espagne

ont un **climat africain**. L'année y est divisée presque
exactement en deux saisons : l'hivernage ou saison humide
d'octobre à janvier, et la saison sèche de janvier à octobre ;
il arrive même qu'une année entière s'écoule sur les steppes
du littoral, au sud des provinces de Grenade et de Murcie,
sans qu'il tombe une goutte d'eau. La moyenne annuelle
des précipitations n'y dépasse guère 0^m,35.

La *Catalogne* jouit du **climat méditerranéen** et

Fig. 169. — La grande route d'Alicante.
(Cliché L. L.)

tempéré ; les montagnes lui forment en effet un écran contre
les influences océanique et africaine à la fois.

Le **climat du Portugal** est chaud, sans présenter
néanmoins les mêmes exagérations de température que l'Es-

pagne. La région du littoral et des derniers contreforts ou terrasses qui terminent à l'ouest les systèmes montagneux de la péninsule est abondamment arrosée par les pluies venues de l'Océan (Lisbonne reçoit plus de $0^m,95$ de pluie par an); ce sont les mêmes vents qui donnent au Portugal, avec beaucoup d'humidité, un climat assez tempéré. Les plus grandes chaleurs sont causées par le vent d'est qui parvient au Portugal après avoir traversé en été les plateaux surchauffés des Castilles. Quand ce vent souffle sur Lisbonne, il arrive que le thermomètre marque à l'ombre + 40° centigrades.

Fleuves. — Les fleuves suivent deux *directions principales* à la surface de la péninsule : les uns vont du nord-est au sud-ouest vers l'Atlantique, les autres du nord-ouest au sud-est à la Méditerranée.

La *ligne de partage des eaux* décrit une sorte d'arc de cercle dont la convexité est dirigée vers la Méditerranée : elle n'est point marquée par la série des plus grandes hauteurs, mais consiste souvent en plateaux de médiocre élévation et peu épais. Ainsi l'Èbre supérieur n'est séparé des sources de la Pisuerga, affluent du Douro, que par un groupe large à peine de 3 kilomètres. Le point de rapprochement le plus remarquable des cours d'eau espagnols est le groupe des *Montes Universales* au nord-ouest de Valence : de là sortent les sources du Tage, du Guadalaviar et du Jucar, une partie de celles du Guadiana et un affluent de droite de l'Èbre.

Les cours d'eau des Pays Basques et des Asturies sont courts et encaissés dans d'étroites vallés transversales.

Dans la Galice, plus articulée et munie de vallées ramifiées, a pu se développer un fleuve plus considérable, le **Minho** (305 kilomètres), auquel son affluent de gauche, le *Sil*, apporte un tribut d'eaux abondantes. Ce fleuve est navigable sur une faible étendue, à partir de *Tuy* ; son embouchure est encombrée d'une barre qui rend le chenal difficilement accessible. Il sert de frontière au Portugal sur une longeur de 70 kilomètres.

Le *Douro*, le *Tage* et le *Guadiana* composent le groupe des *fleuves de plateau* par excellence.

Le **Douro** naît dans la partie la plus élevée du plateau de Vieille-Castille, dans le plateau de Soria : ses affluents les plus importants lui viennent, à droite, des monts Cantabriques, comme la *Pisuerga* ; les sierras de Guadarrama et de Gredos lui fournissent moins d'eau par le *Tormès*. Son débit est trop variable pour permettre la navigation d'une

Fig. 170. — Le Tage près de Tolède.

(Cliché L. L.)

manière suivie. Long de 780 kilomètres, il draine une superficie de 100 000 kilomètres carrés ; son bassin est le plus étendu de l'Espagne. — Son cours inférieur appartient au Portugal ; à son embouchure se trouve la ville maritime de Porto.

Le **Tage**, long de 835 kilomètres, coule au centre du

plateau de Nouvelle-Castille. Sur toute l'étendue de son cours espagnol, jusque vers Alcantara, son lit n'est qu'une fente profonde (*cañon*) du plateau ; il coule donc entre des rives très élevées. Ses affluents sont pauvres ; le *Manzanarès*, la rivière de Madrid, occupe le premier rang par son indigence ; aussi le Tage n'est-il navigable en aucune région de l'Espagne ; il ne commence à porter des bateaux qu'à Abrantès, à 190 kilomètres de son embouchure.

Fig. 171. — Cordoue. Le Guadalquivir et moulins arabes.
(Cliché L. L.)

Il débouche dans la mer, au delà de *Lisbonne*, par un chenal resserré, après avoir formé devant la capitale du Portugal une rade magnifique, la plus profonde de l'Europe, et capable de recevoir les plus puissants navires.

Le **Guadiana**, plus maigre encore que les deux précédents, est le fleuve de la région méridionale du plateau de Nouvelle-Castille ; dans la première partie de son cours, il est guéable en toute saison. — Il entre en Portugal après avoir arrosé Badajoz et servi de frontière sur une étendue d'environ 70 kilomètres; il est d'une navigation difficile à cause de la barre qui encombre ses bouches.

Le **Guadalquivir** (Oued-el-Kébir, grand fleuve, en arabe), le fleuve de plaine le plus caractérisé de la péninsule ibérique, appartient en entier à l'Espagne. Par son cours supérieur, le Guadalquivir est un fleuve de plateau. Mais il entre bientôt dans la plaine d'Andalousie. Dans cette plaine même on distingue deux régions, la *campagne de Cordoue* et le *bas pays de Séville*. — Le Guadalquivir reçoit de gauche son affluent le plus important : c'est le *Génil*, qui lui apporte les eaux de la Sierra Nevada, et le rend navigable. — Les bâtiments de mer peuvent le remonter jusqu'à Séville; mais la batellerie est déjà active à partir de Cordoue. — L'embouchure du fleuve est large, mais difficile à franchir à cause de la formation d'une barre. Long de 570 kilomètres, le Guadalquivir est navigable pour la batellerie sur les trois quarts de son cours, tandis que le Guadiana, le Tage et le Douro sont à peine accessibles sur un quart de leur développement.

Entre la plaine du Guadalquivir et celle de l'Èbre, les fleuves qui se déversent au sud-est dans la Méditerranée sont pauvres en eau, et peu développés, puisqu'ils doivent s'écouler entre les croupes ibériques et la mer sur un espace très serré. La *Ségura*, le *Jucar* et le *Guadalaviar* sont tous semblables; ils coulent dans des vallées âpres et sauvages et franchissent par des cascades et des rapides l'espace hérissé de montagnes qu'ils ont à parcourir. Ils sont donc inaccessibles à la navigation, et ne rendent de services qu'à l'agriculture.

L'**Èbre** coule dans une plaine moins basse et moins large que celle du Guadalquivir. Né dans les monts Cantabriques, il entre bientôt dans le *bassin de Tudela*, où l'Aragon lui apporte des eaux venues des Pyrénées centrales et occidentales. Il traverse ensuite les *steppes de l'Aragon* où la *Ségre* lui amène le contingent des Pyrénées centrales et orientales. Son cours inférieur, après la percée de la chaîne côtière de Catalogne, se développe dans la *Huerta de Tor-*

tose ; son *delta* s'étend au large et son cours inférieur est complètement ensablé. Sur un cours de 750 kilomètres, l'Èbre n'est navigable, sur une certaine étendue, que grâce à un *canal latéral*: c'est, en effet, un fleuve pauvre en eau.

Deux torrents pyrénéens, le *Llobregat* et le *Ter*, se jettent dans la Méditerranée au nord de la vallée de l'Èbre.

Côtes. — La péninsule ibérique fait contraste avec les deux autres péninsules de l'Europe méridionale par son caractère massif, par son manque d'articulations.

Cependant le littoral du nord et du nord-ouest de l'Espagne sur le *golfe de Gascogne* et sur l'Atlantique est assez riche en indentations profondes. La côte septentrionale a des escarpements très prononcés sur la mer: elle est creusée de *rias*, golfes dont la forme rappelle beaucoup celle des fiords ; ils ont favorisé l'établissement de ports, comme *Santander*, *Saint-Sébastien* et *Gijon*. Cette première partie du littoral se développe à peu près régulièrement d'est en ouest jusqu'au *cap de Varès*. — Là commence la côte de Galice qui comprend deux parties : la première, entre le cap de Varès et le *cap Finisterre*, est encore composée de falaises rocheuses dont la ligne est orientée du nord-est au sud-ouest. Les deux beaux ports du *Ferrol* et de la *Corogne* occupent de profondes échancrures analogues aux *rias* de la côte asturienne. La seconde partie de la côte galicienne, depuis le cap Finisterre jusqu'aux bouches du Minho, est encore plus profondément entaillée que la précédente ; la *baie de Vigo* est la découpure la plus marquée de tous les contours espagnols.

Les côtes du Portugal sont en général peu découpées. Des bouches du Minho au *cap Mondego*, le littoral est plat et sablonneux; puis le voisinage de la Serra da Estrella produit un relèvement très marqué au *cap da Roca*, le promontoire le plus occidental d'Europe. — Au sud des bouches du Tage s'ouvre la *baie de Setubal*, où les marais salants alternent avec des falaises d'élévation médiocre; puis la côte redevient basse et bordée d'alignements de dunes. Du *cap Saint-Vincent* à la frontière espagnole marquée par les bouches du Guadiana, les falaises rocheuses succèdent aux dunes; ce changement est dû aux monts de l'Algarve, qui serrent de près le littoral.

De l'embouchure du Guadiana jusqu'au Guadalquivir, le littoral est bas et couvert de sables mouvants (baie de Huelva). La côte se relève entre la baie de Cadix et la pointe de Gibraltar; les caps *Trafalgar* et *Tarifa* en sont les

Fig. 172. — Le port de Carthagène.

(Cliché L L)

points les plus saillants. Du cap de Gibraltar ou *pointe d'Europe* au *cap de Gata*, la montagne est voisine d'une côte où se remarquent les *baies de Malaga* et d'*Almeria*. On désigne ce littoral du sud-est, mince lisière resserrée entre l'eau et les montagnes, et où des torrents peuvent seuls se développer, sous le nom de *steppes du littoral*. — Avec une nouvelle direction du sud-ouest au nord-est, la région côtière comprise entre les *caps de Gata* et de la *Nao* offre les mêmes caractères : l'échancrure la plus remarquable est celle du grand port de *Carthagène*, puis la petite *baie d'Alicante*. La montagne s'éloigne de la côte. — Du cap de la Nao aux bouches de l'Èbre s'étendent successivement deux régions différentes : jusqu'aux bouches du Guadalaviar, on remarque une longue série de marécages; puis au nord de Valence, sur une ligne presque droite, sont échelonnées les célèbres *huertas*, riches pays de culture de l'Espagne orientale. Au nord de l'Èbre jusqu'aux Pyrénées, la montagne redevient immédiatement voisine de la mer; c'est là que l'on rencontre le grand port de commerce de *Barcelone*.

Toute cette étendue de côtes mesure environ 2900 kilomètres, dont 1 200 sur la Méditerranée et 700 sur l'Atlantique.

Les îles *Baléares*, à l'est, sont une dépendance du littoral; en effet, entre le cap de la Nao et ce groupe insulaire, s'étendent des hauts fonds constituant un *plateau sous-marin*; cet archipel est donc un appendice détaché de la côte orientale.

Géographie politique.

Population. — L'Espagne compte, avec ses dépendances des îles *Baléares* et des *Canaries*, 19 millions d'habitants, soit 39 par kilomètre carré. Les régions où la population est le plus dense sont : la Galice au nord-ouest, où certains districts ont en moyenne 100 habitants par kilomètre carré, et la Catalogne au nord-est, dans les environs de Barcelone.

Avec les *Açores* et *Madère*, le Portugal a 5 400 000 habitants, soit 61 par kilomètre carré; mais la population est inégalement répartie : très dense dans les provinces du nord, en particulier dans le district de Porto (densité : 261), elle est au contraire très clairsemée dans l'Alemtejo, où s'étendent des steppes (densité : 15).

Races, religion. — La péninsule ibérique, peuplée primitivement par les *Ibères*, a été colonisée par les Phéniciens, les Romains, envahie par les Vandales, puis au moyen âge par les Arabes.

Les principales races qui composent le peuple espagnol sont ainsi réparties à la surface de la péninsule : les *Bas-*

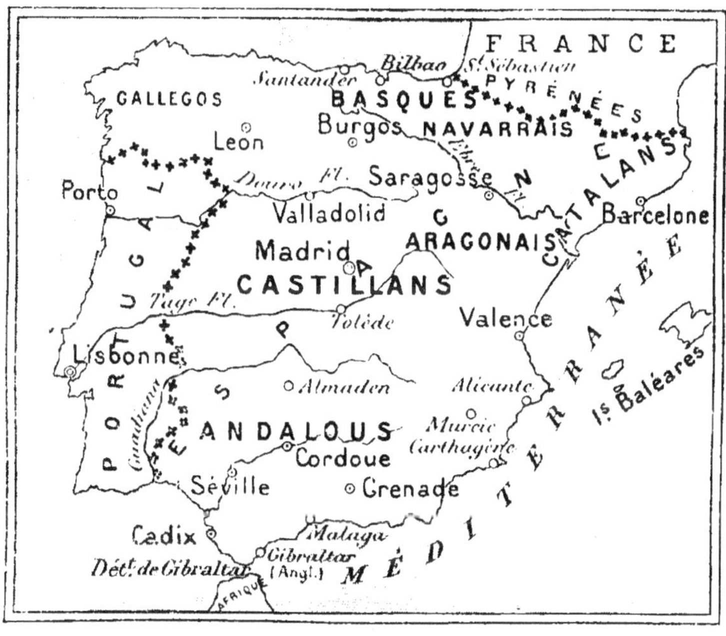

Fig. 173. — Les races en Espagne.

ques occupent les vallées pyrénéennes et une partie du versant septentrional des monts Cantabriques ; on sait qu'ils ont leur langue particulière qui n'est parente à aucun degré des autres dialectes espagnols. — Comme les Basques, les *Catalans* ont des allures indépendantes ; ils sont très industrieux et très actifs. — Leurs voisins, les *Aragonais*, sont aussi sombres qu'emportés, aussi braves qu'entêtés. — Les *Castillans* sont paresseux et taciturnes, mais sobres et fiers.

— Les *Andalous* sont indolents et fanfarons, mais aimables et gracieux.

Les Espagnols sont presque tous attachés à la *religion catholique.*

Le nombre des émigrants (50 000) qui partent chaque année pour l'Amérique du Sud et l'Amérique centrale est très considérable.

Gouvernement et divisions administratives. — Le *gouvernement* de l'Espagne est une **monarchie constitutionnelle.** Le roi descend de la famille des *Bourbons* ; il gouverne avec deux Chambres, la *Chambre des députés* et le *Sénat.*

L'Espagne a réduit son armée permanente à 90 000 hommes.

La dette, en grande partie placée à l'étranger, s'élève à 10 milliards et demi depuis la guerre de Cuba.

Le royaume comprend 49 *provinces,* subdivisées en plusieurs *capitaineries générales* : nous les répartirons entre les principales régions naturelles.

Les capitaineries générales de **Galice**, cap. la *Corogne* ; des **Asturies**, cap. *Oviedo* ; des **Provinces basques**, cap. *Vittoria*, appartiennent au *versant septentrional des monts Cantabriques* ; c'est la contrée où se font sentir les influences de l'océan Atlantique.

La *vallée de l'Èbre* comprend deux capitaineries : l'**Aragon**, cap. *Saragosse* ; la **Catalogne**, cap. *Barcelone.*

Quatre circonscriptions se partagent l'étendue du *Plateau central,* les contrées continentales par excellence de la péninsule : **Vieille-Castille**, cap. *Burgos* ; **Léon**, cap. *Léon* ; **Nouvelle-Castille**, cap. *Madrid* ; **Estramadure**, cap. *Badajoz.*

La capitainerie générale de la **Manche**, cap. *Ciudad-Real,* est le *pays de steppes* situé au sud-est du plateau.

Au *sud* et au *sud-est,* la vallée de Guadalquivir et le versant méditerranéen du système d'Andalousie et des monts Ibériques forment une région naturelle toute particulière, très chaude, et rappelant l'Afrique septentrionale par son climat et ses productions. Trois capitaineries générales se partagent cet espace :

Andalousie, cap. *Séville*; **Murcie**, cap. *Murcie*; **Valence**, cap. *Valence*.

Les Espagnols désignent sous le nom de *los adjacentes* (possessions voisines) deux archipels érigés en capitaineries : les **Baléares**, cap. *Palma*, et les **Canaries**.

Fig. 174. — Grenade. L'Alhambra :
La cour des Lions.
(Cliché L. L.)

Villes. — Les *villes* les plus peuplées de l'Espagne sont :

M a d r i d (540 000 habitants), la capitale, située presque exactement au centre mathématique de la péninsule, dans une des régions les plus arides du Plateau central.

B a r c e l o n e (535 000 habitants) est le plus grand port de commerce de l'Espagne sur la Méditerranée.

Valence (215 000 habitants), cité industrielle, au centre de riches « huertas ».

Séville (148 000 habitants) est le port de l'Andalousie le plus actif après **Cadix**.

Depuis la révolution de 1910 qui a renversé le roi Manuel II, la monarchie a été remplacée par **la république**.

L'armée compte environ 35 000 hommes et la flotte 55 navires.

Le Portugal est divisé en huit provinces :

Entre-Douro et Minho, cap. *Braga*, ville principale *Porto* (168 000 hab.); **Tras-os-Montès**, cap. *Bragance*; **Beïra**, cap. *Coïmbre*; **Estramadure**, cap. *Lisbonne* (356 000 hab.); **Alemtejo**, cap. *Evora*; **Algarve**, cap. *Faro*.

La capitale, **Lisbonne**, avec un port immense et sûr aux bouches du Tage, est une ville très commerçante. Sa population mêlée de nègres, de mulâtres africains ou brésiliens, parlant tous les idiomes, en fait la plus étrange des capitales européennes.

Géographie économique de l'Espagne.

Agriculture. — *Cultures alimentaires*. — La *végétation* de l'Espagne est variée, mais très inégalement répartie. Les **céréales** donnent un faible rendement sur le plateau de Castille. Mais le *blé* prospère en Andalousie, dans le moyen Aragon et l'Estramadure; c'est la céréale de beaucoup la plus importante. L'*orge* se trouve presque partout. Le *riz* et le *maïs* croissent dans les provinces chaudes du sud-est, dans les *huertas* de Valence et de Murcie. Les mêmes provinces et l'Andalousie cultivent les **fruits** : oranges, citrons, etc., et l'olivier. La production des **vins**, très considérable, dépasse 18 millions d'hectolitres : on sait la réputation des vins de *Malaga*, de *Xérès*, de *Malvoisie*, dans les *Canaries*, des raisins secs d'*Alicante*.

La culture de la *pomme de terre* est très développée au nord-ouest. Les *pois chiches* contribuent pour une forte part à la nourriture de toutes les provinces; c'est, pour ainsi dire, le légume national.

L'élevage. — Un pays montagneux comme l'Espagne compte peu de *chevaux* (400 000), mais beaucoup de *mulets* et d'*ânes* (1 500 000). Le *gros bétail* trouve seulement au nord-ouest, dans les prairies bien arrosées de la Galice et des Asturies, les conditions nécessaires à sa prospérité ; les 2 millions de bêtes à cornes que possède l'Espagne sont nourries dans les pâturages de ces provinces. En revanche,

Fig. 175. — Huertas des environs de Murcie.
(Cliché L. L.)

les **moutons**, qui émigrent selon les saisons d'une province à une autre en troupeaux de 15 à 20 000 têtes, sont très nombreux (environ 17 millions). Les mérinos, si recherchés pour leur laine, sont au nombre de 5 à 6 millions.

Industrie. — L'Espagne est riche en **produits minéraux** : les *marbres* dans les Pyrénées et les montagnes de l'Andalousie, la *houille* dans les Asturies (*Oviedo*), le *fer*

dans la Navarre et le Guipuzcoa, le *plomb* à Oviedo et à
Linarès, le *mercure* à *Almaden* au sud-ouest de la Nou-
velle-Castille, le *zinc* dans la Sierra-Nevada, le *cuivre* du
Rio-Tinto (pays de Séville) feraient la fortune industrielle

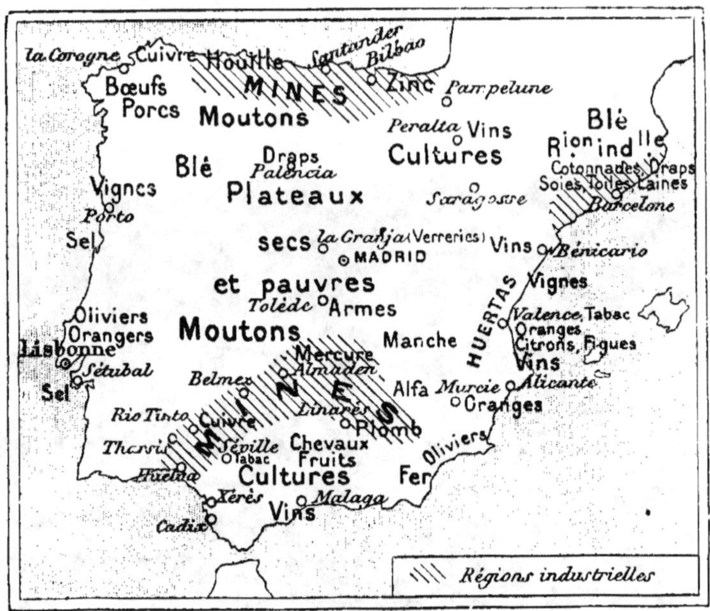

Fig. 176. — Les productions de la péninsule ibérique.

de l'Espagne si tous ces gisements n'étaient exploités par
des étrangers.

L'industrie de l'Espagne est en retard sur celle de la
plupart des autres pays d'Europe. Avec de la houille et
d'abondants métaux, elle ne possède que de rares *usines
métallurgiques*, que peu de manufactures dans les *provinces basques*, à *Madrid* et à *Barcelone*. Les *filatures*
de coton et de laine ont une grande activité à *Barcelone*;
on travaille la soie dans la même ville, puis à *Madrid*, à
Grenade et à *Séville*.

Les autres industries les plus actives sont la fabrication

des vins et des alcools, les manufactures de tabac, la fabrication de la sparterie avec l'alfa.

En somme les grandes **régions industrielles** de l'Espagne sont la *Catalogne*, adonnée à la métallurgie et aux industries textiles : laine et coton ; Barcelone est la première ville industrielle de l'Espagne ; — les *pays basques* et la *Biscaye*, avec leurs mines de houille, de fer et de zinc ; — l'*Andalousie* qui a du cuivre, du plomb et du mercure.

Commerce. — Le *commerce* souffre, comme l'industrie, du manque de bonnes **voies de communication** ; les *routes* sont peu nombreuses et mauvaises, et l'on ne compte encore en Espagne que 14 000 kilomètres de *chemins de fer*. Les *voies navigables*, naturellement très rares en Espagne, où les fleuves de plateaux et les torrents sont coupés de cascades ou de rapides, font encore plus défaut.

Cependant la *marine* à vapeur espagnole compte environ 500 navires d'une jauge de 400 000 tonneaux : le port le plus fréquenté est celui de *Barcelone* (15 000 navires), si l'on excepte le grand entrepôt anglais adjoint à la forteresse de Gibraltar.

Le **commerce extérieur** ne s'élève encore qu'à 880 millions aux importations et 1020 millions aux exportations. L'Espagne exporte ses produits agricoles, en particulier ses vins, ses oranges et ses huiles ; puis ses produits minéraux : fer, cuivre, plomb, zinc, mercure. — Elle importe des tissus de coton, de laine et de soie, puis de la houille, des bois, des machines, du blé.

La *France* entretient un commerce des plus actifs avec l'Espagne (380 millions) ; elle est suivie de près par l'Angleterre.

République d'Andorre. — Dans les Pyrénées s'est conservée la petite république du *Val d'Andorre* (6000 habitants), indépendante depuis le temps de Charlemagne. Ses deux protecteurs, la *France* et l'évêque d'Urgel, reçoivent chaque année une redevance de 950 et de 460 francs. La capitale, Andorre, a 2000 habitants.

Colonies. — L'immense empire colonial fondé par les Espagnols dans l'*Amérique centrale* et dans l'*Amérique du Sud* au XVIe siècle, au *Mexique*, au *Pérou*, au *Chili*, etc., s'affranchit au commencement du XIXe siècle du joug de la métropole : la guerre avec les États-Unis lui a fait perdre, en 1898, les grandes Antilles (*Cuba*, *Porto-Rico*) et les *Philippines*, c'est-à-dire 10 millions de sujets.

L'Espagne a vendu à l'Allemagne, en 1889, ses dernières possessions en Océanie, les Carolines et les Mariannes. Elle a disparu du Pacifique.

Les colonies espagnoles se réduisent donc aujourd'hui à quelques postes fortifiés ou *Présides* sur la côtes du Maroc (*Ceuta*, *Melilla*), qui compensent mal la perte de Gibraltar, toujours entre les mains des Anglais. — Dans le golfe de Guinée, il reste aux Espagnols quelques comptoirs : *Annobon*, *Fernando-Po*, *Elobey* et *Corisco*.

Géographie économique du Portugal.

La production minérale est peu importante, malgré l'existence de gisements variés de fer, de cuivre dans l'*Alemtejo*. La grande richesse agricole est la **vigne**, prospère surtout dans la vallée du *Douro*. *Porto* est le centre du commerce des vins. L'*oranger*, le *citronnier*, l'*olivier* viennent au second rang.

L'*industrie* est peu active : on travaille la laine, le coton, la dentelle à Porto, à Lisbonne et à Coïmbre.

Le *commerce* maritime se fait surtout par navires anglais. Commerce annuel : 250 millions à l'importation et 140 à l'exportation. On exporte surtout des vins et du liège; on importe du blé et du coton. — En somme le commerce est très peu florissant et la situation financière déplorable.

Colonies. — On sait le rôle brillant que jouèrent les *navigateurs portugais* dans l'histoire de la découverte et de la conquête du Nouveau Monde, dans les explorations

d'Afrique, d'Inde et d'Extrême-Orient. Le Portugal a conservé une partie de son empire africain, peu prospère
d'ailleurs; le Brésil, colonisé à l'origine et aujourd'hui
encore par des émigrants portugais, s'est constitué un État
indépendant.

Il reste au Portugal : 1° les *Açores*, cap. *Angra*, archipel volcanique situé au milieu de l'océan Atlantique. La

Fig. 177. — Le port de Porto.

(Cliché L. L.)

population y est très dense (270 000 hab.); 2° *Madère*, cap.
Funchal (140 000 hab.); 3° les *îles du Cap-Vert*, les établissements de *Sénégambie* et de *Guinée*, les îles de Saint-
Thomas et du Prince; 4° les vastes possessions africaines
d'*Angola* et de *Mozambique*, séparées par les territoires
que les Anglais ont occupés sur le Zambèze; 5° en *Asie*, les

comptoirs de *Goa* et de *Diu* dans les Indes, *Macao* sur la côte de Chine, la moitié de *Timor* dans les îles de la Sonde.

Le domaine colonial très menacé du Portugal s'étend encore sur 1 900 000 kilomètres carrés et compte plus de 7 millions d'habitants.

Conclusion. — Les nombreuses révolutions politiques, le gaspillage de l'administration, la paresse de la population ont gravement compromis les intérêts économiques et financiers de l'Espagne. Le tiers seulement des terres est cultivé. L'industrie n'est pas ce qu'elle pourrait être, étant données les ressources minières. Les colonies sont perdues. Le chiffre du commerce extérieur n'atteint pas celui de la Suisse. La misère règne dans la plupart des provinces.

Arriéré et découragé par des impôts trop lourds, peu laborieux et manquant d'initiative et d'argent, le paysan portugais laisse inculte une partie des terres. Les quelques industries qui se sont développées souffrent de la concurrence anglaise. Aussi la situation financière est déplorable et le commerce très peu florissant.

Sujets de devoirs. — 1. Comparer la péninsule ibérique avec l'Algérie et le Maroc. — 2. Les plateaux des Castilles. — 3. L'Andalousie. — 4. Les grandes régions naturelles de l'Espagne. — 5. Comparer la situation du Portugal et celle de l'Espagne. — 6. Les ressources du Portugal.

TABLE DES MATIÈRES

68886. — PARIS, IMPRIMERIE GÉNÉRALE LAHURE

9, rue de Fleurus.

MASSON et Cⁱᵉ, Éditeurs
120, boulevard Saint-Germain, Paris (6ᵉ)

P. nᵒ 673.   (Juillet 1911)

ENSEIGNEMENT PRIMAIRE SUPÉRIEUR

Programmes du 26 Juillet 1909.

Enseignement de la Physique et de la Chimie

Cours de Physique ❤❤❤❤❤❤
❤❤❤❤❤❤❤❤❤❤❤ et de Chimie

Par **P. MÉTRAL**
Agrégé de l'Université,
Directeur de l'École primaire supérieure Colbert, à Paris.

Editions conformes aux programmes du 26 juillet 1909

JEUNES GENS	JEUNES FILLES
1ʳᵉ ANNÉE. 1 vol. in-16, avec 255 fig., cart. toile . . . **2 fr. 50**	1ʳᵉ ANNÉE. 1 vol. in-16, avec 210 fig., cart. toile . . . **2 fr. 50**
2ᵉ ANNÉE. 1 vol. in-16, avec 293 fig., cart. toile. . . . **3 fr. »**	2ᵉ ANNÉE. 1 vol. in-16 avec 217 fig., cart. toile. . . **2 fr. 25**
3ᵉ ANNÉE, 1 vol. in-16, avec 314 fig., cart. toile. . . . **3 fr. »**	3ᵉ ANNÉE. 1 vol. in-16, avec 168 fig., cart. toile . . . **2 fr. 25**
Cours de physique (1ʳᵉ, 2, 3ᵉ années), 1 vol. in-16. **4 fr. »**	**Cours de physique** (1ʳᵉ, 2ᵉ, 3ᵉ années). 1 vol. in-16. **3 fr. 50**
Cours de chimie (1ʳᵉ, 2ᵉ, 3ᵉ années), 1 vol. in-16. **3 fr. 50**	**Cours de chimie** (1ʳᵉ, 2ᵉ, 3ᵉ années). 1 vol. in-16. **3 fr. »**

L'enseignement des sciences physiques à l'école primaire supérieure doit être surtout pratique et viser aux applications. Le but n'est pas de faire des élèves des physiciens de profession, mais de leur faire connaître les grandes lois de la nature et de les mettre à même de se rendre compte de ce qui se passe autour d'eux. — L'auteur s'est conformé à ces principes en rédigeant ce cours de Physique et de Chimie; il a laissé de côté les expériences qui ne présentent qu'un intérêt historique et s'est efforcé d'arriver à l'explication des faits essentiels, le plus rapidement possible, par la voie qui a paru la plus simple et la plus logique, tout en conservant l'ordre du programme officiel. De cette manière on peut gagner du temps et le consacrer à l'exposition des grandes applications agricoles et industrielles auxquelles l'auteur donnera une large place, surtout en deuxième et troisième années.

Pour rendre plus claire et plus rapide l'exposition, on a tracé de nombreuses figures schématiques que l'élève peut suivre aisément et reproduire avec facilité. Un certain nombre d'exercices numériques, qui pourront être résolus soit par l'arithmétique, soit par l'algèbre, complètent l'ouvrage.

Enseignement des Mathématiques

Cours d'Arithmétique ❤❤❤❤❤ ❤❤❤❤❤ théorique et pratique

PAR

M. H. NEVEU

Agrégé de l'Université, professeur à l'École Lavoisier.

Édition conforme aux programmes du 26 juillet 1909
5ᵉ *édition*. 1 volume in-16, cart. toile.. . . . . **3 fr.**

Cours d'Algèbre ❤❤❤❤❤❤❤❤❤ ❤❤❤❤❤❤théorique et pratique

Suivi de **NOTIONS DE TRIGONOMÉTRIE**

PAR

M. H. NEVEU

Édition conforme aux programmes du 26 juillet 1909
5ᵉ *édition*. 1 volume in-16, cart. toile. . . . . **3 fr.**

Cours de Géométrie ❤❤❤❤❤❤❤ ❤❤❤❤❤théorique et pratique

PAR

MM. H. NEVEU et BELLENGER

Editions conformes aux programmes du 26 juillet 1909
1ʳᵉ ANNÉE. 2ᵉ *édition*. 1 vol. in-16, cart. toile . . . . **2 fr. »**
2ᵉ ANNÉE. 1 vol. in-16, cart. toile . . . . **2 fr. 50**
3ᵉ ANNÉE. 1 vol. in-16. cart. toile. . . . . **3 fr. »**

Cours de Comptabilité

PAR

Gabriel FAURE

Ancien Professeur à l'École des Hautes Études commerciales
et à l'École commerciale

Edition conforme aux programmes du 26 juillet 1909
3ᵉ *édition*. 1 volume in-16, cart. toile. . . . . **3 fr.**

Enseignement des Sciences Naturelles

Cours
d'Histoire Naturelle

PAR MM.

M. BOULE | **Ch. GRAVIER**
Professeur au Muséum national | Assistant au Muséum national
d'histoire naturelle. | d'histoire naturelle.

H. LECOMTE
Professeur au Muséum national d'histoire naturelle.

Éditions conformes aux programmes du 26 juillet 1909

1re ANNÉE : 3e *édition*, 1 vol. in-16, avec 363 fig., cart. toile. **2 fr. 25**
2e ANNÉE : 2e *édition*, 1 vol. in-16, avec 476 figures et 7 planches hors
texte en couleurs, cart. toile. . . . . **3 fr.**
3e ANNÉE : 2e *édition*, 1 vol. in-16, avec 488 fig., cart. toile . **3 fr.**

Planches murales d'Histoire naturelle

Nouvelles planches murales d'Histoire naturelle, par P. et
H. GERVAIS. 3e édition des *Planches murales* d'Achille Comte.
62 planches ainsi réparties :
Zoologie, 34 planches. . . . . **102 fr.**
Botanique, 14 planches . . . . **42 fr.**
Géologie, 14 planches . . . . **42 fr.**
La collection complète. . . . . **180 fr.**
Montée sur toile avec gorges et rouleaux. . . . . . . **360 fr.**
Chaque planche est vendue séparément, en feuille **3 fr. 50**
et montée. . . . . **6 fr. 50**
Texte explicatif des trois parties. 1 vol. in-18, cartonné. **3 fr.**

Tableaux d'Histoire naturelle, montés sur toile :
Zoologie, par MM. PERRIER et GERVAIS, 30 tableaux . . **300 fr.**
Botanique, par MM. BONNIER et MANGIN, 30 tableaux . . **300 fr.**
Chaque tableau séparément . . . . **10 fr.**

Un prospectus spécial de ces planches murales est envoyé sur demande.

Instruction civique et sociale

Cours d'Instruction Civique

Par **Albert MÉTIN**

Ancien professeur aux Écoles primaires supérieures de Paris.

Édition conforme aux programmes du 26 juillet 1909

3ᵉ *édition*. 1 volume in-16, cartonné toile . . . . 1 fr. 50

Cours d'Économie Politique

Par **Albert MÉTIN**

Édition conforme aux programmes du 26 juillet 1909

3ᵉ *édition*. 1 volume in-16, cartonné toile . . . . 1 fr. 50

Cours de Droit Usuel

par **Albert MÉTIN**

Édition conforme aux programmes du 26 juillet 1909

3ᵉ *édition*. 1 volume in-16, cartonné toile . . . . 1 fr. 50

Manuel ⚘ ⚘ ⚘ ⚘ ⚘ ⚘ ⚘ ⚘ ⚘ ⚘ ⚘ ⚘ ⚘ ⚘
⚘⚘ de Gymnastique ⚘ ⚘ ⚘ ⚘ ⚘ ⚘ ⚘
⚘ ⚘ ⚘ ⚘ Rationnelle et Pratique

(MÉTHODE SUÉDOISE)

PAR

SOLEIROL de SERVES	**Mᵐᵉ LE ROUX**
Médecin gymnaste.	Professeur de gymnastique au Lycée de Versailles.

2ᵉ *édition*, 1 vol. in-16, avec figures dans le texte, cartonné toile anglaise . . . . **2 fr.**

Enseignement des Langues vivantes

Lectures Méthodiques ❦ ❦ ❦ ❦ ❦
❦ ❦ ❦ ❦ ❦ ❦ ❦ ❦ ❦ ❦ ❦ Allemandes

(Première et Deuxième Années)

Par E. CLARAC et E. WINTZWEILLER

1 volume in-16, illustré de nombreuses figures, cartonné toile. **3 fr.**

Deutsche Grammatik par E. CLARAC et E. WINTZWEILLER

2ᵉ *édition*, 1 volume, cartonné toile . . . . **1 fr. 50**

Enseignement de la Grammaire

Grammaire pratique
DE LA
Langue française

PAR
F. BATAILLE
Ancien instituteur public,
Chargé d'une classe primaire au lycée Michelet.

Ouvrage couronné par la Société pour l'Instruction élémentaire

Cours préparatoire contenant 54 lectures, 344 exercices, 54 morceaux de récitation et 54 modèles d'écriture.
11ᵉ *édition*. 1 vol. in-12, cartonné, avec 54 dessins. . . . . **O fr. 60**

Cours élémentaire contenant 145 dictées littéraires et 730 exercices. *12ᵉ édition, entièrement revue*. 1 vol. in-12, cartonné. . . . . **O fr. 75**

Cours moyen et supérieur avec la collaboration de Henri RAGOT, ancien instituteur, inspecteur primaire à Lyon, contenant 118 dictées extraites des auteurs classiques et contemporains (récits moraux et patriotiques, fables, poésies, portraits, descriptions), 690 exercices de langue et d'orthographe. *9ᵉ édition, entièrement revue*. 1 vol. in-12, cart. . **1 fr. 25**

Enseignement du Français

Textes français

Lectures et Explications

A L'USAGE DES 1ʳᵉ, 2ᵉ ET 3ᵉ ANNÉES DE L'ENSEIGNEMENT PRIMAIRE SUPÉRIEUR

Par **Ch. WEVER**

Ancien professeur d'École primaire supérieure, professeur au collège de Melun.

Édition conforme aux programmes du 26 juillet 1909

2ᵉ *édition*. 1 volume in-16, cartonné toile souple. . . . . **3 fr.**

OUVRAGES DE

MM. E. BAUER et E. DE SAINT-ÉTIENNE

Professeurs à l'École Alsacienne.

Récitations et Lectures Enfantines

POUR LES ÉCOLES PRIMAIRES

Troisième édition

1 volume in-16, illustré de six frontispices, cartonné toile. **1 fr. 25**

Premières Lectures Littéraires

Seizième édition

1 volume in-16, cartonné toile. . . . . **1 fr. 50**

Ouvrage couronné par la Société pour l'instruction élémentaire ; lectures intéressantes, simples et familières, qui plaisent aux enfants et forment leur goût.

Nouvelles Lectures Littéraires

AVEC NOTES ET NOTICES

Onzième édition entièrement refondue

1 vol. in-16, cartonné toile . . . . **2 fr. 50**

Cet ouvrage, suite naturelle du précédent, est divisé en sept chapitres : *Contes et Légendes ; Fables ; Anecdotes et Récits ; Études morales ; Portraits et Caractères ; Scènes et Tableaux de la Nature.* Il comprend 200 morceaux, prose et poésie, empruntés aux meilleurs auteurs, et renferme la matière de deux années d'études.

Enseignement de la Littérature

Leçons de Littérature Grecque

Par M. **CROISET**
Membre de l'Institut, professeur à la Faculté des lettres.

11ᵉ édition. Un vol. in-16, cartonné toile. . . . . **2 fr.**

Leçons de Littérature Latine

PAR MM.

LALLIER	**LANTOINE**
Maître de conférences	Secrétaire
à la Faculté des lettres de Paris	de la Faculté des lettres de Paris

10ᵉ édition. Un vol. in-16, cartonné . . . . **2 fr.**

Premières leçons d'Histoire Littéraire

LITTÉRATURE GRECQUE, LITTÉRATURE LATINE
LITTÉRATURE FRANÇAISE

Par MM. **CROISET, LALLIER** et **PETIT DE JULLEVILLE**

8ᵉ édition. Un vol. in-16, cartonné toile. . . . . **2 fr.**

Histoire de la Littérature Française

depuis les origines jusqu'à nos jours

Par M. **PETIT DE JULLEVILLE**
Professeur à la Faculté des lettres de Paris.

Nouvelle édition augmentée pour la période contemporaine

1 volume in-16, cartonné toile. . . . . **4 fr.**

On peut se procurer séparèment :

DES ORIGINES A CORNEILLE. 1 vol. in-16, cart. toile. . . . . . . **2 fr.**

DE CORNEILLE A NOS JOURS, mise à jour par M. A. AUDOLLENT, maître de conférences à l'Université de Clermont. 1 vol. in-16, cart. toile . . . . **2 fr.**

Nouveau Traité de versification française, par CH. LE GOFFIC et E. THIEULIN, professeurs agrégés de l'Université. *5ᵉ édition revue et augmentée*. 1 volume in-16, cartonné toile. . . . . . . **1 fr. 50**

Enseignement de la Géographie

Cours de Géographie

PAR MM.

Marcel DUBOIS

Professeur de Géographie coloniale à la Faculté des lettres de Paris
Maître de Conférences à l'École normale supérieure de jeunes filles de Sèvres.

et E. SIEURIN

Professeur au Collège de Melun.

Éditions conformes aux programmes du 26 juillet 1909

Ire ANNÉE. **Principaux aspects du globe. La France.** 2ᵉ *édition.*
1 vol. in-16, avec 221 figures, cart. toile. . **2 fr. 25**

2ᵉ ANNÉE. **L'Europe (moins la France).** 1 vol. in-16, avec
177 figures, cart. toile. . . . . **2 fr. 25**

3ᵉ ANNÉE. **Le Monde (moins l'Europe). Le rôle de la France
dans le Monde.** 1 vol. in-16, avec 238 figures, cart.
toile . . . . **2 fr. 25**

Cartes d'Étude pour servir à ✿ ✿ ✿ ✿ ✿

l'Enseignement

✿ ✿ de la Géographie et de l'Histoire

PAR MM.

Marcel DUBOIS et E. SIEURIN

Éditions conformes aux programmes du 26 juillet 1909

Ire ANNÉE. **I. Temps modernes. — II. Principaux aspects du
globe. La France,** 13ᵉ *édition entièrement refon-
due* avec 24 cartes nouvelles. . . . . . **2 fr. 25**

2ᵉ ANNÉE. **I. Époque contemporaine. — II. L'Europe (moins
la France),** 12ᵉ *édition entièrement refondue,* avec
16 cartes nouvelles et 10 cartes refaites **2 fr. 25**

3ᵉ ANNÉE. **I. Le Monde au XIXᵉ siècle. — II. Le Monde
(moins l'Europe).** 13ᵉ *édition entièrement refondue,*
avec 8 cartes nouvelles et 9 cartes refaites **2 fr. 25**

Enseignement de la Géographie (Suite)

❧❧❧ Géographie de la France et des Cinq Parties du Monde

A L'USAGE DES CANDIDATS AU BREVET ÉLÉMENTAIRE ET DES ÉLÈVES DES COURS SPÉCIAUX

Par **E. SIEURIN**
Professeur de Géographie au Collège de Melun.

Cinquième édition. 1 vol. in-16, avec 149 cartes dans le texte, cartonné toile . . . . **2** fr. **50**

Chaque chapitre, souvent même chaque paragraphe, est accompagné d'une ou de plusieurs cartes dans l'exécution desquelles on retrouve la précision et la clarté des *Cartes d'Etude pour servir à l'Enseignement de la Géographie*. (Voir, page 10, le cours d'Histoire correspondant.)

Géographie agricole ❧❧❧❧❧❧❧❧❧ ❧❧❧❧❧❧ de la France et du Monde

PAR

J. DU PLESSIS DE GRENÉDAN
Professeur à l'École supérieure d'Agriculture d'Angers.

1 vol. in-8° avec 118 figures et cartes dans le texte. . . . . **7 fr.**

Cahiers Sieurin

A L'USAGE DE L'ENSEIGNEMENT PRIMAIRE SUPÉRIEUR
Éditions conformes aux programmes du 26 juillet 1909

1re ANNÉE. — **Géographie générale. La France.** 3e éd. **0** fr. **75**
2e ANNÉE. — **L'Europe (moins la France).** 3e éd. . . **0** fr. **75**
3e ANNÉE. — **Le Monde (moins l'Europe).** 3e éd. . . **0** fr. **75**

Cette publication a un but essentiellement pratique : économiser le temps de l'élève; lui procurer le moyen de faire des croquis moins informes et plus profitables; présenter sur le même papier les résumés et les cartes; permettre au professeur de s'assurer rapidement que le travail donné a été fait.

Enseignement de l'Histoire

Cours d'Histoire

Par E. SIEURIN et C. CHABERT
Professeurs à l'École primaire supérieure de Melun.

Éditions conformes aux programmes du 26 juillet 1909

Ire ANNÉE. — **Histoire de France depuis le début du XVIe siècle jusqu'en 1789.** *7e édition complètement refondue.* 1 vol. in-16, avec 171 fig., cart. toile. **2 fr.**

2e ANNÉE. — **Histoire de France de 1789 à la fin du XIXe siècle.** *6e édition complètement refondue.* 1 vol. in-16 avec 132 fig., cart. toile . . . . **2 fr.**

3e ANNÉE. — **Le Monde au XIXe siècle.** *7e édition complètement refondue.* 1 vol. in-16, avec 95 fig., cart. toile. **2 fr.**

Chaque leçon est précédée d'un plan assez détaillé, elle est toujours terminée par une conclusion qui résume le chapitre. Elle est suivie de quelques sujets de devoir et de composition. De nombreuses figures, cartes et croquis ajoutent à l'intérêt du texte et en facilitent l'étude.

Histoire de France ❧❧❧❧❧❧❧
❧❧❧ des Origines à nos jours

A L'USAGE DES CANDIDATS AU BREVET ÉLÉMENTAIRE
ET DES ÉLÈVES DES COURS SPÉCIAUX

Par E. SIEURIN et C. CHABERT
Professeurs à l'École primaire supérieure de Melun

Quatrième édition complètement refondue, 1 vol. in-16, avec nombreuses figures. cartonné toile . . . . **2 fr. 50**

Histoire de la Civilisation

Par Ch. SEIGNOBOS
Docteur ès lettres, Maître de conférences à la Faculté des lettres de Paris

2 volumes in-16, avec figures, cartonnés toile verte. . . . . . . **8 fr.**

I. **Histoire ancienne de l'Orient. — Histoire des Grecs. — Histoire des Romains. — Le Moyen âge jusqu'à Charlemagne.** *Neuvième édition.* 1 vol. in-16, avec 105 figures. . . . . **3 fr. 50**

II. **Moyen âge (depuis Charlemagne). — Renaissance et temps modernes. — Période contemporaine.** *Huitième édition.* 1 vol. in-16, avec 72 figures. . . . . **5 fr.**

Enseignement de l'Histoire (Suite)

Abrégé de l'Histoire ✿✿✿✿✿✿ ✿✿✿✿✿✿✿✿ de la Civilisation

DEPUIS LES TEMPS LES PLUS RECULÉS JUSQU'A NOS JOURS

Par **Ch. SEIGNOBOS**

Ouvrage couronné par la Société d'instruction élémentaire

Nouvelle édition avec figures. 1 vol. in-16, cartonné toile. . **1 fr. 25**

Enseignement du Dessin

Traité pratique de

Composition décorative

A L'USAGE DES JEUNES FILLES

RÉPONDANT AUX PROGRAMMES DES COURS COMPLÉMENTAIRES, DES ÉCOLES PRIMAIRES SUPÉRIEURES ET PROFESSIONNELLES, DES ÉCOLES NORMALES

Par **H. FRECHON**

Professeur à l'Ecole primaire supérieure de Melun.

1 vol. in-4° avec planches, cartonné. . . . . **3 fr. 50**

Traité pratique de

Composition décorative

A L'USAGE DES JEUNES GENS

RÉPONDANT AUX NOUVEAUX PROGRAMMES DU DESSIN ET DU MODELAGE DES ÉCOLES NORMALES D'INSTITUTEURS, DES ÉCOLES PROFESSIONNELLES, DES ÉCOLES D'OUVRIERS D'ART

Par **H. FRECHON**

1 vol. in-4°, cartonné toile . . . . **3 fr. 50**

Cours élémentaire de

Composition décorative

(A L'USAGE DES JEUNES FILLES)

RÉPONDANT AUX PROGRAMMES DES COURS SUPÉRIEURS ET COMPLÉMENTAIRES DES ÉCOLES PRIMAIRES ET DES ÉCOLES ANNEXES, DES CLASSES ÉLÉMENTAIRES DES COLLÉGES ET DES LYCÉES DE JEUNES FILLES, DU CERTIFICAT D'ÉTUDES PRIMAIRES

Par **H. FRECHON**

1 vol. in-4° avec planches, broché. . . . . **1 fr. »**

Le plus sérieux — Le mieux informé — Le plus complet
Le mieux illustré — Le plus répandu

DE TOUS LES JOURNAUX DE VULGARISATION SCIENTIFIQUE

Fondé en 1873 *par* GASTON TISSANDIER

LA NATURE

REVUE DES SCIENCES

et de leurs Applications aux Arts et à l'Industrie

JOURNAL HEBDOMADAIRE ILLUSTRÉ

DIRECTION

L. DE LAUNAY	**E.-A. MARTEL**
Professeur à l'École des Mines	Ancien Président de la Commission centrale
et à l'École des Ponts et Chaussées.	de la Société de Géographie.

Chaque Numéro comprend

SEIZE PAGES GRAND IN-8° COLOMBIER

tirées sur beau papier couché, luxueusement illustrées
de très nombreuses figures, contenant de nombreux articles
de vulgarisation scientifique, clairs, intéressants, variés,
signés des noms les plus connus et les plus estimés.

UN SUPPLÉMENT ILLUSTRÉ DE HUIT PAGES, CONTENANT

Les Nouvelles scientifiques, recueil précieux d'informations.

Sous la rubrique Science appliquée, la description des *petites inventions nouvelles* et des *appareils inédits* (photographie, électricité, outillage d'amateur, physique, chimie, etc.), *pratiques, intéressants ou curieux.*

Des recettes et procédés utiles.
Des récréations scientifiques.

Une bibliographie.

La Boîte aux Lettres, par laquelle les milliers d'abonnés de *La Nature* correspondent entre eux. C'est aussi sous cette rubrique que la Direction répond, avec une inlassable complaisance, aux demandes les plus variées des abonnés.

Le Bulletin météorologique de la semaine.

PARIS		DÉPARTEMENTS		UNION POSTALE	
Un an	**20 fr.**	Un an	**25 fr.**	Un an	**26 fr.**
Six mois. . . .	**10 fr.**	Six mois. . . .	**12 50**	Six mois. . .	**13 fr.**

68696. — Imprimerie LAHURE, rue de Fleurus, 9, à Paris.

www.ingramcontent.com/pod-product-compliance
Lightning Source LLC
LaVergne TN
LVHW011929180726
843502LV00003B/735

* 9 7 8 2 3 2 9 5 4 7 1 9 0 *